# 한국 금융감독의 정치경제학

*The Political Economy of Financial Supervision in Korea*

김 홍 범

지식산업사

한국 금융감독의 정치경제학
*The Political Economy of Financial Supervision in Korea*

초판 1 쇄 인쇄   2004. 6. 8.
초판 1 쇄 발행   2004. 6. 15.


지은이   김홍범
펴낸이   김경희
펴낸곳   ㈜지식산업사
         서울시 종로구 통의동 35-18
         전화 (02)734-1978(대)  팩스 (02)720-7900
         인터넷한글문패   지식산업사
         인터넷영문문패   www.jisik.co.kr
         전자우편   jsp@jisik.co.kr, jisikco@chollian.net
         등록번호   1-363
         등록날짜   1969. 5. 8.

**책 값   17,000원**

ISBN 89-423-3057-6   93320

# 머 리 말

  지금부터 8년 전이었던 1996년 12월, 한국은 이른바 부자 나라들의 클럽이라는 경제협력개발기구(OECD)에 가입하였다. 당시 한국에게는 일인당 소득 2만 달러 달성이라는 장밋빛 미래가 활짝 열려 있는 듯했다. 그러나 이것은 환상이었다. 부자 클럽에 들어간 지 꼭 1년 만인 1997년 12월, 한국은 불행하게도 초유의 금융위기를 맞이했기 때문이다. 이는 20세기 후반 수십 년 동안 정부 주도의 고속성장으로 경제의 덩치(하드웨어)는 커졌지만 그에 걸맞은 운동신경과 체력(소프트웨어)을 미처 갖추지 못했던 탓이었다.

  위기 이후 우리 경제에는 연간 국내총생산(GDP)의 약 1/3에 이르는 천문학적 규모의 공적자금이 투입되었고, 실물과 금융 모두 구조조정으로 단련되었다. 아울러 회계와 기업지배구조 등 여러 분야에 걸쳐 선진국의 좋다는 새 제도가 대거 도입되었다. 한편, 기존 제도도 과감히 뜯어고쳤다. 금융감독제도 개혁이 그 대표적인 예다. 1998년 봄, 옛 재정경제원으로 집중되었던 두 가지 핵심적 금융기능인 통화정책기능과 금융감독기능은 각각 한국은행과 신설 금융감독위원회로 분산되었다. 이 과정에서 재정경제원은 재정경제부로 축소 개편되었고, 금융감독위원회는 은행·증권·보험을 모두 관장하는 통합감독당국이 되었다. 이러한 개혁 조치는 금융위기를 가져온 중요한 요인 가운데 하나가 재정경제원으로 권한이 집중된 데 따른 관치금융과 관치감독이라는 전문가

들의 지적을 정부가 받아들인 결과였다. 다시 말해, 재정·금융의 모든 권한이 집중된 재정경제원에 대한 견제가 미흡했음을 정부 스스로 인정하고, 금융정책 권한을 관련 전문기관으로 적절히 분산한 것이었다.

이와 같은 개혁조치가 단행된 이후, 한국의 금융감독은 이제 정상적으로 작동할 것이라는 국민적 기대가 컸었다. 그러나 그런 기대도 잠시였을 뿐, 감독부문에서는 이상 징후가 일찍부터 나타났다. 예를 들어, 2000년 후반에는 동방·대신·열린 등 상호신용금고의 불법대출 사고가 잇달아 터지더니, 2001년 초에는 금감위 사무국과 금감원 사이의 갈등이 심각한 문제로 부각되기도 했다. 또한 위기 이후 수년 동안 미숙한 감독정책과 맞물려 쌓여왔던 신용카드회사와 가계의 부실이 2002년 하반기에는 엄청난 규모로 가시화하였다. 그리하여 2003년 3월에는 SK글로벌 분식회계 사건을 기폭제로 금융시장 불안이 확산되기도 했다. 당시 금융불안은 정부의 적극적 시장 개입으로 이내 가라앉았으나, 연중 내내 신용불량자가 양산되고 높은 연체율이 지속되는 등 잠재적 시장불안은 만성화하였다. 그런 가운데 2003년 11월에는 LG카드 사태가 불거졌고, 두 달 동안 아슬아슬한 상태가 지속되다가 2004년 1월 중순에야 정부 주도로 간신히 봉합되었다. 요컨대, 2000년 후반 이후 감독부문의 이상 징후는 시간 경과에 따라 증폭되어 마침내 오늘의 상황 ── 잠재 금융불안이 만성화한 상황 ── 에 이른 것이다.

이와 같은 일련의 상황 전개는 금융감독의 잘못된 운영방식과 깊은 관련이 있다. 금융감독 이론과 선진국 경험에 따르면, 한국의 현행 분업구조 안에서 재정경제부, 한국은행과 감독당국(금감위와 금감원)은 저마다 차별화된 책무와 고유 시각을 보유하되 궁극적으로는 금융안정을 위해 서로 견제하고 협력함이 기본이다. 그런데 한국의 금융시스템 관련 공공기관 사이에는 수평적·기능적 분업관계 대신 수직적·권위적 위계질서가 자리 잡고 있다. 그 결과, 공공기관 사이에 실질적 협력과 견제를 통한 조정의 여지는 거의 존재하지 않는다. "제도의 외양이 바뀌면 바뀔수록 그 근본은 바뀌지 않고 더욱 더 그대로 있는 법(Plus ça change, plus c'est la même chose)"이라는 프랑스 경구(警句)는 한국 금융감독의 실상을 그야말로 있는 그대로 말해 주는 표현이다. 제도 개혁으로 겉모습만 바뀌었을 뿐, 속내는 여전히 구태를 벗지 못하고 있으니 말이다.

관련 공공기관 사이에 협력과 견제가 효과적으로 이루어지지 않는 감독의 현실이 문제의 근원이라는 시각을 나는 이미 수년 전부터 여러 정책연구를 통해 밝혀왔다. 나아가, 협력과 견제의 활성화를 위해 감독 당국인 금감위(사무국을 포함하는 관료조직)와 금감원(민간조직)의 단일 민간기구화, 각 공공기관의 일부 책무와 권한의 중첩, 그리고 협력과 견제 장치의 제도화가 긴요하다고 일관적으로 주장해왔다. 이 책의 내용도 그러한 시각과 주장의 연장선 위에 있음은 물론이다.

최근 우리 사회에 제기된 심각한 경제사회적 문제들 —— 말할 것도 없이, 가계부채의 급증과 신용카드회사 부실화와 높은 연체율, 그리고 그 수가 엄청나게 불어난 신용불량자들 등의 문제 —— 도 실상 감독과 정에서 금융안정을 도모해야 하는 관련 공공기관 간 협력과 견제의 부재에서 비롯된 정책실패 탓이 매우 크다. 시간이 갈수록 문제가 증폭되는 현실 속에서, 나는 이 책을 통해 공공기관 간 협력과 견제의 중요성을 새로운 각도에서 이론적으로 재조명했고, 가계와 신용카드회사의 부실화 문제를 감독실패의 중대한 최근 사례로 정밀 분석하였다. 특히 이 사례 분석에서는, 관련 공공기관 간 이해의 이질성 또는 상충이 제대로 조정되는 과정을 거치지 못한 채 재정경제부의 이른바 '정책지배(policy dominance : 재경부의 경제정책에 한국은행의 거시건전성 감독정책과 감독당국의 미시건전성 감독정책이 종속되는 현상)'로 말미암아 경제에 엄청난 부정적 결과가 초래되었다는 결론을 도출하였다.

최근 드레이즌(A. Drazen)은 그의 저서 《거시경제의 정치경제학(*Political Economy in Macroeconomics*)》에서, 서로 다른 정책 선호를 가진 경제주체 사이의 상충이 어떤 메커니즘에 의해 조정되는지에 따라 그 경제적 성과가 달라진다고 보았다. 그는 그러한 메커니즘을 개선함으로써 최적의 경제적 성과에 도달하고자 하는 접근을 '정치경제학'이라고 불렀다. 이 책이 제시하는 한국 금융감독의 개선방안도, 차별화된 선호(또는 책무)를 가진 공공기관들 사이의 정책조정과정을 개선함으로써 궁극적으로 이들 공동의 상위 목적인 금융안정에 한발 더 가까이 접근할 수 있도록 하고자 고안된 것이다. 이 책의 제목을《한국 금융감독의 정치경제학》으로 정한 것은 바로 이런 맥락에서다.

한국의 현행 감독체계에 개선이 필요하다는 나의 시각과 주장은 그동안 학계로부터 적지 않은 공감과 지지를 얻어왔다고 자부한다. 물론 내가 제시하는 개선책은 관련 공공기관 사이에 기존 이해관계의 대폭적 재편을 요구하는 '정치경제학적' 사안이다. 바로 이 점 때문에 문제의 개선은 지난 수년 동안 계속 미결 상태로 미루어져 오기만 했다. 그러나 미룬다고 문제가 사라지는 것은 물론 아니다. 문제의 폐해는 이제 신용카드회사와 가계의 부실, 그리고 만성적 잠재 금융불안의 모습으로 우리를 따라다니며 괴롭히고 있다. 폐해가 수년 전에 견주어 엄청나게 증폭된 것이다. 이렇게 보면, 오늘 우리가 당면한 현실은 금융감독 개선을 더 이상 미룰 수 없을 정도로 절박하다. 나는 이 문제에 대해 학계뿐만 아니라 폭넓은 사회적 공감대 형성이 문제의 조속하고 근본적인 해결에 도움이 될 것이라 생각한다. 이런 맥락에서 나는 최근 한국은행에 제출한 외주 연구보고서〈금융안정과 금융시스템 관련 공공기관의 역할－협력 및 견제를 중심으로〉(한국은행 금융경제연구원,《금융경제연구》, 제168호, 2003. 12)를 조금 더 다듬어 이 책으로 내게 되었다.

이 책이 나오기까지 주위의 여러 분들이 연구를 적극 격려해주셨다. 먼저, 한국은행의 함정호 금융경제연구원장께서는 연구의 초기 구상과 자료수집에 도움을 주셨고 완성된 초고에 대해 세세히 논평해주셨다. 뿐만 아니라 출판사도 주선해주셨고, 이 책을 위해 추천의 글까지 보내주셨다. 함정호 원장께서 보여주신 지속적 관심과 배려에 감사드린다. 또한 초고 작성단계에서 조언을 주신 금융시스템 관련 공공기관의 관계자 여러분께 감사드린다. 2003년 말 경상대학교 경영경제세미나, 한국경제연구학회·한국은행 금융경제연구원 주최 2003년도 추계 정책토론회와 KDI 원내 세미나에서 유익한 조언과 논평을 해주신 각 세미나의 사회자·지정토론자·참석자 여러분께도 감사드린다.

나의 은사이신 서울대학교 정운찬 총장께 드리는 감사의 말씀도 빼놓을 수 없다. 정운찬 선생님께서는 내가 대학원을 졸업한 이후 지금까지 20년이 넘는 세월 동안 커다란 학문적 자극과 격려를 나에게 늘 보내주고 계신다. 바쁘신 일정 속에서도 이 책을 위해 추천의 글을 기꺼이 써주신 정운찬 선생님께 거듭 감사드린다. 또한 미국 하와이 대학교(University of Hawaii at Manoa) 경제학과의 이정훈 교수께서는 나의 연구에 특별한 관심을 보여주셨다. 이 책을 위해 추천의 글을 쾌히 보내주신 이정훈 선생님께도 깊이 감사드린다.

채산성 없는 이 책을 오로지 내용만 보고 기꺼이 출간해주신 지식산업사의 김경희 사장께 감사의 말씀을 드린다. 그리고 원고의 교정과 편집과정에서 많은 노력을 기울여주신 윤태욱 씨께도 감사드린다.

끝으로, 내가 이 연구에 푹 빠져 지냈던 지난 1년 동안 나에게 진실로 힘이 되어준 사랑하는 가족들 —— 아내 양희주와 송이, 재이 —— 에게 진한 고마움을 전한다.

2004년 5월 1일

김 홍 범

# 차 례

## 그림·표 차례

# 제1장. 서 론

 한국의 현행 금융감독체계는 1997년 말 경제위기가 발생한 직후 전격적으로 추진되었던 광범한 금융개혁을 통해 마련되었다. 1997년 12월 말 국회를 통과한 13개 제·개정 금융개혁법 가운데에는 개정된 「한국은행법」·「은행법」과 새로 제정된 「금융감독기구의 설치 등에 관한 법률」 등이 들어 있었다. 그리고 1998년 2월 단행된 정부조직 개편으로 과거 재정경제원이 관장해오던 여러 정책기능들이 분리되면서 재정경제원이 재정경제부로 축소 개편되었다.[1] 예를 들어, 금융감독기능은 신설 감독기구인 금융감독위원회로, 통화정책기능은 한국은행으로 각각 이관되었다.[2] 이는 당시 금융위기의 중요한 한 원인이 재정경제원에 의한 관치금융·관치감독에 있다는 세간의 비판이 작용한 결과였다(김홍범, 2002).[3] 또한 재정·금융의 모든 정책수단이 재정경제원으로 집중되어 견제가 미흡했음을 정부가 스스로 인정한 결과이기도 했다(재정경제부, 2002d).

 그 결과 한국은행 총재는 금융통화위원회 의장을 겸임하게 되었고, 한국은행은 물가안정을 추구하는 통화당국으로 자리 잡았다. 금융감독 분야에서는 금융감독당국이 은행·증권·보험을 모두 관장하는 통합체계가 채택되었다. 그리하여 한국은행으로부터 은행감독권이 제거되는 동시에 금융감독당국인 금융감독위원회(금감위, 1998. 4)와 금융감독원(금감원, 1999. 1)이 차례로 설립되었다. 예금보험공사(예보, 1996.

6)는 은행권과 비은행권의 예금보험기능을 통합하여 관장하게 되었다. 이로써 우리나라에는 1997년 말 금융개혁에 따라 역할분담을 주요 특징으로 하는 분업구조가 도입되었다.

분업구조가 순조롭게 작동하기 위해서는 고유 책무를 부여받은 금융시스템 관련 공공기관4) 사이에 긴밀한 협력과 견제가 긴요하다(김대식 외, 2002). 금융기관 감독, 금융시스템 안정, 물가안정 등 복수의 기능 사이에는 강력한 연계성이 있기 때문이다. 예를 들어, 금융시스템 안정은 그 시스템을 구성하는 개별 금융기관의 건전성과5) 연계되어 있으며, 금융시스템과 실물경제 가운데 어느 한 부문의 불안정은 다른 부문으로 쉽게 파급될 수 있다. 이것은 금융시스템 관련 공공기관 사이의 협력이 시너지 효과를 가져올 수 있음을 의미한다(Crockett, 1997). 또한 각 공공기관에게 부여된 고유 책무는 서로 차이가 나지만, 궁극적으로는 금융안정을 공통분모로 하여 저마다 밀접하게 연관된다. 그러므로 공공기관 사이의 잠재적 시각차와 이해상충은 반드시 거시경제 안정과 금융안정의 틀 속에서 조정되어야 한다(김대식 외, 2002).

그런데 한국의 경우 실제 정책의 수립과 집행에서 각 공공기관 사이에는 협력과 견제가 거의 이루어지지 않고 있다(김홍범, 2002). 대신, 재정경제부가 (정치권을 의식하면서) 정책방향을 정하면 이에 따라 감독당국·한국은행·예금보험공사가 일사분란하게 움직이는 모습을 보이고 있는 것이 현실이다.6) 우리나라에서는 관련 공공기관의 기능적 협력과 수평적 견제를 통한 정책조정은 거의 이루어지지 않고 있다. 그 대신 각 공공기관이 가진 고유 권한의 크기와 강도에 비례하는 수직적 기관 위계(vertical institutional hierarchy)가 형성되어 있다(김대식 외, 2002). 금융개혁을 단행했던 5, 6년 전이나 지금이나 금융과정과 감독과정에서 관치(官治)·정치(政治)의 배제가 변함없이 중요한 과제의 하나로 남아 있는 상황이 이러한 현실을 잘 말해준다.

최근 한국 금융부문의 안정성에 대한 평가를 마친 국제통화기금

(IMF, 2003)도 금융감독부문에 대해 다음과 같은 부정적 판단을 제시하고 있다.[7]

　"…… 재정경제부와 금융감독위원회, 그리고 금융감독원 사이에 책임을 좀 더 투명하게 구분하는 것과 규제감독당국이 독립적이라는 점을 시장이 확신할 수 있도록 하는 것이 중요할 것이다. …… 법률에 구체적으로 나와 있긴 하지만, 실제로는 (금융감독당국에게–저자) 독립성이 있는지 의심스럽다. 재정경제부가 감독법규를 해석하는 역할을 수행한다는 점이 우려된다. (이것은 결국–저자) 금융감독위원회와 금융감독원, 그리고 증권선물위원회의 자유로운 감독 이행에 제약으로 작용한다."

이는 개별 금융기관의 법규준수 여부를 감시해야 할 금융감독당국이 법규에 대한 운용상의 해석기능(감독규정 제·개정권)을 제대로 발휘하지 못함으로써 그 독립성이 실제로 심각하게 제약되고 있음을 뜻한다.[8] 이와 같은 상태에서 두 공공기관 사이에 협력과 견제의 여지가 생길 수는 없다. 협력과 견제는 기능적 수평관계에서만 가능하기 때문이다. 한편 위기관리능력과 금융안전망에 대한 평가에서 국제통화기금(IMF, 2003)은 "한국은행에서 은행감독권이 분리된 이후 은행 도산의 시스템적 의미를 평가하기가 곤란해졌으므로, 한국은행과 금융감독원 사이에 정보공유 장치가 강화될 필요가 있다"고 진단한다.

협력과 견제가 제대로 작동하지 않는 가운데 겉모습으로만 분업구조를 갖춘 한국의 금융시스템은 일찍부터 이상 징후를 나타냈다. 예를 들어, 2000년 후반에는 상호신용금고 불법대출 사고가 줄지어 터졌고, 2001년 초에는 금감위 사무국과 금감원 사이에 업무분장을 놓고 갈등이 불거져 사회문제로 떠오른 적도 있었다(김홍범, 2002).

특히 2002년 하반기 이후 급부상한 신용카드회사와 가계의 부실화 문제는 신용불량자를 양산하고 높은 연체율을 지속적으로 초래하면서 이제는 만성적 금융불안 요인으로 자리 잡았다. 이들 요인은 2003년 3월의 시장불안과 2003년 11월~2004년 1월의 LG카드 사태 등에서 보았듯이 기회만 있으면 우리의 금융시스템을 수시로 위협하게끔 되었다. 신용카드회사와 가계의 부실화 문제와 그로 말미암은 최근의 시장불안은 지난 수년 동안 금융시스템 관련 공공기관들 사이에 협력·견제가 제대로 이루어지지 않은 데 기인한다. 한마디로 감독실패(supervisory failure) 탓이라는 뜻이다(김홍범, 2003).9)

그렇다면 한국의 분업구조가 이와 같이 정착되지 않고 있는 이유는 무엇인가? 지난 6년 동안 재정경제부의 주도로 금융감독당국과 예금보험공사가 구조조정 작업에 앞장서왔다는 점이 부분적인 이유가 될 수도 있겠다. 그렇다 하더라도 이제는 한국의 경제환경이 1997년 말의 위기상황과는 달라져 있다. 따라서 금융시스템 관련 공공기관 간 역할분담의 분업구조를 전제로, 위기상황이 아닌 평시상황 속에서 금융안정을 추구하는 각 공공기관의 실제 역할이 무엇이며 어떻게 해야 협력·견제를 이룰 수 있는지를 전반적으로 검토하는 일은 중요하다.10) 이것이 바로 이 글의 목적이다.

이 글의 주요 내용은 이론을 다루는 전반부(제2장~제4장)와 한국의 현실을 다루는 후반부(제5장~제6장)로 구성된다. 제2장에서는 금융안정을 위해 공적 개입이 필요하다는 점과 금융부문에 개입하는 공공기관에는 전형적으로 정부(재무부)·금융감독기구·중앙은행·예금보험기구가 포함된다는 점을 설명한다. 이후, 이들 가운데 예금보험기구를 제외한 나머지 세 공공기관 —— 중앙은행·재무부·금융감독기구 —— 의 역할과 상호관계를 각각 논의한다.11) 제3장에서는 금융안정의 다면성(多面性)으로 말미암아 공공기관 사이에 협력과 견제가 긴요하다는 점, 금융감독기구와 (금융감독을 담당하지 않는) 중앙은행이 다같이 금융안정을 추구하는 과정에서 각 공공기관이 보유하는 정책수단의 성격상 서로 협력하고 조정해야 할 필요성이 존재하는 점, 또한 최근 상당한 설득력을 얻고 있는 신환경론(new environment view)의 관점에서 두 공공기관 사이에 협력과 견제의 중요성이 더욱 강조되는 점 등을 살펴본다. 그런데 이와 같은 협력과 견제가 금융시스템 관련 공공기관 사이에서 바람직한 수준으로 활성화하려면 몇 가지 기본 전제가 충족 되어야 한다. 제4장은 그러한 기본 전제를 세 가지 — 금융시스템 관련 공공기관(특히 금융감독기구)의 독립성과 책임성 확립, 각 공공기관 장의 선의(善意), 그리고 협력과 견제의 제도화 — 로 파악하고 각각의 내용을 검토한다. 여기까지가 이 책의 전반부다.

　이후 제5장에서는 전반부에 제시된 이론 틀을 바탕으로 한국의 금융 감독 사례를 분석한다. 구체적으로, 현재 한국 금융의 최대 현안 가운데 하나인 신용카드회사와 가계의 부실화 문제가 초래되기까지 지난 수년 동안에 걸친 재정경제부・금융감독당국(금감위와 금감원)・한국 은행의 문제 인식과 대응과정을 각 공공기관이 공표한 관련 보도자료 를 이용하여 검토한다.12) 이러한 검토를 통해 신용카드회사 부실화와 가계부채 급증과 같은 문제가 공공기관 간 협력과 견제의 부재, 즉 정 책조정의 부재에서 비롯된 감독실패(supervisory failure)의 결과라는 사실을 밝혀낸다.13) 제6장은 한국 금융감독의 근본 문제 — 공공기관 간 협력과 견제의 부재 — 를 해결하기 위해 세 가지 개선방안 — 금 융감독당국(금감위와 금감원)의 단일 민간기구화, 공공기관 간 권한의 일부 중첩, 그리고 협력과 견제의 제도화 — 을 제시한다. 제7장은 요 약과 결론이다.

# 제2장. 금융안정과 금융시스템 관련 공공기관의 역할

이 장에서는 한 나라의 금융부문에는 중앙은행·금융감독기구·예금보험기구·정부(재무부)의 공적 개입이 필요하다는 점을 설명한다. 그리고 금융안정을 위한 각 공공기관의 역할을 차례로 검토한다.[14] 특히 중앙은행의 역할에 대해서는 그 근거를 심층적으로 조명함으로써, 금융안정에서 중앙은행 역할의 정당성과 중요성을 강조하고자 한다. 그 이유는, 최근 일부 국가에서 통합감독체계의 도입에 따라 중앙은행이 은행감독권을 상실하게 된 것을 계기로 중앙은행의 금융안정 역할에 대한 회의적 시각이나 오해가 드러나는 경우가 종종 있기 때문이다.[15]

## 1. 금융안정과 금융시스템 관련 공공기관

금융안정에 대해 보편적으로 받아들여지는 만족스런 정의는 아직 없다. 그러나 일찍이 크로켓(Crockett, 1997)은 금융안정을 "금융시스템을 구성하게 되는 주요 금융기관과 금융시장의 안정"으로 정의한 바 있다. 이때 주요 금융기관의 안정이란 "주요 금융기관이 계약상의 채무를 외부로부터의 지원 없이 지속적으로 이행할 수 있다는 고도의 확신이 존재하는" 상태를, 주요 금융시장의 안정이란 "가격이 기초여건의 작용을 반영하며 기초여건에 아무런 변화가 일어나지 않는 한 가격이 단기에 크게 변화하지 않는 가운데 시장참여자들이 그런 가격에서 확신을 가지고 거래하는" 상태를, 각각 가리킨다(Crockett, 1997).16)

이와 같은 크로켓의 정의를 기초로, 한국은행(2003)도 금융안정을 "금융기관들이 정상적인 자금중개기능을 수행하고 금융시장에서 시장참가자의 신뢰가 유지되는 가운데 금융자산 가격이 기초 경제여건으로부터 크게 벗어나지 않은 상태"로 정의한다.17)

금융안정은 양의 외부성(positive externality)을 갖는다. 왜냐하면, 금융안정은 저축자와 투자자 사이에 시제적 계약(intertemporal con-tracts)을 맺기에 유리한 환경을 조성하고, 금융중개 효율을 제고하며, 실물자원의 배분 개선에 기여하고, 거시경제정책의 이행을 위해 더 나은 환경을 제공하기 때문이다. 또한 금융안정은 소비하면 없어지는 경합재가 아니다. 이와 같이 금융안정은 양의 외부성을 갖는 공공재이므로 적정 수준의 금융안정을 제공하는 일은 관련 공공기관의 관심사가 된다. 게다가 금융시스템은 금융불안정이 가져오는 음의 외부성에 특히 취약하다. 금융시스템에 대한 공공정책적 개입은 이런 맥락에서 정당화된다(Crockett, 1997).

그렇다면 어떤 공공기관(들)이 금융시스템에 개입하여 적정 수준의 금융안정을 보장하고자 하는가? 이에 대한 답은 유럽중앙은행(ECB, 2001)과 혹스비(Hawkesby, 2000)가 구분한 세 가지 감독유형 —— 시스템안정성 감독, 미시건전성 감독, 영업행위 감독 —— 을 살펴보면 명확히 드러난다(김홍범, 2003 ; Goodhart, et al., 1998).18)

첫째, 시스템안정성 감독이란 금융혼란(financial disturbances)을 견뎌내는 금융시스템의 능력에 초점을 맞추어 거시건전성 분석(macro-prudential analysis)을 통해 거시경제·금융시장·지급결제제도를 감시하는 것이다. 따라서 시스템안정성 감독의 상당 부분은 중앙은행이 관장하는 통화정책기능, 최종대부자기능, 지급결제제도의 운영과 관리

기능에 직접적으로 관련된다. 이때 금융시스템이 금융혼란을 견뎌내는 능력, 즉 거시건전성은 규제감독기능, 예금보험기능, 최종대부자기능을 핵심 구성요소로 하는 공적 금융안전망의 순조로운 운영과도 긴밀한 관련이 있다.19) 따라서 중앙은행 이외에도, 금융안전망에 참여하는 금융감독기구와 예금보험기구는 부분적으로 금융시스템 안정성에 관련된다.

둘째, 영업행위 규제는 어떤 금융기관이 관련되어 있는지와는 무관하게 금융시장에서 금융기관이 업무를 수행하는 방식(기능)에 초점을 맞추어 정보공시, 정직성, 무결성(integrity), 공정거래 관행 등 개별 금융기관이 시장에서 수행하는 대(對)고객 영업활동의 측면을 다룬다. 영업행위 규제는 소비자보호를 목적으로 이루어진다. 일반적으로 소비자는 정보 면에서 금융기관보다 열위에 있으므로 금융기관이 소비자에게 불리한 행위를 할 수도 있기 때문이다. 많은 경우, 영업행위 감독은 금융감독기구의 소관이다.

셋째, 미시건전성 감독(micro-prudential supervision)은 개별 금융기관이 경기변동을 견뎌내는 능력에 초점을 맞춘다. 미시건전성 감독에는 자본적정성, 신용 리스크, 운영 리스크, 여타 건전성 지표들과 내부통제 시스템과 경영자의 자질 등을 상시검사와 임점(臨店)검사를 통해 종합적으로 점검하는 과정이 포함된다. 개별 금융기관에 대한 미시건전성 감독도 기본적으로 소비자보호를 목적으로 한다. 소비자가 자금을 맡긴 금융기관이 도산할 수도 있기 때문이다. 그렇지만, 특히 대형기관에 대한 미시건전성 감독은 금융부문 전반에 대한 위협요인을 감소시키는 시스템안정성 감독과도 밀접하게 관련된다.20) 중앙은행과는 별개의 금융감독기구가 개별 금융기관에 대한 미시건전성 감독을 관장하는 경향이 최근 강화되고 있다.21)

이렇게 세 가지 감독유형을 기준으로 볼 때 금융부문에 개입하는 공공기관에는 중앙은행·금융감독기구·예금보험기구가 포함된다. 그런데 금융부문에 대한 최종 책임은 궁극적으로 정부(일반적으로 재무부)가 지게 되므로 금융부문에 개입하는 공공기관의 범주에는 정부도 포함된다.

요컨대 한 나라의 금융안정을 위해 금융부문에 개입하는 공공기관에는 일반적으로 정부(재무부), 금융감독기구, 중앙은행, 그리고 예금보험기구의 네 기관이 포함된다. 헤이워드(Hayward, 2000)도 금융시스템을 관장하는 공공기관에 이 4개 기구를 포함한 바 있다. 이들 공공기관은 궁극적으로는 금융안정이라는 상위 목적을 공유하지만, 각기 금융안정에 요구되는 서로 다른 측면에 초점을 맞춘다. 이 과정에서 각 공공기관은 자신에게 부과된 금융규제의 서로 다른 하위 목적 — 시스템안정성 감독, 영업행위 감독, 미시건전성 감독 — 에 특화하게 된다. 이 책에서는 이들 네 기구를 '금융시스템 관련 공공기관(public agencies responsible for the financial system)'이라 부르기로 한다.22)


## 2. 중앙은행의 역할

중앙은행의 양대 책무는 통화안정과 금융안정이다. 금융안정 책무는 19세기 후반 근대적 중앙은행의 형성과정에서 확립되었고, 통화안정 책무는 1930년대 이후 관리통화제도가 자리 잡으면서 중앙은행에게 부과된 또 하나의 책무로 확립되었다. 이후 수십 년 동안 중앙은행의 통화안정기능은 금융안정기능보다 상대적으로 더 강조되었다. 그 기간 동안 규제감독이 은행시스템의 건전성을 대체로 잘 지켜준 반면, 인플레이션은 많은 나라에서 오랫동안 난제였기 때문이다.

그러나 이러한 상황은 최근 20여 년 동안 크게 바뀌게 되었다. 세계적으로 각국 중앙은행의 반(反)인플레이션 정책이 대체로 성공을 거두게 된 반면, 선·후진국을 막론하고 세계 각지에서 대형 금융위기가 빈발하게 된 것이다. 이에 따라 최근 금융안정은 중앙은행의 가장 중요한 관심사로 다시금 떠오르게 되었다(김홍범, 2002). 이와 함께 위기방지를 위한 금융감독제도가 어떤 것인지에 대한 관심이 높아지면서, 이 분야에서 중앙은행의 역할이 강화되어야 할 필요성이 재인식되고 있다(이를테면, Padoa-Schioppa, 2002). 동시에, 최근 통합감독체계의 세계적 확산 경향에 따라 중앙은행에게서 감독권이 분리된 경우 중앙은행의 금융안정 역할에 대해 다소의 혼란도 존재하는 것이 사실이다. 따라서 이 절(節)에서는 중앙은행이 금융안정에 관심을 갖게 된 배경과 근거를 역사적·법률적·이론적으로 검토하여 그 역할의 필요성과 중요성을 재확인하기로 한다.

## 가. 중앙은행 역할의 역사적 근거[23]

역사적으로 19세기 유럽의 중앙은행은 민간 상업은행으로서 다른 상업은행들과 경쟁관계에 있었다. 그러나 정부를 재정적으로 지원하는 대가로 국가의 보호와 특혜를 받는 과정에서 중앙은행은 화폐발행권을 독점하게 되었다. 중앙은행의 발권독점은 은행시스템의 불안정성을 해결하는 측면이 있었다(Padoa-Schioppa, 2002). 영리를 추구하는 일반 상업은행의 은행권은 그 가치를 지지해주는 담보가치 이상으로 남발될 유인(誘因)을 갖고 있어서, 종종 와일드캣 뱅킹(wildcat banking)이 경제위기로 이어졌기 때문이다.

발권독점에 따라 중앙은행 은행권이 단일 은행권으로 정착되고 법화의 지위도 부여받으면서 중앙은행에 대한 일반의 신뢰는 더욱 확고해졌다. 따라서 일반 상업은행들은 준비금으로 지금(地金)을 보유하기보다는 금융업무의 편의를 위해 지급준비금을 중앙은행에 예치하고자 하는 경향을 보였고, 중앙은행도 대출여력을 늘릴 수 있다는 점에서 그러한 지급준비금 예치를 받아들이게 되었다(한국은행 조사제1부, 1993).

준비금의 중앙은행 집중을 통해 중앙은행은 자연스럽게 은행의 은행이 되었다. 그리고 일반 상업은행들이 중앙은행에 예치한 지급준비금을 이용하여 상업은행 상호간의 대차관계를 청산하게 되면서 중앙은행을 중심으로 하는 지급결제제도 또한 자연스럽게 형성되었다(한국은행 조사제1부, 1993).

또한 어음을 담보로 기업에 신용을 제공하던 당시의 상업은행들은 중앙은행에게 어음재할인을 요청하게 되었다. 이는 산업혁명의 진행으로 경제규모가 급속히 커지는 과정에서 상업은행들이 종종 대출재원 부족을 경험했기 때문이었다. 이러한 상업은행의 요구에 대해 중앙은행은 영리적인 관점에서 재할인의 조건과 종류를 결정했었다(한국은행 조사제1부, 1993).

재할인기능으로 말미암아 중앙은행은 개별 상업은행들에게 유동성의 최종 원천으로 자연스럽게 인식되었다. 실제로 금융위기가 발생하면 중앙은행이 완화된 재할인 조건 아래서 유동성을 공급하는 경향이 생겼다. 그러나 이러한 경향이 반드시 중앙은행의 자발적 의사에 따른 것은 아니었으며, 주로 정부의 압력에 따른 것이었다. 중앙은행이 영리적 상업은행인 한, 다른 은행의 도산을 굳이 막아야 할 입장은 아니었기 때문이다. 어쨌든 중앙은행이 최종대부자로서 금융위기 시 유동성의 최종 원천으로 인식되면서, 중앙은행은 상업은행에게 일종의 보험(insurance)을 제공하는 셈이었다. 그러므로 중앙은행은 보험에 따르는 상업은행의 도덕적 해이를 감시하고자 자연스럽게 은행제도에 대한 규제감독을 맡게 되었다(Goodhart, 1988).

이와 같이 원래 민간 상업은행으로 출발했던 중앙은행은 발권독점 이후 개별 상업은행과 상호작용하면서 지급준비기능, 지급결제기능, 재할인기능 등을 갖추게 되었고, 대체로 19세기 말에는 최종대부자기능과 규제감독기능까지 수행하게 되었다. 그런데 영리를 추구하는 상업은행인 중앙은행이 은행시스템의 안정성 유지를 위해 최종대부자기능과 규제감독기능 등과 같은 공공기능까지 수행하는 데는 한계가 있을 수밖에 없었다.24) 결국 중앙은행은 상업은행업무를 포기하고 비경쟁적이고 비영리적인 역할에 전념하게 되었다(Goodhart, 1988).

한편 금본위제도가 채택되었던 19세기 후반에서 20세기 초까지 중앙은행의 거시경제적 목적은 금태환 보장을 통한 통화가치의 안정, 그리고 궁극적으로는 금본위제도의 유지에 있었다. 이를 위해 중앙은행은 지급준비기능, 재할인기능, 공개시장조작기능25) 등 미시적 기능을 초보적인 수준이나마 통화정책적으로 사용하기 시작하였다. 예를 들어, 당시 중앙은행들은 재할인이나 공개시장조작 등에 따른 단기 명목금리의 조절을 비롯하여 금준비 규모의 조정 또는 금의 중앙은행 간 상호대차를 통해 금 유출입이 국내 경제에 미치는 영향을 흡수하였다(Capie, *et al.*, 1994). 그리하여 1913년까지는 미국을 제외한 대부분의 선진국 중앙은행들은 미시적·거시적 기능을 모두 갖추게 되었다(Goodhart, 1988).

요컨대, 중앙은행에게 부여된 독점적 발권력은 외생적으로 주어진 것이었지만, 그 이후에 형성된 중앙은행으로의 지급준비금 집중, 지급결제제도의 운영과 관리, 재할인을 통한 유동성 제공, 최종대부자기능의 발휘와 이에 따른 규제감독기능 보유, 그리고 통화정책기능 수행 등 중앙은행이 관장하게 된 일련의 미시적·거시적 활동은 모두 역사적 진화과정에서 자생적으로 확립되었다.

이러한 역사적 배경을 기초로 해서 퍼거슨(Ferguson, 2003)과 굿하트(Goodhart, 2000), 힐리(Healey, 2001), 그리고 스키나시(Schinasi, 2003)는 규제감독권의 관장 여부와는 무관하게 오늘날 어떤 중앙은행이라도 당연히 금융시스템의 안정성에 관심을 가질 수밖에 없게 되는 핵심적 근거를 중앙은행이 자생적으로 보유하게 된 최종대부자기능, 지급결제제도의 운영과 관리 기능, 그리고 통화정책기능에서 찾고 있다. 먼저, 중앙은행은 최종대부자로서 금융시스템의 불안정 신호를 포착하기 위해 평소에 시장을 감시하고 문제 발생 시 긴급유동성 제공 여부를 판단하기 위한 준비를 사전에 해두어야 한다. 둘째, 지급결제제도는 금융시장의 핵심으로서 시스템 리스크의 주요 발생경로이므로 중앙은행은 그 운영자·관리자로서 지급결제제도의 순조로운 운행을 보장해야 한다. 셋째, 통화정책은 중앙은행의 금융시장 활동을 통해 이행되며 금융(은행)시스템은 통화정책이 실물부문에 전달되는 경로이기 때문에 중앙은행은 금융기관 건전성과 금융시장 안정성에 자연스러운 관심을 갖게 된다.

이와 같이 금융안정에서 중앙은행의 역할은 태생적(胎生的)이다. 중앙은행이 금융안정에 관심을 갖게 된 이유가 중앙은행이 실제로 감독을 관장하는지 여부와는 무관하다는 점을 중앙은행의 역사는 분명히 보여준다.26)

## 나. 중앙은행 역할의 법률적 근거

과거에는 중앙은행의 금융안정 책무가 암묵적이거나 중앙은행법에 언급되지 않는 것이 보통이었으나, 현대의 법률은 이 책무를 매우 명시적으로 규정하는 경향을 보이게 되었다(Hayward, 2000). 따라서 미국을 비롯한 다수의 중앙은행은 자신의 금융안정 책무에 대한 법률적 근거를 실제로 갖고 있다(Padoa-Schioppa, 2002).27)

세계 여러 나라의 중앙은행법은 금융안정에 대한 관심을 반영하고 있다. 부록의 [별표 1]은 미국·캐나다·영국·EU·스웨덴·핀란드·스페인·호주·뉴질랜드·일본의 각 중앙은행법 등에 나타난 금융안정 관련 내용을 발췌한 것이다. 이들 국가의 관련 법률은 대부분 금융안정을 지급결제제도와 은행업과 관련지어 언급하고 있으나, 일부 경우에는 좀 더 광범한 금융안정 개념을 담기도 한다. 이 표에 나오는 다수의 중앙은행이 금융안정을 명시적 목표에 포함하고 있으며 그렇지 않은 경우에는 묵시적으로 언급한다.

예를 들어, 퍼거슨(Ferguson, 2003)은 1913년 미국 「연방준비법」 (Federal Reserve Act)의 전문(前文)이 연방준비제도의 목적인 금융안 정을 묵시적으로 구체화하고 있다고 해석한다. 전문은 연방준비제도가 "연방준비은행의 설립을 규정하고, 탄력적 통화를 공급하며, 상업어음 의 재할인 수단을 제공하고, 미국 은행업에 대한 더욱 효과적 감독을 확립하며, 기타 목적을 위해" 설립되었다고 밝히고 있다(부록 [별표 1] 참조). 퍼거슨은 "탄력적 통화"와 "상업어음의 재할인"이 금융시장 유 동성에 대한 우려를 근본적으로 반영하며, "은행업에 대한 더욱 효과적 감독"이 은행 위기를 피하거나 완화하려는 수단을 개발하고자 하는 연 준의 의도를 나타낸다고 해석한다.[28]

그런데 부록의 [별표 1]에 다루어진 10개 국가(또는 지역)를 각국의 몇몇 제도적 특징에 따라 분류하면 다음과 같다.

( i ) 인플레이션 타게팅(inflation targeting) 국가

캐나다 · 영국 · EU · 스웨덴 · 핀란드 · 스페인 · 호주 · 뉴질랜드 등 8개 국가(또는 지역)

( ii ) 통합감독기구그룹(IRG : Integrated Regulators Group)의 회원국

캐나다 · 영국 · 스웨덴 · 호주 · 일본 등 5개 국가

(iii) 감독권이 중앙은행으로부터 분리되어 있는 국가

캐나다 · 영국 · EU · 스웨덴 · 호주 · 일본 등 6개 국가(또는 지역)

결국 한 나라가 인플레이션 타게팅 국가인지 여부와 통합감독체계를 채택하고 있는지 여부, 그리고 중앙은행이 감독권을 보유하는지 여부 는, 금융안정 책무의 법적 근거가 존재하는지 여부와는 전혀 관련성이 없음을 부록의 [별표 1]에서 분명히 알 수 있다.[29]

## 다. 중앙은행 역할의 이론적 근거

은행업의 내재적 불안정은 대규모의 외부성을 통해 금융시스템 전반의 안정을 위협할 수 있다. 이에 따라 은행부문에 대한 중앙은행의 공적 개입이 정당화된다(Hoggarth and Soussa, 2001). 은행업은 유동성과 만기구조 면에서 원래 취약하다. 명목가치가 고정된 유동적 단기부채를 불확실한 가치를 갖는 비유동적 장기신용으로 전환하는 역할을 수행하기 때문이다. 게다가 선착순 인출계약인 은행예금의 성격상 뱅크 런(bank run)이 쉽게 발생할 수 있다(Llewellyn, 1999a). 일단 뱅크 런이 발생하면 전염효과로 말미암아 은행시스템의 유동성·지급결제 서비스 제공기능이 위협받기 쉽다. 은행부문은 긴밀하게 연계된 하나의 '시스템'이어서 지급결제제도와 은행간 시장을 통한 전염 리스크에 취약하기 때문이다(Padoa-Schioppa, 2002).

한편 1970년대 이후 세계적으로 급속히 보급된 예금보험제도에도 불구하고 중앙은행의 금융시장 개입, 특히 최종대부자기능은 금융안정을 위해 여전히 긴요하다. 예금보험제도는 소액예금자가 은행에 대한 신뢰를 잃지 않도록 함으로써 뱅크 런을 막는 효과가 있다. 그러나 오늘날에는 은행이나 금융기업들과 같은 비부보 채권자들(uninsured creditors)이 은행부채의 대부분을 보유한다.[30] 이들이 은행간 시장을 통해 뱅크 런을 일으킨다면 위기가 돌발적으로 발생할 것이다(Borio, 2003 ; Padoa-Schioppa, 2002).[31] 또한 여러 은행에서 동시에 문제가 생기는 경우 예금보험기금이 이를 한꺼번에 감당하기란 실제로 곤란하다. 이와 같이 예금보험은 전반적 금융안정 보호에는 적절하지 않으므로 중앙은행에 의한 은행시스템 안정화가 필요하다.

전통적으로 대다수 국가에서는 중앙은행이 은행에 대한 미시건전성 감독까지 관장해왔으나, 최근 여러 나라가 은행·증권·보험을 모두 관장하는 통합감독체계를 채택하는 경향이 생기면서 중앙은행은 은행감독권을 상실하게 되었다. 이로 말미암아 금융안정을 위한 중앙은행의 역할에 대해 회의적 시각이 제기되기도 한다. 최근 통합감독체계의 경향과 관련된 이론적 문제는 크게 두 가지 —— 감독을 통합하여 이를 단일기구가 전담할 것인지 여부와 중앙은행이 감독에 개입할 것인지 여부 —— 로 구분된다. 각 문제는 궁극적으로 비용편익의 관점에서 판단해야 한다. 먼저 감독 통합 여부에 관한 논쟁은 다음의 다섯 가지 논점을 중심으로 [표 1]에 정리된 바와 같이 전개되었다(김홍범, 2003).

( i ) 최근 금융기관과 금융시장의 급속한 수렴현상이 감독 통합을 정당화하는가.

(ii) 감독 통합이 규모와 범위의 경제를 실현할 것인가.

(iii) 감독 통합이 자원배분의 효율을 높일 것인가.

(iv) 감독 목적 사이의 잠재적 상충이 감독 통합에 의해 잘 해결될 수 있는가.

( v ) 감독기구의 책임성이 감독 통합에 의해 강화될 수 있는가.

(vi) 감독 통합이 감독 접근의 단일화를 가져올 것인가.

또한 중앙은행의 감독 개입 여부에 대한 논쟁은 [표 2]에 정리된 바와 같이 다음의 네 가지 논점을 중심으로 전개되었다(김홍범, 2003).

( i ) 중앙은행의 핵심 기능과 감독 사이에 존재하는 상관관계가 중앙은행의 감독 개입을 정당화하는가.

(ii) 감독 통합이 초래하는 정보흐름의 왜곡 가능성을 감안할 때 중앙은행의 감독 개입이 필요한가.

(iii) 중앙은행의 감독 개입이 감독 목적 사이에 상충을 가져올 것인가.

(iv) 감독의 독립성 확보를 위해 중앙은행의 감독 개입이 필요한가.

이와 같은 각 논쟁에 대해 명확한 이론적 결론을 도출하기는 어렵다. 다만 감독 통합과 중앙은행의 감독 불개입을 이미 제도화한 한국의 현

28

〔표 1〕 통합옹호론과 통합반대론의 여러 논점

| 논점 | 통합옹호론의 주장* |
|---|---|
| 금융기관과 금융시장의 수렴현상 | ● 금융자유화·기술진보로 기업유형 간, 상품유형 간 전통적 구분이 퇴색하고 금융시장이 수렴 → 금융복합그룹의 수적 증가로 말미암아 전문감독기구 사이의 협력·조정보다는 단일 통합감독기구 설립이 현실적으로 필요 → 단일 통합감독기구는 내부적 협력·조정을 통해 종합적 시각과 단일 견해에 도달 가능.<br>● 금융부문의 급변에 따라 단일 통합감독기구가 신축적 대응에 유리.<br>⊙ 쌍봉모형과 다봉모형 모두에서 전문감독기구 사이의 의사소통과 협력이 원활하지 않게 되어, 결국 다수의 전문감독자가 존재하는 상황과 다를 바 없게 될 것임. |
| 규모와 범위의 경제 | ● 단일 통합감독기구는 고정비용 절감, 지원 서비스의 집중을 통한 인력비용 절감, 금융기관과 금융소비자에 대한 종합 서비스 제공, 통합지침의 마련 등을 통해 규모의 경제를 실현.<br>● 상이한 감독 분야를 다룸으로써 범위의 경제를 실현.<br>⊙ 금융기관과 소비자의 도덕적 해이는 금융교육을 통한 국민의식 제고로 해결 가능. |
| 자원배분 효율 | ● 단일 통합감독기구는 일관적 기준(리스크에 기초한 감독 등)에 따라 자원을 배분하므로 효율적임.<br>● 단일 통합감독기구는 전문지식의 통합과 업무범위의 광역화를 통해 인적자원에게 유리한 경력을 제공하고 기구의 사회적 위상을 높임. |
| 감독 목적 사이의 상충 | ● 통합감독기구는 단일 경영구조 내에서 감독 목적과 책임의 명확화를 통해 잠재적 상충을 감소시키며, 상충 발생 시 집단적으로 합의한 방식에 따라 해결 가능. |
| 감독기구의 책임성 | ● 단일 통합감독기구에게 명확한 권한과 책임을 부여하면, 감독의 성과·체제·비용·정책·실패 등에 대한 책임성 제고가 가능. |
| 감독 접근의 단일화 | ● 단일 통합감독기구는 규정과 지침의 조화를 통한 단일한 감독 접근을 통해 중복 감독, 과소 감독, 규제 아비트리지(regulatory arbitrage)의 여지를 줄임. |

* 통합반대론의 반론에 대한 통합옹호론의 재반론은 ⊙로 표시하여 정리하였음.
자료 : 김홍범(2003a)의 〔표 4〕.

## 통합반대론의 반론

- 은행·보험회사·증권기업의 핵심 업무가 아직도 지배적임.
- 금융복합그룹 내 격벽 존재로 전문감독기구의 기능별 감독이 계속 유효.
- 금융업무유형에 따른 감독문화의 차이로 말미암아, 단일 통합감독기구가 설립되면 내부적으로 심각한 문화적 갈등이 발생 가능 → 테일러(Taylor, 1995·1996)의 쌍봉모형 주장 ; 굿하트 외(Goodhart, *et al.*, 1998)의 다봉모형 주장.

- 독점 감독기구의 규제확대 효과(크리스마스트리 효과), 거대 감독기구의 X-비효율성과 권한남용으로 규모의 경제보다는 오히려 규모의 불경제가 초래됨.
- 거대 감독기구의 두드러진 존재(high profile)로 말미암아 금융기관과 소비자의 도덕적 해이가 조장됨.

- 단일 통합감독기구의 경우에도 감독 목적의 상충 시 최고경영진이 어느 하나의 목적을 위주로 하여 의사를 결정할 수밖에 없음.
- 공공정책의 주요 이슈에 대해서는 정치적 판단이 요구되므로, 통합감독기구 내부에서 목적 사이의 상충을 해결하는 것은 곤란.

- 통화정책과는 달리 감독정책의 성과를 시장이 평가하기가 쉽지 않음. 부과된 임무가 광범할수록 평가가 곤란하므로, 단일 통합감독기구의 양질감독 유인은 오히려 희석됨.

- 다수 전문감독기구가 존재하면, 규제 경쟁으로 정보의 수집과 생산이 촉진됨.
- 각 전문감독기구는 감독 목적과 감독업무에 대해 명확한 초점을 보유.
- 각 전문감독기구는 금융기관·시장과 긴밀한 접촉이 쉬움.
- 각 전문감독기구의 정보량은 단일 통합감독기구에 비해 한정되므로 전문감독기구는 포획위험에 덜 노출.
- 단일 통합감독기구는 포획위험에 상대적으로 취약하고 정보 상실과 감독의 질적 저하를 초래.

〔표 2〕 중앙은행의 감독 개입 여부에 관한 여러 논점

| 논점 | 개입옹호론의 주장* |
|---|---|
| 중앙은행의 핵심기능과 감독의 상호관계 | ● 중앙은행기능 → 감독업무 :<br>중앙은행의 통화정책 활동과 지급결제제도 활동에서 얻어지는 금융시장 정보와 직관은 감독업무에 유용.<br>● 감독업무 → 중앙은행기능 :<br>① 은행감독업무로부터의 기밀정보는 거시변수에 대한 중앙은행의 예측력을 제고<br>② 시스템적으로 중요한 중개기관의 건전성 감독 정보는 중앙은행의 거시적 건전성 감시에 긴요<br>③ 은행감독 정보에 대한 상시 접근성과 해석력을 평소 보유해야 금융위기 시 중앙은행의 신속 개입이 가능<br>◉ 은행시스템의 취약성은 경기침체기에 발생하므로 감독정책과 통화정책의 상충 가능성은 과장임. 상충 발생 시, 중앙은행과 감독기구의 분리로 상충이 제거되지는 않음. 문제는 상충의 외부적 처리와 내부적 처리의 상대적 거래비용임.<br>◉ 일반 국민은 일상적 상황에서는 금융안정보다 통화정책에 더욱 큰 관심을 가지므로, 중앙은행은 통화정책에 지속적으로 주력하되 감독업무는 부업으로만 관리가 가능. |
| 정보흐름의 왜곡 | ● 은행감독기능이 중앙은행에서 분리되면, 감독기구가 중앙은행에게 정보를 자발적으로 제공하지 않거나 법률적 제약으로 정보흐름의 마찰이 발생.<br>● 감독기구 스스로 얻고자 하는 감독 종류에 대한 편의(bias) 때문에 정보흐름상의 문제가 발생 가능(중앙은행과 통합감독기구의 지식기반은 각각 경제학과 법학이므로 정보집합의 내용 차이가 발생할 가능성).<br>● 은행감독 책무를 맡지 않게 된 중앙은행도 감독정보 해석능력의 퇴화 가능성에 직면.<br>● 신흥시장국에서 중앙은행으로부터 은행감독기능의 분리가 초래하는 문제 :<br>① 신축성을 허용하지 않는 대륙법 전통 속에서는 정보흐름의 단절이 심각<br>② 금융자유화가 정착되지 않은 상황에서 감독과 통화정책 사이의 접속 결여로 말미암은 시스템불안정 |
| 감독 목적 간 상충 | ● 중앙은행 바깥의 통합감독기구가 미시건전성보다는 소비자보호에 치중하는 경우, 개별 금융기관에 대한 관용 유인에 노출됨. 반면, 시스템안정을 관장하는 중앙은행에게는 이러한 유인이 없음. 그러므로 두 기구의 건전한 긴장관계 유지를 위해 중앙은행이 감독에 개입할 필요가 있음.<br>◉ 중앙은행은 엄격한 원칙 아래 최종대부자기능을 수행.<br>◉ 금융기관 도덕적 해이의 원천은 금융기관의 청산과정임. 중앙은행은 청산과정에 관여하지 않음.<br>◉ 중앙은행이 시스템안정을 관장하는 한 은행감독에 어떻게든 관여할 수밖에 없음. |
| 감독의 독립성 확보 | ● 일반적으로 각국 중앙은행은 독립성·전문인력·자금력을 보유하므로 감독을 관장하면 독립성을 확보하기 쉬움.<br>◉ 특히 신흥시장국의 경우에는 감독기구의 독립성 결여로 포획위험이 매우 크므로 중앙은행에 의한 감독의 관장이 적절. |

* 개입반대론의 반론에 대한 개입옹호론의 재반론은 ◉로 표시하여 정리하였음.
자료 : 김홍범(2003a)의 [표 5].

## 개입반대론의 반론

● 감독을 맡은 중앙은행은 은행시스템 취약성을 우려하여 수용적 통화정책 집행이 가능.
● 감독을 맡은 중앙은행은 감독업무의 시간 소모적 특성상 통화정책에 대한 주의가 분산.
● 중앙은행의 감독실패는 통화당국의 평판을 손상.
● 중앙은행의 시스템안정성 도모는 감독의 기관구조에 대해 합의를 갖지 않음.
 ① 중앙은행의 건전성 감독대상 선정기준이 모호
 ② 유사시 중앙은행의 건전성 감독대상의 구제 가능성을 일반이 기대
 ③ 미시적 건전성 규제와 거시적 건전성 규제의 구분은 실제로는 무의미
● 문제 은행 구제에 중앙은행 주도의 민간구제보다는 정부 주도의 공적자금 조성이 최근 일반화.

● 중앙은행과 단일 통합감독자 사이에는 긴밀한 연계와 양(兩) 방향 정보흐름이 긴요하지만, 이러한 사실 때문에 하나의 기관 내부에 두 기능이 반드시 결합되어야 하는 것은 아님.

● 중앙은행이 은행감독을 관장하는 경우라도, 감독실패가 발생하면 중앙은행은 이를 감추기 위해 자신의 정책수단을 동원하여 이자율 조작이나 비상유동성 지원을 통해 이를 은폐하고자 할 것임. 이렇게 되면 금융기관의 도덕적 해이를 조장할 우려가 있음.

● 중앙은행의 감독 독립성 확보가 쉽다고 해도, 증권기업 · 보험회사 감독과 소비자 보호까지 관장하는 것은 부자연.
● 중앙은행의 감독권 보유는 권한의 지나친 집중을 초래.

실에서는 대체로 세 가지 우려가 제기된다. 단일기구인 통합감독기구가 정치적 포획에 의해 독립성을 상실할 우려, 감독 독점자인 통합감독기구가 책임성을 상실할 우려, 그리고 정보 독점자인 통합감독기구가 정보흐름을 왜곡할 우려가 그것이다. 따라서 "독립성·책임성·협력 및 견제 장치의 확립과 그 원활한 운영"이 통합감독체계가 성공하기 위한 관건이 된다(김홍범, 2003).

이러한 시각은, 기관구조(institutional structure)의 문제에서 가장 중요한 점은 감독기능이 중앙은행의 내부에 있어야 할지 아니면 외부에 있어야 할지의 문제가 아니라, 은행건전성 감독기구와 중앙은행 내부의 시스템안정 담당자가 협력과 상호조정을 더욱 긴밀하게 이루어야 한다는 것이라고 본 굿하트(Goodhart, 2000), 굿하트 외(Goodhart, *et al.*, 1998), 스코언메이커와 와이어츠(Schoenmaker and Wierts, 2002)의 주장과 맥을 같이 한다. 크로켓(Crockett, 2003a)은 일부 국가에서 비(非)중앙은행기구가 감독기능을 관장하게 된 일을 금융안정에 관한 논의에서 중앙은행의 역할을 가볍게 여겨도 되는 것으로 해석한다면 불행한 일이라 경고한 바 있다.


## 3. 금융감독기구의 역할

금융감독기구는 개별 금융기관에 대한 금융규제(financial regulation)와 금융감독(financial supervision)을 관장한다. 금융규제는 규정의 제·개정(rule-making)을, 금융감독은 금융기관의 행동에 대한 감시(특히 리스크 감시)를, 각각 뜻한다(Lastra, 2003). 이때 규정이란 의회의 법률과 감독기구의 법률적 수단이나 규칙을 포괄한다. 또한 금융감독은 인가, 건전성 감독, 제재, 위기관리의 네 단계로 구성되는 일관적 과정이다(Lastra, 1996).

인가(licensing)는 감독과정의 시작이다. 감독기구는 인가를 신청한 금융기관의 장래 수익 전망과 사회의 수요 등을 감안하되, 특히 최소자본금과 경영진의 능력과 무결성을 중시하여 인가 여부를 결정한다. 인가기준이 지나치게 느슨하면 문제를 일으킬 소지가 있는 금융기관이 진입할 우려가 있고, 지나치게 제한적이면 경쟁제고의 측면에서 문제가 될 수 있다. 따라서 인가 여부의 판단에는 안정성과 효율성 사이에 적절한 균형을 맞추는 일이 중요하다(Lastra, 1996).

일단 개별 금융기관에게 인가가 부여되면 그 인가조건이 항상 충족되는지를 건전성 감독을 통해 지속적으로 평가해야 할 필요가 생긴다. 건전성 감독(supervision *sensu stricto*)이란 개별 금융기관이 건전한 상태를 유지하는 동안 그 안전성과 건전성을 감시하는 단계이다. 개별 금융기관의 도산 가능성과 도산에 따른 소비자의 손실 가능성을 최소화하고자 감독기구는 개별 금융기관의 상태에 관한 정보수집을 통해 자산의 질, 자본 적정성, 유동성, 수익성, 내부조직 통제시스템, 안전시스템 등을 감시한다. 정보수집을 위한 수단으로는 업무보고서, 신용도, 임점검사, 내부감시(in-house surveillance), 고위 경영진과 면담, 독립적 외부감사인의 보고서 등이 있다(Hayward, 2000 ; Lastra, 1996).

제재(sanctioning)는 개별 금융기관이 의무요건을 충족하지 못하거나 범법행위를 하는 경우 징벌(penalty)을 부과하는 단계다. 금융기관들로 하여금 법규를 준수하도록 성공적으로 유도하려면 제재조치를 효과적으로 집행해야 하며, 문제의 심각성에 따라 단계적·점진적으로 조치가 이루어져야 한다. 제재조치에는 중지명령(cease-and-desist orders), 부보의 종결 또는 일시 중지, 민·형사상 처벌, 그리고 최종적으로는 인가취소 등이 있다. 특히 인가취소는 건전성 의무요건의 심각한 불이행을 다루는 가장 강력한 집행수단이므로, 인가취소권을 보유하는 감독기구는 금융기관의 경영진이 건전성요건을 준수하도록 상당한 영향력을 행사할 수 있다(Hayward, 2000 ; Lastra, 1996). 인가·건

전성 감독·제재의 세 단계는 평상시의 감독과정을 구성하며 각 단계
는 긴밀하게 연관되어 있어서 일관성을 요구한다. 따라서 어떤 감독체
계에서건 임의의 개별 금융기관에 대해 하나의 감독기구가 이들 과정
을 전체적으로 관장할 수 있도록 포괄적 감독권을 보유하는 것이 중요
하다(김홍범, 2002).

끝으로, 위기관리(crisis management)는 중앙은행의 최종대부자기
능, 예금보험 스킴, 은행청산 절차로 구성되며, 일반적으로 다수의 관
련 공공기관이 참여한다(Lastra, 1996).


## 4. 재무부의 역할

한 나라의 금융부문에 대한 최종 책임은 중앙정부 특히 재무부에 있
다(Hayward, 2000). 금융과 관련하여 재무부는 금융제도의 틀을 형
성·발전시키는 책무를 갖는 것이 일반적이다. 그런데 금융제도의 틀
은 근본적으로 법률로부터 형성되므로, 각국의 재무부는 통상적으로
법률 제·개정권을 행사한다.

그러나 재무부는 다른 금융시스템 관련 공공기관의 일상업무에는 간
여하지 않는 것이 원칙이다(Hayward, 2000). 다른 공공기관들이 각기
고유 책무 수행에서 정치성을 배제하는 대신 전문성을 발휘할 수 있으
려면 반드시 운영상의 독립성(operational independence)을 가져야 하
기 때문이다. 예를 들어, 감독기구는 법률의 해석과 집행과정에서 규정
제·개정권을 갖는 것이 일반적이다. 이는 재무부가 설정한 법률적 틀
이 감독 조치의 속도와 방식을 방해하지 않도록 하기 위해서이다. 재무
부가 여타 공공기관의 일상적 운영에 간여하지 않는 한, 그 일상적 운
영에 대해서는 재무장관이 아닌 각 공공기관이 스스로 책임을 진다.

다만 평시상황에서 위기상황으로 급격한 반전이 언제라도 일어날 수

있는 오늘의 금융환경 속에서는 한 나라의 금융을 최종 책임지는 재무
장관이 평소에도 다른 공공기관과 일정 거리(arm's length)를 유지하면
서 금융부문의 동향을 주시할 수 있어야 한다(김대식 외, 2002). 또한
개별 금융기관의 도산이 시스템 문제(systemic problem)를 일으킬 우
려가 있다고 다른 공공기관이 판단하는 경우 이를 사전에 재무장관에
게 알리면, 재무장관이 공적자금 제공 여부를 결정하게 된다. 이는 공
적자금이 궁극적으로 국민의 조세 부담으로 연결되기 때문이다
(Hayward, 2000). 이 과정에서 재무장관은 감독기구·중앙은행의 위기
처리 방안을 거부할 수 있는 권한을 갖는 것이 보통이다. 평소 일정 거
리를 두고 관련 공공기관의 일상적 운영에 개입하지 않는 대신 허용된
거부권은 금융부문의 최종책임자인 재무장관에게 결정적인 견제장치
로서 중요한 의미가 있다.

# 제3장. 금융시스템 관련 공공기관 간 협력과 견제의 필요성

이 장에서는 금융안정이 갖는 다면성으로 말미암아 관련 공공기관 사이에 협력과 견제가 일반적으로 필요하다는 점을 먼저 설명한다. 그리고 (감독권을 갖지 않는) 중앙은행과 금융감독기구는 각기 갖고 있는 정책수단의 관점에서 협력과 견제가 더욱 필요하다는 점과 최근 금융정책환경의 변화로 말미암아 이들 두 기관 사이에 협력과 견제가 더욱 중요해졌다는 점을 논의하기로 한다.

## 1. 금융안정의 다면성에 기초한 공공기관 간 협력과 견제의 필요성[32]

보리오(Borio, *et al.*, 1999)에 따르면, 금융안정의 유지에는 미시적·거시적 차원이 복합적으로 상호작용한다. 금융안정의 미시적 차원을 구성하는 기본 요소는 금융기관(institutions), 금융시장(markets), 그리고 금융하부구조(infrastructures)이다. 그런데 금융안정의 미시적 차원 내부의 기관·시장·하부구조 사이에는 관련성이 있다. 예를 들어, 금융기관의 도산은 시장과 하부구조에 영향을 미친다. 이와 반대로 시장과 하부구조가 금융기관 불안정의 파급경로가 될 수도 있다. 한편 금융안정의 거시적 차원은 이자율, 자산가격, 그리고 전체 금융기관 대차대

38

조표(즉 신용량과 통화량)의 규모와 구조에 관련된다. 거시적 차원 내부의 이자율·자산가격·신용·통화량도 서로 유기적으로 움직인다. 게다가 금융안정의 미시적 차원과 거시적 차원도 서로 관련성을 갖는다. 그 결과, 금융시스템의 일부분에서 발생한 불안정은 곧 다른 부분으로 파급될 수 있다. 예를 들어, 부채의 급팽창이나 자산가격 급등은 금융시장 혼란을 일으킬 수 있다. 결국 금융안정은 미시적으로나 거시적으로 국민경제의 다양한 측면과 관련을 맺고 있으며 이들 각 측면은 서로 밀접하게 연관된다. 이와 같이 금융안정은 다면적이다(Healey, 2001).

금융시스템 관련 공공기관들 —— 재무부, 금융감독기구, 중앙은행, 그리고 예금보험기구 —— 은 대체로 다음과 같은 수단으로 금융안정을 도모하게 된다(Borio, *et al.*, 1999). 첫째, 금융행태에 대한 기준(norms)을 제정하고 준수 여부를 감시하여 위반 시 제재를 가하는 규제감독을 수행한다. 이때 엄밀한 의미에서 규제는 금융행태에 직접적으로 영향을 미치고, 감독은 금융행태에 대한 정보를 제공해준다. 둘째, 긴급유동성 지원이나 예금보험제도 등의 형태로 보험(insurance)을 제공하여 시장 참가자들을 보호한다. 이 두 가지 방식 —— 규제감독과 보험제공 —— 은 거시적 함의도 갖지만 주로 미시적 차원의 수단들이다. 셋째, 거시적 차원에서는 특히 중앙은행의 통화정책 수립과 집행이 금융안정의 수단이 된다. 그리고 통화정책의 수립을 위해 중앙은행은 정보를 필요로 하며 정책의 집행과정에서 정보를 수집한다. 따라서 금융시스템 관련 공공기관은 주어진 고유의 하위 책무에 따라 상위 책무인 금융안정을 달성하려는 과정에서 금융행태에 대한 정보를 필요로 하는 동시에 금융행태에 대해 권한(leverage)을 행사하게 된다.

금융안정에 관련되는 여러 요소들 사이에는 긴밀한 상호 관련성이 존재하기 때문에, 각 정책기관이 주어진 책무를 효과적으로 수행하는 데 필요한 정보·권한·전문지식의 유형 사이에는 어느 정도 보완성

(complementarity)이 존재한다(Borio, *et al.*, 1999). 이러한 정보와 권한의 보완성 정도는 공공기관 사이에 업무가 구체적으로 어떻게 분담되는지에 따라 달라진다. 예를 들면, 어떤 금융기관의 재무건전성에 관한 정보는 이 금융기관을 직접 감독함으로써 얻을 수 있지만, 예금보험업무, 시장감시(market surveillance), 지급결제제도의 감독, 통화정책의 집행 등을 통해서도 얻을 수 있다.

마찬가지로 감독기구와 예금보험기구는 둘 다, 각 기관의 권한과 관할 업무범위에 따라 부실금융기관의 정리 시기와 방식의 결정 등 금융기관의 구조조정에 영향력을 행사할 수 있다. 또한 각 공공기관이 보유하는 전문지식 사이에도 보완성이 존재한다. 예를 들어, 감독기구가 개별 금융기관에 대한 건전성 규제를 제정하는 데 중앙은행의 전문성이 유용할 수 있다. 중앙은행은 시장참가자로서 금융시장의 운행에 대해 광범위한 전문지식을 갖고 있기 때문이다. 그러므로 정보·권한·전문지식 측면에서 공공기관 사이의 협력과 조화가 감독효율을 높인다.

이때 금융안정을 위한 공공기관 간 정보·권한·전문지식의 잠재적 시너지 효과는 공공기관 간 권한과 업무의 배분상태에 따라서 달라짐은 물론이다. 그러므로 금융시스템 관련 공공기관들에게 책무 배분이 얼마나 명확하게 정의되어 있는지와 이들 공공기관이 어떻게 활동을 조정하는지가 전체 금융시스템의 건전성에 중요한 의미를 가질 수 있다(Hayward, 2000). 나아가, 공공기관 사이의 협력은 각 기관이 자신에게 주어진 고유 책무의 범위를 벗어날 가능성을 줄일 수도 있다는 측면에서 견제로도 작용하게 되며, 이러한 측면 또한 감독 효율과 관련된다.[33]

결론적으로, 금융안정을 꾀하려면 그 다면성으로 말미암아 공공기관 간 협력과 견제가 긴요하다. 이때 공공기관 사이에 권한과 업무가 어떻게 배분되는지에 따라 실현가능한 협력과 견제의 정도가 달라진다. 공공기관 사이의 정보공유와 전문지식 및 기능의 조화는 궁극적으로 권한과 업무의 배분방식에 따라 결정되기 때문이다.[34]

## 2. 중앙은행과 금융감독기구 간 협력과 견제의 필요성

### 가. 정책수단의 관점에서 본 협력과 견제의 필요성

패도우-스키오파(Padoa-Schioppa, 2002)는 금융(은행)감독권을 갖지 않는 중앙은행과 별도의 금융감독기구와 예금보험기구가 갖는 여러 정책수단들을 [표 3]과 같이 정리하였다. 여기서 금융감독권을 갖지 않는 중앙은행을 상정한 이유는 금융안정에 대한 순수 중앙은행의 시각을 강조하기 위해서다. [표 3]은 각 정책수단의 두 가지 작용경로 — 전체 금융시스템에 즉각적으로 영향을 주는 정책수단을 통한 경로와 개별 금융기관을 통해 전체 금융시스템에 영향을 주는 정책수단을 통한 경로 — 를 구분한다.

통화정책을 통해 물가안정을 달성하려는 과정에서 중앙은행이 이용하는 수단은 통화정책전략, 단기이자율, 공개시장조작, 공적·사적 논평의 네 가지다. 건전성 규제와 건전성 감독은 금융감독기구가 개별 금융기관의 행동에 직접 영향을 미치는 두 가지 수단이다. 또한 예금보험은 예금보험기구가 개별 금융기관의 행동에 직접 영향을 미치는 수단이 된다.

그런데 통화정책과 규제감독 사이에는 중간지대(land in between)가 있다. 여기에는 지급결제제도(운영과 표준 설정), 긴급유동성 지원, 위기조정, 공적·사적 논평의 네 가지 수단이 포함된다(Padoa-Schioppa, 2002). 이들은 명시적 감독의무를 갖지 않는 중앙은행이 이용할 수 있는 수단들이다. 중앙은행은 은행의 은행이자 유동성의 최종제공자이다. 이와 같은 지위에서 연원하는 중앙은행의 금융안정 역할을 촉진하는 것은 바로 이러한 네 가지 수단이다.

두 영역 사이에 순조로운 상호작용은 꼭 필요하다(Padoa-Schioppa, 2002). [표 3]에 따르면, 금융안정의 추구에서 순수 중앙은행은 주로 전체 금융시스템에 작용하는 수단을, 금융감독기구는 주로 개별 금융기관에 작용하는 수단을, 각각 갖는다. 그런데 전체 금융시스템에만 작용하는 순수 중앙은행의 지급결제제도 관련 수단을 제외하고는, 중앙은행과 감독기구의 모든 금융안정 정책수단이 두 경로 모두를 통해 작용한다는 사실을 알 수 있다. 이것은 순수 중앙은행과 금융감독기구가 정책수단의 활용에서 서로 협력하고 조정해야 할 필요가 있음을 뜻한다.35) 또한 [표 3]은 중앙은행이 물가안정과 금융안정 사이의 상충에 직면할 가능성도 시사한다. 단기이자율과 공개시장조작은 물가안정과 금융안정 모두를 위해 이용될 수 있기 때문이다.36)

## 나. 신환경론의 관점에서 본 협력과 견제의 중요성

최근 국제결제은행(BIS)의 경제학자들을 중심으로 제기된 신환경론(new environment view) —— 금융정책환경이 과거와는 불연속적으로 변화했다는 가설 —— 이 상당한 이론적·정책적 설득력을 얻고 있다. 이들은 최근 경기변동과정에서 금융요인의 작용이 두드러지게 된 점에 주목하고, 금융안정을 위해 거시건전성 분석과 선제적 통화정책이 필요하다고 주장한다. 이 소절(小節)에서는 신환경론의 기본 관점을 소개한 뒤, 이 가설이 거시건전성 분석에 익숙한 중앙은행과 미시건전성 분석에 익숙한 금융감독기구 간 협력과 견제의 중요성을 강조한다는 점과, 거시건전성 분석과 통화정책을 통한 중앙은행의 금융안정 역할을 강조한다는 점 등을 차례로 설명하기로 한다.

### (1) 신환경론의 관점

1980년대 이후 세계적으로 금융위기의 빈도와 강도는 증가하였다. 이들 위기는 호경기에 누적되었던 금융불균형(financial imbalances)이37) 갑자기 조정되면서 발생했고, 엄청난 거시경제적 비용을 초래했

〔표 3〕 물가안정과 금융안정을 유지하기 위한 수단[1]

| 소관 공공기관 | 수단 | 목적 | | |
|---|---|---|---|---|
| | | 물가안정 | 금융안정 | |
| | | | 전체 금융시스템 | 개별 금융기관 |
| 순수 중앙은행<br>(감독권이 없는<br>중앙은행) | 1. 통화정책전략 | vv[2] | v[3] | |
| | 2. 단기이자율 | vv | v | |
| | 3. 공개시장조작 | vv | v | |
| | 4. 지급결제제도<br>(운영과 표준 설정) | | vv | |
| | 5. 긴급유동성 지원[4] | | vv | vv |
| | 6. 공적·사적 논평[5] | vv | v | v |
| | 7. 위기조정 | | v | vv |
| 금융감독기구[6]<br>(중앙은행과<br>별개의 기구) | 6. 공적·사적 논평 | | v | v |
| | 7. 위기조정 | | v | vv |
| | 8. 건전성 규제 | | v | vv |
| | 9. 건전성 감독 | | v | vv |
| 예금보험기구[6] | 10. 예금보험 | | v | vv |

주 1) 수단(tools)이란 소관 공공기관이 이용할 수 있는 가능한 조치나 절차 또는 장치를
   포괄함.
  2) 'vv'는 각 수단이 주로 작용하는 목적(또는 대상)을 가리킴.
  3) 'v'는 각 수단이 부차적으로 작용하는 목적(또는 대상)을 가리킴.
  4) 긴급유동성 지원은 공개시장조작을 통해 금융시스템 전반에 대해 유동성을 제공하는
   수단과 개별 은행에 대해 긴급유동성을 지원하는 수단을 모두 포함함.
  5) 공적 논평은 중앙은행·금융감독기구가 금융안정성 분석(financial stability reviews)
   과 공식 통계 그리고 공개 성명(public statements) 등을 통해 일반 국민에 공표하는
   내용을 가리키며, 사적 논평은 중앙은행·금융감독기구가 금융기관이나 시장참가자
   그리고 정책담당자를 대상으로 하는 쌍무적·사적 의사소통의 내용을 가리킴.
  6) 패도우-스키오파는 감독권이 없는 순수 중앙은행 이외의 기구를 구분하지 않았으나
   본 표에서는 이를 금융감독기구와 예금보험기구로 구분하였음.
자료 : 패도우-스키오파(Padoa-Schioppa, 2002)의 Table 1.

다. 예를 들어, 일부 남아메리카 국가, 노르딕 국가와 일본, 그리고 최근 일부 동아시아 국가의 금융위기가 그러했다. 크로켓(Crockett, 2000)은 최근 금융위기의 전형적 진행과정을 다음과 같이 묘사하고 있다.

"실물경기가 호조를 보이는 가운데 금융불균형이 누적되는 과열국면(over-extension phase)이 먼저 진행된다. 이 과열국면 동안에는 자산가격이 급상승하여 이것이 신용 급팽창을 부채질하고 신용 급팽창은 다시 자산가격 급상승을 부채질하는 경향이 있다. 이러한 현상은 국내적으로 일어날 수도 있고 국제적으로 일어날 수도 있다. 기업의 부채는 명시적이건 명시적이지 않건 대차대조표에 쌓이게 되지만 이러한 사실은 자산가격의 상승으로 말미암아 일부 가려진다. 이러한 상황이 언제 반전(反轉)될지는 예측이 불가능하다. 반전은 금융계(이를테면, 자산가격의 조정)로부터 나올 수도 있고 실물경제(이를테면, 투자 붐의 자발적 급랭)로부터 나올 수도 있다. 이렇게 되면 지금까지와는 정반대 과정이 진행된다. 결과적으로, 금융변동(financial cycle)이 명백해진다."

보리오 외(Borio, *et al.*, 2003)와 크로켓(Crockett, 2003b) 등 국제결제은행의 경제학자들은 금융계(financial sphere)와 통화계(monetary sphere)의 변화로 경기변동의 특징이 달라졌기 때문에 이러한 유형을 가진 대규모 금융위기가 빈발하게 되었다고 주장한다. 이러한 견해를 신환경론이라 부른다.[38] 먼저, 금융계의 변화란 지난 수십 년 동안 진행된 금융자유화로 외부 금융에 대한 접근이 쉬워지고 리스크 부담 의사의 경기동조성(景氣同調性)이 커진 것을 가리킨다. 이에 따라 경기 상승기에는 신용·자산가격·신용스프레드 등이 고도의 경기순응성을 띠게 되고, 겉으로는 순조로워 보이는 경제상황에 가려진 채 이면에는 금융불균형이 누적되어 시스템이 과다부채를 지게 된다는 것이다.[39] 둘째, 통화계의 변화란 내재하는 초과수요 압력이 명시적 인플레로 나타나는 데 시간이 더 오래 걸리게 된 것을 가리킨다. 이는 중앙은행의 반(反)인플레이션 정책에 대한 일반의 신뢰 증대로 과거보다 인플레이션 기대가 목표수준에 더 잘 고정되는 데 기인한다. 그 결과, 물가와 임금의 상승이 지연되며 물가안정에 대한 믿음 그 자체가 팽창을 끝내는 원인을 제거함으로써, 지속불가능한 경기과열의 지속가능성에 대한 확신을 강화할지도 모르는 위험이 생길 수 있다.40) 이러한 신환경론의 관점은 두 가지의 정책적 함의 ─ 거시건전성 감독 접근의 중시, 그리고 금융불균형을 염두에 둔 선제적 통화정책의 강조 ─ 로 연결된다.

국제결제은행(BIS, 2001), 보리오(Borio, 2003), 그리고 크로켓(Crockett, 2002·2003b)은 금융요인의 작용이 경기변동과정에서 두드러진 것은 거시건전성 리스크의 측정과 대응이 중요해졌음을 시사한다고 진단한다. 경기상승기에 위험이 커지는 동안 다가올 경기하강에 미리 대비해야 한다는 것이다. 이러한 시각에서 이들은 거시건전성 감독 접근이 강화되어야 한다고 역설한다. 이는 중앙은행의 거시건전성 접근과 감독기구의 미시건전성 접근 사이에 보완이 중요함을 뜻한다. 만약 감독기구의 거시건전성 시각 강화에 한계가 있다면 중앙은행의 역할이 그만큼 강화되어야 함을 의미하기도 한다.

또한, 국제결제은행(BIS, 2001)과 크로켓(Crockett, 2003b)은 통화당국의 반응함수가 금융불균형의 축적에 대해 반응하지 않는다면 시스템의 내재적 안정화 장치는 없는 셈이라고 진단한다. 오늘날의 관리통화제도 속에는 통화당국의 반응함수 이외에는 신용팽창을 제어할 수 있는 통제장치(anchor)가 존재하지 않기 때문이다. 이러한 시각에서 크로켓(Crockett, 2003b)은 단기 인플레이션 압력이 제어되는 경우에도 금융불균형의 증대에 대해서는 통화정책을 선제적 긴축으로 운용해야 한다고 역설한다. 여기서 통화안정과 금융안정 사이에 단기적 상충 가능성이 제기된다. 아래에서는 이와 같은 신환경론의 두 가지 정책함의를 차례로 검토한다.

## (2) 거시건전성 감독과 미시건전성 감독 간 보완의 중요성

크로켓(Crockett, 2000 · 2002)은 거시건전성 리스크의 원천을 두 가지로 구분한다. 먼저, 경기변동에 내재하는 리스크이다. 결과적으로 보면 대출의 리스크가 가장 큰 것은 경기순환의 정점, 즉 경제가 이제 막 하강하려 하는 바로 그 시점이다. 그러나 동류그룹 내 상대적 리스크를 측정하는 기존 지표를 이용하는 경우에는 바로 이런 시점에서 리스크가 가장 작아진다. 그러므로 시스템 전반의 다변화될 수 없는 리스크(system-wide, undiversifiable risk)가 시간 경과에 따라 어떻게 달라지는지 정확히 측정할 수 있어야 한다.[41] 거시건전성 리스크의 두 번째 원천은 구성의 오류로 말미암은 부적절한 대응이다.

즉 개별적으로 합리적인 행동과 사회적으로 바람직한 결과가 충돌하는 것이 문제다. 건전한 은행은 경제 전망이 좋을 때에는 대출하는 것이 수지가 맞지만, 경제가 하강할 때는 경쟁자보다 앞서서 노출(exposure)을 줄이고자 한다. 은행들은 동일한 외부적 상황에 반응하므로 군집행동(herd behavior)이 불가피하게 되고 실물경제의 변동성은 커진다. 이러한 경기순응성(procyclicality)이 문제를 악화시키지 않도록 하는 감독방식을 고안해야 한다.

거시건전성 접근의 목적은, 금융시스템 전반을 대상으로 연쇄부실화 위험(risk of correlated failures)의 예방에 초점을 둠으로써, 전체 경제에 실질산출비용을 가져오는 금융혼란이 발생할 위험을 제한하는 것이다(Borio, 2003 ; Crockett, 2000 ; Padoa-Schioppa, 2002). 이 접근은 금융시스템의 움직임에 따라 리스크가 내생적으로 결정된다고 여기며, 거시건전성 분석을 통해 거시경제와 금융시장의 변화에서 연유하는 금융안정의 잠재적 위협요인(공통의 충격)을 산정하고 감시한다. 이때 금융시스템이, 이를테면 주식시장의 급락과 같은 특정 리스크에 얼마나 노출되어 있는지, 그리고 시스템이 충격을 얼마나 흡수할 수 있는지를 확인하는 것이 가장 핵심적인 과제다. 또한 금융불균형이 지속불가능한 수준에 도달했는지 아닌지를 산정할 수 있어야 한다.[42] 거시건전성 접근은 전반적 금융시스템에 대한 개별 금융기관의 중요성을 결정하는 차원에서 이루어질 수도 있다.

미시건전성 접근의 목적은 개별 금융기관을 대상으로 그 경영성과에 초점을 맞추어 전반적 경제의 충격과는 무관하게 개별 금융기관의 도산 확률을 제한하는 것이다(Borio, 2003 ; Crockett, 2000 ; Padoa-Schioppa, 2002). 전통적으로 이 접근에서는 거시경제와 금융시장의 상황을 개별 금융기관에게 주어지는 외생적 여건으로 본다. 따라서 개별 기관의 행동이 전반적 상황에 미치는 피드백 효과는 무시된다. 미시건전성 접근은 동류그룹 분석(peer group analysis)을 통해 그룹 내 각 기관의 상대적인 재무상태와 리스크를 측정하고 감시한다. 그러므로 이 접근은 다수의 기관에 서로 관련되거나 집중된 리스크, 또는 시스템 전반에 취약성을 초래할 수 있는 리스크를 측정하는 데는 적합하지 않다.

두 접근의 보완성은 양(兩) 방향으로 작용한다. 예를 들면, 미시건전성 접근에 의해 얻어진 주요 기관의 노출에 대한 정보는 거시건전성 분석・감시에도 유익하다. 왜냐하면 이러한 미시적 정보는 거시건전성 접근에 의한 집계자료와 평균행동 위주의 정보를 보완해줄 것이기 때문이다(Padoa-Schioppa, 2002). 또한 거시건전성 분석은 미시건전성 감독기구에게도 중요하다. 미시건전성 접근에서는 개별 금융기관이 건전한 한, 금융안정이 보장된다고 생각한다. 따라서 개별 은행에게나 미시건전성 감독기구에게나 경기상승기에는 대출기준을 완화하는 것이 지극히 자연스럽다. 그러나 모든 은행이 똑같이 행동하면 지속불가능한 대출과열로 금융불안정의 씨앗이 배태된다. 효과적인 거시건전성 분석은 이러한 점을 미시건전성 감독기구에게 알려줌으로써 이 감독기구가 개별 금융기관의 건전성에 관련된 노출을 추가적으로 검토할 수 있도록 해준다(Crockett, 2000 ; Padoa-Schioppa, 2002).[43]

이와 같이 미시건전성 접근과 거시건전성 접근은 각기 초점도 다르

고 리스크 측정방식도 다르지만, 상호보완적으로 작용함으로써 궁극적
으로는 금융안정이라는 공통의 상위 목적을 지향한다. 일반적으로 감독
기구는 미시경제의 안정(microeconomic stability)을 담당하며 법률에
명시된 소비자보호 목적을 위해 개별 금융기관에 대한 미시건전성 접
근을 그 주된 수단으로 삼는다(Crockett, 2000·2001). 한편 거시경제의
안정(macroeconomic stability)은 흔히 통화당국의 책임으로 여기므로
중앙은행이 거시건전성을 관장한다(Crockett, 2001 ; Padoa-Schioppa,
2002). 국제결제은행(BIS, 2000)은 리스크를 다루는 데서 감독기구의
미시건전성 접근을 '상향식(bottom-up)' 접근으로, 중앙은행의 거시건
전성 접근을 '하향식(top-down)' 접근으로 보아, 둘 사이의 보완성을 강
조한다.44)

　스칸디나비아·일본·동남아시아의 금융위기와 같은 시스템 전반의
위기는 특히 거시건전성 분석이 금융안정을 위해 중요하다는 사실을
일깨워준다고 신환경론은 강조한다. 전체적 정책 틀의 거시건전성 지향
성(指向性)을 강화하는 것 —— 즉 감독기구가 스스로 거시건전성 감독
접근을 중시하고 두 기구 사이에 협력과 조정을 강화하는 것 —— 이 과
거보다 훨씬 중요해졌다는 것이다(Borio, 2003). 구체적으로 말하면, 감
독자는 강화된 거시적 시각을 가지고 스트레스 테스트, 예비충당금, 경
기변동에 따른 가변 주택담보비율(LTV) 규제 등의 수단도 구사해야
하며, 중앙은행의 금리조정이나 금융감독기구의 대손충당금 적립 등에
서도 두 기구의 상호 사전교감이 중요하다. 서로 다른 시각을 가진 기
구 사이에 리스크의 진단·처방·책임배분에 대한 합의가 없다면 불안
정을 불러올지도 모를 취약요인을 제대로 다룰 수 없기 때문이다. 나아
가 중앙은행과 감독기구는 긴밀한 협력과 정보공유를 통해 금융불안정
의 이유와 처방에 대한 공통의 시각을 가질 수 있어야 한다(Crockett,
2000·2001·2002).

　거시건전성 감독 접근은 소비자보호의 관점에서도 합당하다. 궁극적

으로 금융위기로부터 경제주체가 부담하는 손실의 규모를 줄이고자 하는 관점이 거시건전성 감독이라고 파악하는 경우, 거시건전성 목적은 미시건전성 목적을 포함한다고 해석할 수 있기 때문이다(Borio, 2003).

## (3) 금융안정을 위한 중앙은행 역할의 강화 필요성

최근 일부 국가의 금융감독기구는 금융시스템 내 잠재적 취약성을 감시하거나 감독검토과정을 금융기관의 성격에 따라 차등화하는 등 거시건전성 감독을 강화하려는 움직임을 보이고 있다. 그러나 여기에는 한계가 있기 마련이다. 먼저, 거시건전성 감독은 감독기구가 본래 가지고 있는 문화와는 거리가 있으며 감독기구는 미시건전성 시각에 훨씬 더 익숙하다(Crockett, 2000 · 2003b ; Padoa-Schioppa, 2002). 감독 목적의 견지에서 보더라도, 중앙은행 바깥의 감독기구는 금융시스템 안정보다는 소비자보호에 치중하는 경향을 보일 수 있다. 미시건전성 감독은 개별 금융기관의 체력 점검을 통한 소비자보호에 일차적 목적을 두고 있기 때문이다(Hawkesby, 2000). 게다가 감독기구의 개입에는 한계가 있을 수 있다. 예를 들어, 경기상승기의 과도한 낙관으로 말미암아 과잉대출이 발생한다고 해도 감독기구가 금융기관 대출의 부적절성을 제대로 납득시키기는 어려울 것이다. 또한 주가가 기초여건에서 이탈하는 경우에는 감독자가 개입할 수 있는 여지가 없다(Borio, *et al.*, 2003)

반면 금융시스템의 변화로 말미암아, 금융안정을 위한 중앙은행의 역할은 앞으로 더욱 중요해질 것이다. 패도우-스키오파(Padoa-Schioppa, 2002)에 따르면, 과거에는 은행이 예금을 대출로 변환시키는 데 주력하였으므로 시장변동에 별로 노출되지 않았고, 금융기관과 상품의 유형이 은행·증권·보험에 따라 엄격하게 구분되었으며 감독구조도 이를 반영하여 다수의 전문감독기구가 활동했고, 각국의 금융시스템은 어느 정도 격리되어 있었다.[45)

그런데 최근에는 은행이 금융시장과 관련된 활동을 급속히 늘리면서 금융시장에 대한 노출이 크게 늘어났다. 이는 외부적 충격이 없어도 금융불안정이 생길 수 있음을 시사한다. 예를 들어, 은행이 비은행금융기관에 노출되면서 비은행금융기관이 시스템 리스크의 원천이 될 수도 있다. 또한 위기 시에는 금융시장의 유동성이 갑자기 고갈되는 경향이 있기 때문에 전염 리스크(contagion risk)의 역할이 더욱 중요해질 것이다. 그리고 중앙은행 외부의 차액결제제도를 경유하는 거래의 규모가 지수적으로 증가하면서, 지급결제제도 관련 리스크가 매우 커지고 있다. 그러므로 앞으로 위기의 사전 예방과 사후 관리에서 중앙은행의 역할을 강화해야 할 필요가 있다.

### (4) 통화안정과 금융안정의 상충 가능성

크로켓(Crockett, 2003b)은 미시적·거시적 건전성 수단 이외에 신용팽창과정 자체를 고정해둘 장치 —— 다름 아닌 통화정책 —— 가 필요하다고 본다. 건전성 수단은 리스크 인식과 가치평가에 작용하지만, 리스크 인식은 시스템 내의 유동성 가용성(availability of liquidity)에 긴밀하게 관련되어 있기 때문이다. 이것은 금융안정이라는 목적을 위해서 통화정책을 선제적으로 수행해야 할 필요가 있음을 의미한다.

선제적 통화정책의 필요성은 최근 국제결제은행의 경제학자들을 중심으로 꾸준히 주장되어 왔으며, 이러한 주장을 놓고 찬반 논쟁이 한창 진행 중이다. 반대론은 주로 미국 연준의 그리스펀(A. Greenspan) 의장, 퍼거슨(R. Ferguson) 부의장, 그리고 버냉키(B. Bernanke) 이사 등을 중심으로 표명되어 왔다. 이들은 거품이나 불균형의 존재를 미리 확인하거나 측정하기 어렵고, 거품이 실제로 존재하더라도 이를 저지하려고 큰 폭의 이자율 조정을 시행하면 경제의 급격한 위축을 불러올 위험이 있으며, 이러한 위험을 무릅쓰고 선제적 통화정책을 사용하는 것에 대해 일반 국민을 설득하기 어렵다고 반박한다.[46]

50

선제적 통화정책의 채택 여부를 중심으로 한 이 논쟁은 이론적 차원
에서는 아직 합의에 도달하지 않고 있다. 그러나 최근 보리오 외(Borio,
*et al.*, 2003)와 크로켓(Crockett, 2003b)은 기존 통화정책의 틀을 약간
만 수정하면 선제적 통화정책 수행이 실제로 가능하다는 견해를 내보
였다. 이로써 적어도 실무적·방법적 차원에서는 양측의 논쟁이 사실
상 합의에 도달한 것으로 보인다. 보리오 외와 크로켓은 통화정책 운용
에서 현재 두루 쓰이는 1년~2년의 기간보다 더 긴 정책시계(政策時
界)를 채택할 것과 거시경제 전망이 빗나갈 리스크를 좀 더 중시할 것
을 제안한다. 금융불균형이 조정되기 시작하는 시점을 예측하기란 아
직 불가능하지만 관련 과정이 장기화하는 경향이 있기 때문에, 정책시
계를 장기화함으로써 단기적으로는 (긴축에 의해) 인플레 목표에 미달
하더라도 먼 장래에 경제가 목표에서 더욱 멀어지는 일을 피하자는 의
도이다.

이와 같은 보리오 외와 크로켓의 제안은 신환경론을 반박하는 견해
를 가진 퍼거슨(Ferguson, 2003)의 견해와도 거의 정확히 일치한다. 퍼
거슨에 따르면 연준은 확장시계(extended horizon) 아래 인플레이션과
산출 등 주요 거시변수에 대한 예측치는 물론 그 예측치에 대한 리스
크까지 감안하는 과정에서 금융불안정에 대한 우려를 묵시적으로 고려
한다고 한다. 예를 들어, 연준은 스트레스 테스트를 통해 산출과 인플
레이션 경로를 정기적으로 평가할 뿐만 아니라 충격이 발생할 경우 나
쁜 결과가 나올 수 있는 가능성에 대해서도 정기적으로 평가한다는 것
이다.[47]

# 제4장. 금융시스템 관련 공공기관 간 협력과 견제의 전제조건

지금까지 논의한 대로 금융시스템 관련 공공기관에는 재무부·금융감독기구·중앙은행·예금보험기구가 있으며 이들 사이에는 협력과 견제가 매우 중요하다.

김대식 외(2002)에 따르면, 정보공유는 협력의 핵심적 실체에 해당한다. 각 공공기관의 책무는 고도의 정보분석을 기초로 수행되기 때문이다. 정보는 기초정보(raw information)와 가공정보(processed information)로 크게 나뉜다. 기초정보는 공공기관 간에 상당한 정도로 중복되므로 자원의 효율적 이용이라는 측면에서 정보공유가 바람직하다. 기초정보가 공유되면 각 공공기관이 활용할 수 있는 기초정보 집합이 우선 양적으로 확대되며, 이를 토대로 각 공공기관이 생산·공유하는 가공정보 집합이 질적·양적으로 강화될 수 있다. 각 공공기관 사이에 이와 같은 정보공유가 원활하게 일어나야 실질적인 상호 견제도 가능해진다.

그러나 공공기관 사이의 협력과 견제란 저절로 생기는 것은 아니며 일정한 전제조건이 충족되어야 한다. 우선 각 기관의 독립성과 책임성이 확립되어 있어야 한다. 그래야 공공기관 사이에 기능 위주의 수평적 관계가 형성되면서 실질적인 협력과 견제가 가능해진다. 또한 각 공공기관장의 선의(善意)가 전제되어야 하며, 공공기관 간 협력과 견제 장치가 제도화되어야 한다. 이 장에서는 이러한 전제조건들에 대해서 차례로 검토하기로 한다.

# 1. 금융감독기구의 독립성과 책임성 확립

금융감독기구가 자신의 감독대상인 금융기관으로부터 도덕적 권위와 신뢰를 얻지 못한다면 감독자 역할을 제대로 할 수 없다. 이렇게 되면 도덕적 해이와 불건전 시장관행을 불러와 궁극적으로는 금융위기가 초래될 것이다(Das, Quintyn, and Taylor, 2002).[48] 실제로 1990년대의 거의 모든 금융위기에서 감독과정에 대한 정치적 개입, 규제 유예, 또는 규제감독의 취약성은 시스템 위기(systemic crisis)의 규모와 심도에 기여한 핵심 요인이었다. 감독기구는 먼저 자신부터 건전 지배관행(sound governance practices)을 확립해야만 감독대상 금융기관에 대해 모범적 감독을 일관적으로 실시할 수 있으며, 감독대상 금융기관으로부터 도덕적 권위와 신뢰를 얻을 수 있다. 이런 점에서 우량 규제지배구조(regulatory governance)의 확립은 중요하다(Das and Quintyn, 2002).

이러한 인식에 따라 1999년 5월 국제통화기금(IMF)과 세계은행(World Bank)은 각 회원국의 규제지배 문제를 분석하려는 최초의 종합적 노력인 금융안정성 평가 프로그램(FSAP : Financial Stability Assessment Program)을 시작하였고, 2004년 3월 현재 한국을 포함한 40개 회원국에 대한 평가보고서가 공표되었다.[49]

이제 규제지배구조의 구성요소를 독립성과 책임성으로 나누어 차례로 살펴보기로 한다.[50]

## 가. 금융감독기구의 독립성

금융감독기구의 독립성은 우량 지배구조의 주춧돌이지만 금융감독에서는 이러한 점이 아직 제대로 확립되어 있지 않다(Das, Quintyn, and Taylor, 2002). 이는 중앙은행의 통화정책 수행에 재무부로부터의 독립성이 필요하다는 사실이 널리 받아들여지고 있는 것과는 대조적이다. 다행히 최근 들어와 금융감독기구의 독립성은 그 중요성이 크게 강조되고 있다. 그 배경은 대체로 두 가지다(Quintyn and Taylor, 2002). 첫째, 1990년대 후반의 동아시아 금융위기에서 여실히 드러났듯이 금융감독기구에 대한 정치적 간섭이 금융위기 심화에 기여하는 중요한 하나의 요인이라는 사실이 알려졌기 때문이다.51) 둘째, 세계적으로 여러 나라가 통합 금융감독체계로 이행하면서 비교적 상당한 수준의 독립성을 누려온 중앙은행에게서 은행감독기능이 제거됨에 따라, 새로운 통합 금융감독기구의 독립성에 대한 세간의 우려와 관심이 최근 높아졌기 때문이다.

감독기구의 독립성은 정치로부터의 독립성(political independence)과 산업으로부터의 독립성(industrial independence)으로 구분된다. 퀸틴과 테일러(Quintyn and Taylor, 2002)는 이들 가운데 정치적 독립성이 금융안정에 특히 중요하다고 강조한다. 겉으로는 산업포획으로 보이는 것들도 실은 정치포획의 위장된 형태인 경우가 많기 때문이라는 것이다.

금융안정을 위해 감독기구에게 정치적 독립성을 보장해야 하는 이유는 통화안정을 위해 중앙은행에게 정치적 독립성을 보장하는 이유와 마찬가지다(Quintyn and Taylor, 2002). 예를 들어, 어떤 문제 은행이 있다고 가정하자. 정치인은 선거의 승리를 위해 단기시계(短期時界)를 가지며 정치적으로 잘 조직화된 집단의 요구에 민감하다. 그런데 금융계약은 시제성(時際性)을 가지므로 문제 은행의 정리 지연이 정부예산에 대해 갖는 함의는 정치인에게는 명백하지 않다. 그리하여 정치인은 단기적으로 감독기구에게 관용을 요구하게 되는데, 이것이 받아들여지는 경우 감독기구 의사결정의 일관성이 손상되고 도덕적 해이가 초래되면서 장기적으로는 더욱 커다란 정리비용이 들어간다.

퀸틴과 테일러는 감독기구의 독립성을 목표독립성과 수단독립성으로 구분한 뒤, 감독기구에게 필요한 독립성은 목표독립성이 아니라 수단독립성이라고 한정한다.52) 감독기구의 전반적 목표를 결정하고 이를 감독기구 설립의 근거법률을 통해 정의하는 것은 정치인의 역할이기 때문이다.

퀸틴과 테일러(Quintyn and Taylor, 2002)와 다스·퀸틴·테일러(Das, Quintyn, and Taylor, 2002)는 수단독립성의 구체적 구성요소를 규제독립성·감독독립성·기관독립성·예산독립성의 네 가지로 개념화하였다. 이들 가운데 규제독립성과 감독독립성은 수단독립성의 핵심요소이며, 기관독립성과 예산독립성은 이들 핵심요소를 지원한다. 금융감독기구의 독립성을 위해서는 이들 4개 구성요소가 확보되어야 한다.

첫째, 규제독립성(regulatory independence)이란 법률이 정한 범위 안에서 감독기구가 규정을 제정하고 이를 이행할 수 있는 적절한 정도의 자율성을 의미한다. 법률의 적용에서 감독기구는 피규제기관과 협의를 거쳐 세부규정을 제정하고 결정을 내리는 권한을 법적으로 보장받는 것이 보통이다(Hayward, 2000).53) 이는 규제과정에 정치적 고려를 배제하는 대신 전문성을 신속히 투입하고, 국제적 모범사례와 국제금융시장의 추세에 신속하고 탄력적으로 적응하며, 규제이행에서 동기와 주인의식(ownership)을 강화하기 위해 필요하다.

둘째, 감독독립성(supervisory independence)이란 인가, 임점검사와 상시감시, 인가취소를 포함하는 제재의 엄정한 집행, 위기관리 등 감독기능 전반의 무결성 보호를 의미한다. 감독독립성은 금융부문의 안정을 위해 특히 중요하지만, 감독기능의 수행과정이 효과가 있으려면 기밀성(confidential nature)을 가져야 하는데 그러다보면 가시성(visibility)이 떨어질 수밖에 없다. 그래서 감독기능은 정치인과 산업으로부터의 간섭에 본래적인 취약성을 갖는다.54) 그러므로 감독자가 자신의 책무 수행에 대해 개인적으로 소송을 당하는 일이 없도록 하기 위한 법률적 보호, 적기시정조치 등 정해진 규정에 기초한 제재·개입 체계의 확립, 감

독자가 매수되지 않도록 하고 유능한 인력을 유지하기 위한 급여수준
의 적정화, 금융 문제 처리에 전문성을 갖춘 특별재판소제도의 확립 등
이 필요하다. 또한 감독자는 인가권과 인가취소권을 갖는 것이 중요하
다. 특히 금융감독기구의 인가취소권 보유는 인가취소를 발동하지 않는
경우에도 효과적 감독을 위한 수단이 된다(Hayward, 2000).

셋째, 기관독립성(institutional independence)이란 감독기구가 넓은
의미의 정부 안에서 행정부·입법부와는 별개의 기관으로서 지위를 확
보하는 것을 의미한다. 감독기구의 독립적 지위는, 고위직 인사의 능력
과 성실성 여부에 따른 명확한 임면조건과 절차, 기구 안 지배구조, 이
사회의 역할과 책임, 그리고 의사결정의 개방성과 투명성 등에 의해 확
립된다.

넷째, 예산독립성(budgetary independence)은 감독기구가 자신의 인
력 충원·연수·보상 등을 자유롭게 결정할 수 있기 위해 요구된다.
감독기구는 금융기관의 위험을 이해하는 전문 인력을 늘 충원하고 유
지해야 하기 때문이다. 예산독립성은 예산규모와 지출의 결정에서 행
정부 또는 입법부의 역할과 관련된다. 한편 정부로부터의 예산독립성
으로 말미암아 산업에 대한 감독기구의 예산의존성이 높아질 수 있다
는 점에 대해서도 경계해야 한다.

## 나. 금융감독기구의 책임성

금융감독기구가 독립적이기 위해서 이 기구에 대한 정치적 통제가
완전히 사라져야 하는 것은 결코 아니다(Das, Quintyn, and Taylor,
2002). 금융감독기구의 금융기관 인가취소권은 "민간 시민에 대한 국가
의 강제권"(Lastra and Wood, 1999)으로서 중앙은행도 갖지 못하는 강
도 높은 권한이기 때문이다. 권한의 남용을 막기 위해 금융감독기구에
는 당연히 고도의 지배기준(governance standards)이 부과되어야 한다

〔표 4〕금융부문의 국제기준이 요구하는 책임성의 주요 구성요소

**책임성(협의)**

"(감독기구가-저자) 자신에게 부과된 책무를 기초로 자신의 조치를 정당화해야 할 의무"(Das and Quintyn, 2002)

● 금융시스템 관련 공공기관들 사이에 협력관계(collaborative partnership)와 공식적 조정 장치가 있어야 하며, 업무가 중복되는 분야에서는 의사결정의 책임성이 명확히 확립되어야 함.
● 감독기구의 이사회와 감독 직원에게 적용되는 책임성의 틀은 명확히 정의되어야 하며, 그 내용은 보고 관계(reporting relationships), 규제자 임면권, 의무(liability), 독립성(independence), 업무윤리(business ethics)로 구성되어야 함.
● 감독기구는 행정부와 입법부, 그리고 국민에 대해 책임을 져야 함.

**책임성(광의)**

"일방(감독기구-저자)이 어떤 기준에 따라 그 상대방에게 자신의 행동이나 결정을 설명하고 정당화하되, 만일 상대방에게 어떤 과실이나 피해가 발생한 경우라면 여기에 대해 일방이 책임을 져야 할 의무"(Lastra, 2001)

**투명성**

"규제조치의 목적·틀·결정·근거·자료와 그 밖의 정보·책임성 조건이 일반 국민에게 종합적으로 제때에 접근가능한 방식으로 제공되는 환경"(Das and Quintyn, 2002)

● 감독기구는 다음 사항에 대한 정보를 충분히 공시해야 함 : 감독기구의 지배구조, 정책, 성과, 규제감독의 목적, 내부감사와 통제에 관련된 내부정책, 사기(fraud)와 이해상충을 회피하기 위한 장치 등.

**무결성**

"(감독기구의-저자) 직원이 사익을 위해 기구의 목적을 훼손하지 않도록 하는 장치"(Das and Quintyn, 2002)

● 감독기구의 이사회와 감독직원의 이기적 행위가 기구의 목적을 훼손하지 않도록 하는 공식 시스템[행동강령(code of conduct) 포함]이 있어야 함.
● 감독대상 금융기관과 금융서비스 소비자가 규정·법률 개혁에 참여할 수 있도록 협의과정(consultative processes)을 확립해야 함.
● 감독대상 금융기관과 소비자의 권리가 손상된 경우 이를 배상하기 위한 장치가 확립되어야 함.

자료 : 다스와 퀸틴(Das and Quintyn, 2002), 다스·퀸틴·테일러(Das, Quintyn and Taylor, 2002)와 라스트라(Lastra, 2001)를 기초로 작성하였음.

(Das and Quintyn, 2002). 여기서 지배기준은 곧 광의의 책임성
(accountability)을 의미한다.55) 한편 독립성과 (광의의) 책임성 사이에
는 상호 보완성도 존재한다. 금융감독기구에게 독립성이 있어야 책임
을 제대로 물을 수 있으며, 자신에게 부과된 책임성을 근거로 금융감독
기구는 독립성을 스스로 지켜나갈 수 있기 때문이다.

라스트라(Lastra, 2001)에 따르면 책임성이란 "일방(the accountable)
이 어떤 기준에 따라 그 상대방(the accountee)에게 자신의 행동이나
결정을 설명하고 정당화하되, 만일 상대방에게 어떤 과실이나 피해가
발생한 경우라면 여기에 대해 일방이 책임을 져야 할 의무"로 정의된
다. 이때 일방은 권한 보유에 상응하여 책임성 의무를 지는 쪽이며, 상
대방은 책임성이 발휘되어야 할 대상으로서 일방에게 책임성을 부담지
우는 쪽이다. 라스트라는 권한보유자의 상대방이 누구인지, 권한보유자
의 의무 내용이 무엇인지, 권한보유자가 달성해야 할 목적이 있는지,
그리고 권한보유자의 책임성 이행시점이 언제인지 등에 따라 다양한
책임성의 유형과 종류를 제시하고 있다.56)

라스트라의 책임성은 다스와 퀸틴이 말한 책임성(accountability)·
투명성(transparency)·무결성(integrity)을 모두 포괄하는 넓은 뜻의
개념으로 해석된다.57) 국제기준이 요구하는 책임성의 주요 구성요소는
[표 4]와 같다(Das and Quintyn, 2002).


## 2. 각 공공기관장의 선의와 협력·견제 장치의 제도화

금융시스템 관련 공공기관 사이의 협력과 견제를 위해서는 각 공공
기관(특히 금융감독기구)의 독립성과 책임성 확립 이외에 또 다른 두
가지 전제조건인 선의와 제도화가 긴요하다(Financial Stability Forum
Working Group on Deposit Insurance, 2001).

## 가. 각 공공기관 장의 선의

선의(善意)란, 각 공공기관의 장(長)이 다른 공공기관과 자발적으로
협력하고 경우에 따라서는 금융안정의 견지에서 다른 공공기관의 견제
를 받아들이려는 기본자세를 의미한다. 선의가 전제되어야 공공기관 사
이에 협력(정보공유)·견제(조정) 장치의 명시적 고안과 효과적 운영이
가능해진다(Financial Stability Forum Working Group on Deposit
Insurance, 2001). 이와 같은 선의의 형성과 성숙에는 그 사회의 역사적
경험과 문화적 전통, 그리고 사회적 합리성 수준 등이 중요하게 작용한
다.58)

## 나. 협력과 견제 장치의 제도화

선의를 가지고 공공기관 사이에 협력과 견제를 할 준비가 되어 있다
고 하더라도 실제로 이를 활성화하려면 제도화가 긴요하다. 제도화란,
법률·양해각서·공식 합의 또는 각 수단의 혼합을 통해 협력과 견제
를 의무화하는 것을 의미한다. 협력과 견제의 의무화가 긴요한 이유는,
금융시스템 관련 정보에는 민감한 내용이 포함될 수 있어서 정보공유
와 조정을 위해 공개적 의사소통 경로를 유지하기가 쉽지 않기 때문이
다. 그러므로 협력과 견제 장치는 교환될 정보의 유형·수준·빈도는
물론, 어떤 정보가 어느 기관에 의해 공유될지를 상세하게 규정해야 한
다(Financial Stability Forum Working Group on Deposit Insurance,
2001).

최근 여러 나라에서 금융시스템 관련 공공기관 사이에 양해각서를
체결하고 그에 따른 협력장치를 가동하는 경우가 늘고 있다. 예를 들어
영국에서는 재무부·영란은행·금융감독원(FSA) 사이에 양해각서가
체결되어, 감독정책과 관련 문제에 대해서 정기적으로 회합하여 논의

하는 3자간 상임위원회가 운영되고 있다. 호주에서는 공공기관 간 양해각서가 호주준비은행(RBA)・호주금융감독원(APRA) 사이, 재무부・호주금융감독원 사이, 그리고 호주금융감독원・호주증권투자위원회(ASIC) 사이에 각각 체결되어 있으며, 호주준비은행・호주금융감독원과 호주금융감독원・호주증권투자위원회는 각기 공동조정위원회를 운영하고 있다(한국은행 은행국, 2001).

헤이워드(Hayward, 2000)는 최근 각 공공기관의 책무가 법률적으로 정확히 정의됨에 따라 양해각서와 같은 관련 공공기관 사이의 공식 이해가 더욱 필요해졌기 때문에 이와 같은 현상이 나오게 되었다고 설명한다.[59] 또한 혹스비(Hawkesby, 2000)는 이러한 양해각서의 체결 경향은, 중앙은행 외부에 단일 감독기구를 별도로 두게 됨에 따라 공공기관 사이에 협력과 조정의 필요성이 더욱 커지게 되었기 때문이라고도 해석한다.

양해각서 이외에도 제도화 유형은 다양하다. 캐나다의 경우 행정협약을 통해 금융기관감독청(OSFI)과 캐나다예금보험공사(CDIC)는 광범한 범위에 걸쳐 긴밀한 협력과 견제를 도모하고 있으며, 금융기관감독위원회(FISC)와 고위자문위원회(SAC) 등 다수의 '공공기관 간 위원회'가 가동 중이다. 미국도 연준(FRB)・통화감독청(OCC)・연방예금보험공사(FDIC)・전국신용조합연합회(NCUA)・저축기관감독청(OTS)의 5개 연방감독기관으로 구성된 연방금융기관검사위원회(FFIEC)가 금융시스템 관련 공공기관 사이에 협력과 견제 장치로 가동 중이다. 그리고 1980년대 이후부터 연준・통화감독청・연방예금보험공사는 합의된 지침에 따라 검사활동을 조정해오고 있다. [표 5]는 미국・영국・캐나다・호주의 공공기관 사이에 협력과 견제 장치가 제도화된 사례를 정리한 것이다.

〔표 5〕 협력·견제 장치의 제도화 : 미국·영국·캐나다·호주의 사례

| | |
|---|---|
| **미국** | ● 포괄적 감독권을 행사하는 주(主)감독기관이 부(副)감독기관과 함께 감독과정에서 긴밀히 협조하도록 법률에 명시됨. 주감독기관의 제1의견 외에 부감독기관의 제2의견을 허용하여 협력과 견제를 도모.<br><br>● 연준(FRB)·통화감독청(OCC)·연방예금보험공사(FDIC)·전국신용 조합연합회(NCUA)·저축기관감독청(OTS)의 5개 연방감독기관으로 구 성된 연방금융기관검사위원회(FFIEC)가 감독기관 간 협력과 견제의 원 활화를 위한 장치로 기능. 구체적으로, FFIEC는 소비자보호 관련 규제 의 조정과 집행, 검사인력 연수프로그램 운영, 정보공유, 보고양식 통일, 검사·감독 관행의 일관성 제고와 효율화, 동질적 감시 시스템 개발을 도모.<br><br>● 1980년대부터 FRB·OCC·FDIC는 "검사조정에 대한 기구 사이의 정 책성명과 이행지침(Interagency Policy Statement on Examination Coordination and Implementation Guidelines)"을 이행 중임. 이 지침은 연 방 부보예금기관과 그 지주회사에 대한 검사의 계획·시기·범위의 조정, 기관 간 공동검사의 조정, 피감독기관과 공동회합 조정, 금융기관에 대한 정보 요청, 제재조치 조정 등을 정하고 있음. |
| **영국\*** | ● 금융감독원(FSA)·영란은행·재무부는 양해각서(1997. 10)에 합의. 양해각서는 각 기관의 책무를 정의하고, 정보공유의 방식과 절차, 그리 고 위기관리를 위한 기관 사이의 상호협조 방식과 절차를 명시적으로 구 체화.<br><br>● FSA는 금융서비스 기업의 인가와 건전성 감독, 금융시장과 지급결제 제도 감독, 금융위기 시 공적자금과는 무관한 시장지원 활동, 전체 금융 분야의 감독정책에 대한 책임을 관장 ; 영란은행은 통화제도의 안정, 금 융시스템의 하부구조(지급결제제도 포함)의 발전, 전체 금융시스템에 대 한 감시, 금융위기 시 금융지원을 수행하고 금융부문의 효율성과 유효성 을 제고하는 등 전체 금융시스템의 전반적 안정을 관장 ; 재무부는 금융 부문에 대한 최종 책임을 지며 제도적 구조 전반과 법률을 관장.<br><br>● 금융위기 여부의 판단과 대처는 FSA와 영란은행이 협의하되, 그 가운 데 한 기관이 선도감독자가 됨. 재무장관은 위기대처방식의 결정을 사전 통보 받으며 이를 거부할 수 있음.<br><br>● 세 기관 사이의 일반적 정책협력 경로는 상임위원회임. 재무장관은 일 상적 감독에 개입하지 않음. |
| **캐나다\*** | ● 연방인가 은행과 보험회사에 대한 감독기구인 금융기관감독청(OSFI) 과 캐나다예금보험공사(CDIC) 사이의 행정협약과 지침, 연락회의, 금융 기관감독위원회, 고위자문위원회, 캐나다은행 이사회, CDIC 위원회 등을 통해 관련 공공기관 사이에 협력과 견제가 작동. |

|   |   |
|---|---|
| **캐나다**[*]<br>(계속) | ● "OSFI · CDIC 사이의 전략적 제휴를 위한 행정협약"(1992. 12. 체결, 1998. 5. 개정)은 연방인가와 부보 신청, 리스크 평가와 관리, 보험의 종결과 취소, 금융기관 개입과 정리, 규정 · 지침 · 규칙 · 정책 등의 개발 등 두 기관의 전반적 업무협조 방식과 절차를 명시.<br>● 협력과 견제의 통로 :<br>  ① 금융시스템 관련 공공기관 사이에 의사소통과 정보교환을 목적으로 하는 금융기관감독위원회(FISC : 금융기관감독청장을 위원장으로 하고 재무차관, 캐나다은행 총재, CDIC 이사회 의장으로 구성)<br>  ② 법률이나 정책의 변경을 논의하기 위한 고위자문위원회(SAC : 구성원은 FISC와 동일하나 위원장은 재무차관) ; SAC의 하부조직에는 금융정보위원회(FIC) 등이 있음<br>  ③ 금융기관감독청장과 CDIC 사장 등이 매월 회합하는 7인 연락회의(Liaison Office)<br>  ④ 캐나다은행 이사회에 재무차관이 참여(표결권 없음)<br>  ⑤ CDIC 이사회(총 11인)에 캐나다은행 총재, 재무차관, 금융기관감독청의 청장과 부청장, 캐나다금융소비자보호원(FCAC) 원장이 참여 |
| **호주**[*] | ● 호주준비은행(RBA) · 호주금융감독원(APRA) 간 양해각서(1998. 10) : 금융시스템 안정을 위한 협조체제의 구축을 목표로 체결됨. RBA는 통화정책, 전체 금융시스템 안정성, 그리고 지급결제시스템 규제를 관장하며, APRA는 금융기관에 대한 건전성 감독을 관장함. 단, RBA는 금융시스템에 대한 긴급유동성 지원 여부와 지원방식을 결정함. 정보공유 · 감독정책 · 검사 각각에서의 협조, 그리고 금융위기 시의 협조를 원활하게 하기 위해 공동조정위원회(RBA의 금융시스템 담당 부총재가 위원장)가 가동 중임.<br>● 재무부와 APRA 간 양해각서(1998. 10) : 감독관련 법률과 규정, 그리고 감독정책상 역할을 명시함. 재무장관은 금융시스템 관련 법률에 대한 일반적 책임을 관장하고, APRA는 건전성 규제기준의 제 · 개정과 정책을 결정하되 재무장관은 거부권 행사 가능.<br>● APRA와 호주증권투자위원회(ASIC) 간 양해각서(1998. 10) : APRA는 금융기관에 대한 건전성 감독을 관장하고, ASIC은 시장관련 법령의 관리 · 집행과 시장 공정거래질서를 관장. 정보공유 · 공동검사 · 정책조정 등을 위해 공동조정위원회가 가동 중임. |

[*]영국 · 캐나다 · 호주는 통합감독기구그룹(IRG)의 회원국임.

자료 : 김대식 외(2002)와 김홍범(2002), 그리고 한국은행 은행국(2001)을 기초로 작성하였음.

# 제5장. 한국의 금융감독 사례 :
## 신용카드회사와 가계의 부실화에 대한
## 금융시스템 관련 공공기관의 인식과 대응

최근 신용카드회사와 가계의 부실화 문제가 한국의 금융안정을 심각하게 위협하는 최대 현안으로 떠올랐다.[60] 이 장에서는 한국의 현행 금융감독체계를 먼저 개관한 뒤, 이 문제에 대한 금융시스템 관련 공공기관들의 인식과 대응의 궤적을 각 공공기관이 지난 수년 동안 공표했던 관련 보도자료를 중심으로 검토하고 문제점을 파악하기로 한다.[61]

## 1. 한국의 현행 금융감독체계 개관[62]

한국의 현행 금융감독체계는 1997년 6월 대통령 직속 자문기구였던 금융개혁위원회가 제시했던 안(案)을 모태로 성립되었다. 원래 금융개혁위원회안은 당시 「한국은행법」 개정안과 함께 정치쟁점으로 부각되어 국회에서 표류하고 있었다. 그러나 1997년 말 경제위기의 발발을 계기로 금융개혁이 전격 추진되면서 금융개혁위원회안의 상당부분을 반영한 새로운 통합 금융감독체계가 성립되어[63] 지금에 이르고 있다. 현행 금융시스템 관련 공공기관의 기관구조는 다음과 같다.

한국의 감독당국은 금융감독위원회와 금융감독원으로 구성된다. 금융감독위원회는 당연직 3인(재정경제부 차관, 한국은행 부총재, 예금보험공사 사장)과 임명직 6인으로 구성된 독립적 합의제 행정위원회로서

64

〔그림 1〕 한국의 현행 금융감독체계

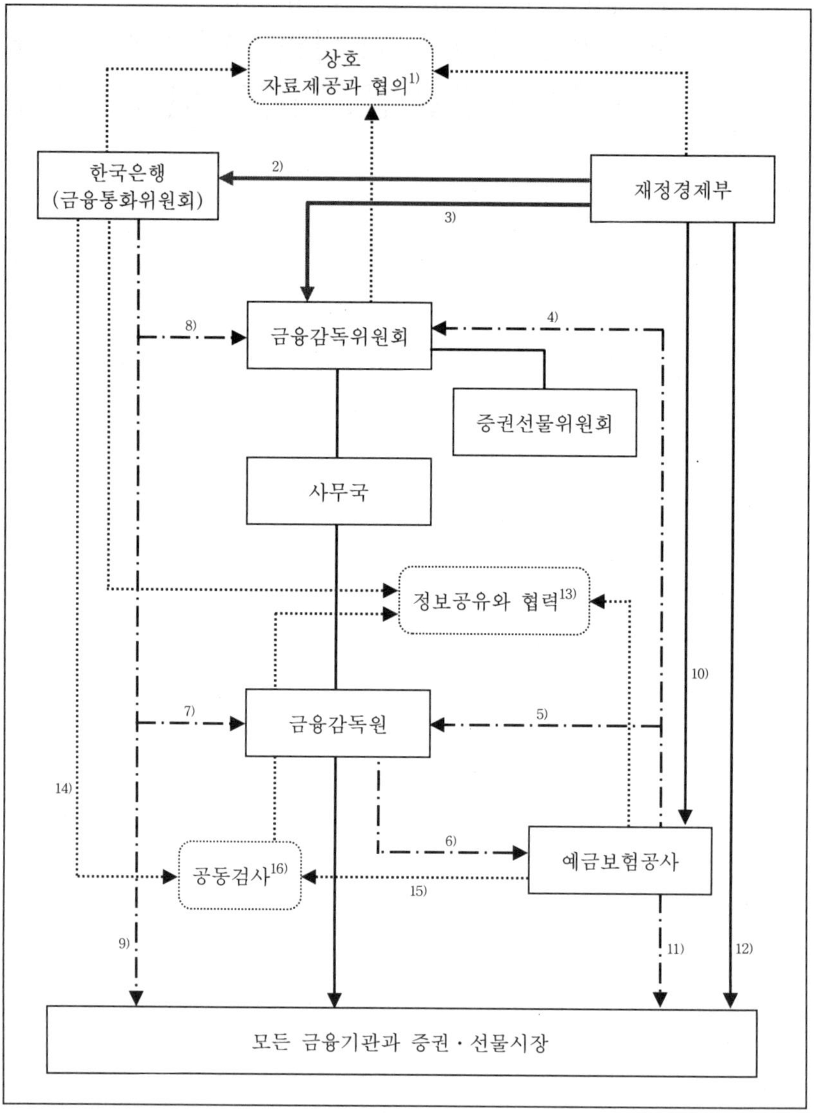

상호
자료제공과 협의[1]

한국은행
(금융통화위원회)

2)

3)

재정경제부

8)

금융감독위원회

4)

증권선물위원회

사무국

정보공유와 협력[13]

10)

7)

금융감독원

5)

14)

6)

예금보험공사

공동검사[16]

15)

9)

11)

12)

모든 금융기관과 증권·선물시장

범례 : ──────▶ 감독권 행사의 방향
────▶ 영향력 행사의 방향
··············▶ 협력관계
─·─·─·─▶ 간접적 또는 소극적(제한적) 감독 관련 기능 행사의 방향

주 1) '상호 정보제공과 협의'의 내용
　　① 재경부장관·금통위·금감위 간 상호 자료제출요구권
　　② 한은 부총재가 금감위와 예보(운영위원회)에 당연직 위원으로 참여
　　③ 재경부 차관·금감위 부위원장·한은 부총재로 구성되는 '금융정책협의회'의 거
　　　시금융정책 논의
　2) 한국은행에 대한 재경부의 영향력 행사
　　① 금융통화위원회 의결에 대한 재의요구권
　　② 재경부 차관의 열석발언권
　3) 금융감독위원회 산하 사무국(관료조직)을 통해 재경부가 금융감독위원회에 일상적
　　영향력을 행사
　4) 예금보험공사 → 금융감독위원회
　　① 예금보험공사의 부보금융기관과 이 부보금융기관을 자회사 등으로 두는 금융지
　　　주회사(이하 부보금융기관과 그 금융지주회사)에 대한 조사 결과, 보험사고 위험
　　　이 있다고 판단된 데 따른 통보권과 조치요청권
　　② 부실금융기관에 대한 계약이전의 명령, 파산신청 등 조치의 요청권
　5) 예금보험공사 → 금융감독원
　　① 부보금융기관과 그 금융지주회사에 대한 검사요구권과 검사결과송부요청권
　　② 부보금융기관과 그 금융지주회사에 대한 검사공동참여요청권
　　③ 부보금융기관과 그 금융지주회사에 대한 관련 자료요청권
　　④ 부보금융기관과 그 금융지주회사의 검사를 통해 위 ③항 자료의 사실 여부에 대
　　　한 확인요청권
　6) 금융감독원 → 예금보험공사 : 정리금융기관에 대한 검사요청권
　7) 한국은행 → 금융감독원
　　① 검사요구권과 검사결과송부요청권
　　② 검사공동참여요구권과 검사결과송부요청권
　　③ (검사결과에 기초한) 시정조치요구권
　8) 한국은행 → 금융감독위원회 : 재의요구권
　9) 한국은행 → 금융기관(「한국은행법」상 금융기관·한은과 당좌거래를 약정체결한
　　자를 포함)
　　① 자료제출요구권
　　② 긴급 여신대상 금융기관에 대한 업무와 상황에 대한 조사·확인권
　10) 재정경제부 → 예금보험공사
　　① 지도·감독권, ② 처분취소권과 집행정지권, ③ 보고지시권과 검사권,
　　④ 인사권, ⑤ 예결산승인권 등 각종 인가·승인권
　11) 예금보험공사 → 부보금융기관과 그 금융지주회사
　　① 부실금융기관 또는 부실 우려 금융기관의 결정
　　② 보험료와 특별기여금의 산정·수납, 보험금의 계산과 지급
　　③ 부실금융기관 정리 등을 위한 업무와 재산 상황 관련 자료제출요구권
　　④ 제출된 자료에 의거, 부실우려가 있다고 인정되는 부보금융기관과 그 금융지주
　　　회사에 대한 업무·재산 상황 조사권
　　⑤ 부실금융기관과 부실우려 금융기관(이하 부실금융기관 등)의 손해배상청구 등에

관한 권한(손해배상청구요구권, 이 손해배상청구권의 대위행사권, 소송참가권,
필요시 당해 부실금융기관 등과 부실관련자의 업무·재산 상황에 관한 조사권,
당해 부실금융기관에 대한 자료제출요청권 등)
⑥ 부실금융기관 등의 정리업무 수행에 관련된 권한(채권·채무의 대위상계권, 청
산인 또는 파산관재인 피선임권, 부보금융기관에 대한 배상책임보험 가입요구권,
이 보험가입계약의 대리체결권, 부실금융기관 등의 합병 등 알선권, 정리금융기
관설립권)
12) 재정경제부(또는 금융감독위원회)가 특수은행과 증권시장 유관기관을 감독
13) '정보공유와 협력'의 내용
① 금융감독원·한은·예보 간 금융정보공유의 원칙·기준을 정하는 '금융정보공
유협의회'를 임원급으로 구성
② 세 기관의 부서장급으로 구성되는 '금융정보공유실무협의회'는 세부 실무업무를
처리
14) 한국은행 → 금융감독원(한국은행, 2002) : 공동검사요구권
15) 예금보험공사 → 금융감독원(금융감독원, 2003) : 공동검사요구권
16) 금융감독원·한국은행·예금보험공사의 공동검사권
자료 : 「예금자보호법」(2003. 5. 29. 개정)·「한국은행법」(2003. 9. 3. 개정)·금융감독원
(2003)·한국은행(2002)을 참고로, 김홍범(2002)의 [그림 2-3]을 일부 보완하여 작성하였음.

1998년 4월 1일 국무총리 소속으로 설립되었다. 금융감독위원회 위원
장은 국무회의의 심의를 거쳐 대통령이 임명하고, 부위원장은 재정경
제부 장관 제청으로 대통령이 임명한다. 금융감독위원회 위원장은 한
국은행의 금융통화위원회 위원 1인을 추천한다. 금융감독원은 1999년
1월 1일에 설립된 무자본 특수법인으로서 금융감독위원회의 지시를 받
아 금융기관에 대한 전반적인 감독업무를 수행하는 민간조직이다.
통합 금융감독체제를 도입하기로 한 「금융감독법」의 제정과 동시에
이루어진 「한국은행법」 제6차 개정으로 한국은행의 은행감독기능은 금
융감독위원회로 이관되었다. 그리고 한국은행이 담당해오던 금융안정
책무가 「한국은행법」의 목적조항에서 사라졌다. 이에 따라, 한국은행은
주요 업무인 통화신용정책의 수립과 집행을 위해 필요한 한도 안에서
지극히 제한적인 은행감독 관련 업무를 수행하게 되었다. 한국은행은
「한국은행법」과 「금융감독기구의 설치 등에 관한 법률」(금융감독법)에

따라, 제한된 범위 안에서 간접적·소극적 감독 관련 기능을 보유한다.

재정경제부 장관은 금융관계법령의 제·개정 업무를 관장하는 이외에도, 특수은행과 증권시장 유관기관에 대한 감독권을 보유하며, 예금보험공사에 대해 각종 권한(지도·감독권, 처분취소권과 집행정지권, 보고지시권과 검사권, 인사권, 예결산승인권 등 각종 승인권과 인가권)을 행사한다. 재경부 산하에 설립된 예금보험공사는 「금융감독법」과 「예금자보호법」에 따라, 제한된 감독 관련 기능을 갖는다.

통합 금융감독체계의 구조는 그 뒤 2001년 2월에 단행된 금융감독위원회의 직제개편을 통해 변경되었다. 즉 금감위(9인의 행정위원회)가 출범하던 당시 단순한 행정보조기능의 수행을 위해 금감위 산하에 설치되었던 사무국(관료조직)이 직제 개편(2001. 2. 14)을 통해 금감위와 금감원 사이에 또 하나의 공식 감독조직으로 자리 잡게 되었다.64) 이로써 한국 금융감독당국의 구조는 기존의 수직적 이층 구조(금감위 → 금감원)에서 수직적 삼층 구조(금감위 → 사무국 → 금감원)로 공식 변경되었다(김홍범, 2002).65)

현행 금융감독체계의 관련 공공기관 간 법률적 권한의 배분상황과 협력·견제 장치의 내용을 개관하면 [그림 1]과 같다. 이에 따르면 법률적으로 각 공공기관의 권한과 역할이 명확히 배분되어 있으며, 공공기관 간 협력과 견제를 위한 장치(예를 들면, 금융정책협의회와 금융정보공유협의회)도 마련되어 있다.

그러나 [그림 1]의 내용이 현실에서 그대로 성립되는 것은 아니라는 점에 유의해야 한다. 현실에서는 법률이 정한 권한의 배분이 잘 지켜지지 않는 경우도 종종 있고,66) 협력과 견제 장치가 제대로 작동하고 있다고 보기도 어렵기 때문이다.67) 이하에서는 신용카드회사 부실화와 가계부채 급증 등의 문제에 대한 각 공공기관의 동태적 대응과정을 보도자료를 통해 세밀히 검토함으로써, 문제가 오늘과 같이 증폭되기까지 금융안정을 위한 공공기관 사이의 협력·견제가 감독과정 내내 제대로 이루어지지 못했다는 사실을 밝히기로 한다.

## 2. 재정경제부의 문제 인식과 대응

이 절에서는 재정경제부가 지난 수년 동안 내수진작정책을 추진해오
는 과정에서 신용카드회사와 가계의 부실화 문제를 어떻게 다루었는지
재정경제부의 보도자료를 위주로 파악하기로 한다.

### 가. 내수진작 정책기조의 배경과 추진 경과
#### (1998년 중반~2001년 말)

정부(재정경제부)는 1997년 말 발생한 경제위기를 수습하고자 1998
년 경제정책의 초점을 외환시장의 조기안정과 금융과 기업 부문의 전
반적 구조조정에 두었다. 그리고 외환시장이 안정을 되찾은 1998년 2/4
분기 이후부터는 실물경제의 위축과 신용경색에 대처하여 거시경제정
책을 완화기조로 전환하여 운용하였다. 그러나 대규모 구조조정이 급
속히 진행되는 가운데 1998년 연평균 취업자는 전년 대비 112.2만 명이
감소하였고 실질 GDP 증가율도 −5.8퍼센트를 기록하여 1980년 이후
처음으로 부(負)의 성장을 경험하였다. 이는 주로 소비와 투자의 급감
에 따른 결과였다. 다만 1998년 3/4분기 이후부터 정부가 부동산경기
활성화 등 경기진작 노력을 강화하면서 내수부진이 4/4분기부터는 부
분적으로 완화되기 시작하였다(한국은행, 1999).

재정경제부는 1999년에도 적극적 거시경제정책을 통한 경기진작을
지속적으로 추진하였다.[68] 이는 세계경제가 낮은 성장을 할 것으로 전
망됨에 따라 수출촉진 노력 이외에 내수(민간소비와 주택·건설 투자)
에도 역점을 두기 위한 것이었다. 내수진작을 위해 재정경제부는 재정

지출 규모를 확대하고 예산의 조기집행을 실시하여 위축된 민간수요를 보완하였다. 재정경제부는 특히 각종 규제완화를 통해 주택·건설 부문의 활성화를 도모하고 각종 신용카드 활성화정책을 통해 민간소비를 장려하였다. 한국은행도 실물경제의 회복을 위해 1999년 4월까지는 콜금리를 계속 인하하였고, 그 이후에는 금융시장의 안정에 중점을 두고 콜금리를 유지하면서 충분한 유동성을 공급하였다(재정경제부, 1999 ; 한국은행, 2000).

결국 1998년 중반 부동산경기 활성화로 시작된 내수진작은 1999년에는 재정과 금융부문의 각종 지원에 의한 민간소비와 부동산경기 활성화로 확대·강화되면서 거시경제정책의 핵심적 요소로 자리 잡았다. 이렇게 본 궤도에 오른 내수진작 정책기조는 2002년 상반기까지 꾸준히 지속되었다. 이 기간 동안 내수진작정책이 궁극적으로 가계의 자금 차입수요를 급팽창시키는 견인차가 된 것은 물론이다.

먼저 부동산경기 진작에 대해 살펴보자. 경제위기 직후 소비심리가 크게 위축되어 있던 1998년 5월, 정부는[69] 부동산경기 진작을 위해 신축주택 구입 시 양도소득세·취득세·등록세 면제와 주택구입자금 출처조사 일시면제 등의 조치를 포함하는 〈주택시장 안정대책〉(1998. 5. 22)을 발표하였다. 이를 시작으로 이후 2001년 말까지 무려 20차례에 걸쳐 주택·건설경기 활성화를 겨냥한 일련의 규제완화와 자금지원 조치들이 나오게 되었다(건설교통부, 2003).[70]

한편 1999년 5월에는 소비진작을 위한 신용카드 활성화정책의 신호탄으로 「여신전문금융업법」 시행규칙(제7조)상의 현금서비스 이용한도(월 70만 원)가 폐지(1999. 5. 4)되었다. 이후 1999년 8월에는 「조세특례제한법」 개정으로 봉급생활자의 신용카드 이용금액(현금서비스 제외)에 대한 소득공제폭을 연간소득 10퍼센트 초과분의 10퍼센트로 하되 한도는 300만 원으로 정하는 소득공제제도가 새로 도입되었다(《신용카드 소득공제제도〉, 1999. 9. 3). 곧이어 2000년 1월에는 신용카드

영수증 복권제가 도입되었다(《신용카드 영수증 복권제도 실시효과 분석》, 2000. 5. 26). 2001년 1월에는 기업의 법인세 납부 시 접대비 지출을 손비로 인정받으려면 반드시 신용카드로 결제해야 하는 조치(5만 원 초과 기업접대비 지출 시 신용카드 사용 의무화 조치)가 도입되었다 《법인명의 신용카드의 범위 확대 등》, 2000. 10. 16). 그리고 2001년 8월에는 기존 신용카드 소득공제제도가 강화되어 소득공제율이 종전의 10퍼센트에서 20퍼센트로, 소득공제한도가 종래의 300만 원에서 500만 원으로 확대되었다.

1999년 12월에는 소비진작을 위한 또 하나의 방안으로 중산층·서민층을 위한 특별소비세의 폐지와 인하 조치가 단행되었다.[71] 또한 2001년 11월에는 승용차에 대한 탄력세율이 2002년 6월 30일까지 한시적으로 인하되었고,[72] TV와 생활용품 등에 대한 특별소비세율이 인하되었다.[73]

## 나. 내수진작 정책기조의 지속과 부작용의 인식
### (2002년 상반기)

경제위기 이후 비교적 안정세를 유지했던 주택가격은 내수진작정책이 지속되면서 2001년 말 서울과 수도권을 중심으로 본격 상승세를 보이게 되었다. 그리하여 2002년 초에는 주택공급 확충과 투기수요 억제를 주축으로 하는 두 차례의 주택시장 안정대책이 나오게 되었다. 2002년 1월의 〈주택시장 안정대책〉(2002. 1. 8, 정부합동회의 ; 2002. 1. 16, 민생장관회의)은 주택 55만 호 건설, 개발제한구역 해제지역 내 주거단지 건설, 다세대·다가구 주택 건설자금 지원확대 등과 같은 주택공급 유인책에 더하여, 분양권 전매에 대한 세무조사 강화와 중개업소 지도·단속 등 투기억제조치를 담았다. 또한 2002년 3월의 〈주택시장 안정대책〉(2002. 3. 6, 당정협의)은 영세민 전세자금 지원대상 확대와 전

세자금 금리 인하 등 주택수요 지원책과 추가 택지지구 지정 등 주택
공급유인책, 그리고 투기과열지구를 지정하여 각종 규제와 조사를 강
화하는 투기억제조치를 주요 내용으로 하였다.

그러나 이러한 두 차례의 안정대책이 정부의 주택·건설 활성화 기
조에 대한 근본적 변경이나 완화를 의미하는 것으로 보기는 어렵다. 왜
냐하면 곧이어 2002년 4월과 5월에는 투기억제조치가 아닌 주택수요
지원과 공급유인 강화를 주요 골자로 하는 〈국민임대주택 건설 확대〉
(2002. 4. 3, 대통령업무보고)와 〈주택시장 안정대책〉(2002. 5. 20, 대통
령주재 경제장관간담회)이 새롭게 제시되었기 때문이다.74) 당시 재정
경제부는 내수진작정책의 지속적 추진으로 말미암은 부동산 과열현상
을 인지하고, 이에 대한 관련 정부당국의 인식과 투기억제 의지를 구체
적으로 표명하되 기존의 주택·건설 활성화 기조는 변함없이 유지하려
했던 것으로 해석된다.

그런데 2002년 초에는 내수진작정책의 부작용이 주택·건설 부문의
과열현상뿐만 아니라 과도한 가계부채와 이에 따른 신용불량자 양산이
라는 명시적 현상으로도 표출되었다. 이에 대한 재정경제부의 인식과
대응은 〈신용불량자 양산에 따른 대책〉(재정경제부, 2002b)의 최근 경
제현안과제 질의·응답 가운데 #19)과 2002년 2월과 3월 연이어 열린
두 차례의 금융정책협의회 자료를 통해 공표되었다. 먼저, 〈신용불량
자 양산에 따른 대책〉은 신용카드회사별 신용불량자 등록수치를 매월
공개하고, 신용불량자의 신규 등록이 많은 신용카드회사에 대한 특별
검사를 실시하며, 미성년자에 대한 신용카드 발급기준을 강화하고, 강
화된 신용카드 발급기준을 신용카드회사가 철저히 준수하도록 지도·
감독한다는 내용이었다.

한편, 재정경제부·금융감독위원회·한국은행의 세 기관 간 의사소
통 경로인 금융정책협의회는 2002년 2월에는 〈가계부채 증가에 따른
장단기 종합대책〉(2002. 2. 20)을, 3월에는 〈가계대출 증가에 대한 인식

과 대응방향〉(2002. 3. 25)을 각각 제시하였다. 금융정책협의회는 신용
카드회사 문제를 포괄하는 가계부채 급증현상에 대하여 처음으로 〈가
계부채 증가에 따른 장단기 종합대책〉을 통해 종합·분석하고 본격적
대응책을 제시하였다.[75] 〈가계대출 증가에 대한 인식과 대응방향〉은
금융정책협의회가 〈가계부채 증가에 따른 장단기 종합대책〉의 추진 현
황을 점검하는 차원에서 공표한 자료이다. 금융정책협의회는 당시 가계
대출상황을 그 수준과 증가속도, 금융회사 건전성, 거시경제 측면에서
모두 낙관적으로 평가했었다. 재정경제부는 이 두 차례의 금융정책협의
회 자료를 〈가계대출 증가에 대한 대응〉(재정경제부, 2002c)으로 재정
리·요약하여 공표하기도 했다.

  이와 같은 일련의 움직임을 통해, 2002년 초 재정경제부는 가계부채
급증 등의 문제에 대해 이전보다는 강화된 대응의지를 표명한 것으로
해석된다. 그러나 이러한 상황인식과 대처가 기존 내수진작 정책기조
를 당장 변경했거나 완화했음을 의미하는 것이 아니었음은 분명하다.
먼저, 금융정책협의회 자료인 〈가계부채 증가에 따른 장단기 종합대
책〉, 〈가계대출 증가에 대한 인식과 대응방향〉과 재정경제부(2002c)에
는 (신용불량자 문제를 포함하여) 가계부채 문제에 대한 심각한 우려
가 담겨 있지 않았다. 금융정책협의회는 특히 〈가계대출 증가에 대한
인식과 대응방향〉에서 가계대출을 과도하게 규제하면 소비가 위축되
고 경기회복이 지연될 우려가 있다고 명시적으로 언급함으로써, 〈가계
부채 증가에 따른 장단기 종합대책〉이 내수진작 정책기조의 유지라는
제약 아래에서 추진되고 있음을 분명히 했었다. 이것은 내수진작기조
의 유지(경제정책)와 가계대출 급증에 대한 억제조치의 시행(감독정
책)이 단기적으로 상충관계에 있었으므로, 가계대출 억제가 곧 내수위
축으로 이어질 것을 두려워한 당시 재정경제부의 정책관(政策觀)을 금
융정책협의회가 그대로 반영한 것이었다.[76]

  또한 당시에는 세계 주요국의 경기침체로 우리의 수출여건이 어려운

상황이었으므로 내수진작 이외의 다른 대안을 찾기 어려웠다. 더욱이 2001년 9·11 테러 사건은 재정경제부의 내수진작 기조를 더욱 강화하는 계기(재정경제부, 2001b ; 재정경제부·농림부 외, 2001)로 작용하였다. 그러므로 신용불량자 양산이나 가계부채 급증과 같은 문제를 재정경제부가 크게 심각한 것으로 받아들이지 않는 한, 그에 대한 대응책은 수립했을지언정 내수진작이라는 기존 정책기조는 변경되거나 완화되기 어려웠다. 2002년 초 재정경제부(재정경제부 경제정책국, 2002 ; 재정경제부, 2002a)는 "수출과 투자의 본격적인 회복은 하반기 이후에 가능"할 것이므로 "내수 중심으로 최소한의 성장세를 유지"하려면 2002년 "상반기까지 …… 내수진작 노력을 지속해나간다는 방침에 변화가 없음"을 천명하기까지 했었다.

요컨대, 재정경제부는 내수진작정책의 부작용을 2002년 초에 일부 인지했으나 2002년 상반기까지는 그대로 강력한 정책기조를 유지했었다. 내수진작 정책기조가 감독정책의 수행에 강력한 제약으로 작용하였으므로 금융시스템 관련 공공기관들은 스스로 제시한 각종 대책의 실행의지를 제대로 갖추기 어려웠다.

## 다. 내수진작 정책기조의 포기와 부작용에 대한 본격 대응
### (2002년 하반기~2003년 상반기)

2002년 중반으로 접어들면서 내수진작정책의 각종 부작용 —— 부동산 과열, 신용불량자 양산, 가계부채 급증, 신용카드사의 건전성 악화, 연체율 상승 등 —— 이 심화되는 가운데 재정경제부의 인식이 비관적인 쪽으로 변화하는 조짐을 보이게 되었으며, 마침내 2002년 하반기에는 재정경제부가 현실을 심각하게 받아들이게 되었다. 이에 따라 재경부는 2002년 하반기부터는 내수진작 정책기조를 실질적으로 포기하게 되었고, 신용카드회사 부실화와 가계부채 급증 등의 문제에 대한 금융시스템 관련 공공기관들의 대응이 본격화하게 되었다.

우선 2002년 5월 금감위·금감원의 당정협의자료 〈신용카드 종합대책 추진〉(2002. 5. 23)을 통해 현금대출비율(현금대출액/채권합계액) 50퍼센트 상한 부과 등 신용카드회사에 대한 본격적 종합대책을 이행하기로 하는 재정경제부의 공식 견해가 공표되었다. 실제로 이 대책들은 법규 개정을 거쳐 2002년 7월부터 이행되었다. 〈신용카드 종합대책 추진〉에 반영된 재정경제부의 당시 인식 변화는 재정경제부 경제홍보기획단(2002)이 제시한 〈신용카드 건전화 대책〉(2002. 6)에서도 확인된다. 이 자료는 〈신용카드 종합대책 추진〉의 내용을 재정리하여 신용카드 발급기준과 이용한도의 강화, 신용카드 수수료의 인하 유도, 현금대출 위주의 영업행태 개선, 신용카드 이용자의 보호 강화 등 네 가지 부류의 대책을 제시하였다. 여기서 재정경제부는 〈신용카드 건전화 대책〉에서 "계속 증가하는 가계대출을 억제할 필요"가 있다고 언급함으로써 〈가계부채 증가에 따른 장단기 종합대책〉과 〈가계대출 증가에 대한 인식과 대응방향〉에서 보여준 인식이 좀 더 심각한 쪽으로 가고 있음을 보여주었다. 나아가 "신용카드 관련제도를 개선하여 신용카드 업계의 문제점을 조속히 시정하지 않을 경우 경제적·사회적 부작용(이) 심화(될) 우려"가 있음을 재정경제부는 강조하였다.

이 밖에도 2002년 하반기에 재정경제부의 인식이 변화했음을 나타내는 증거는 여러 자료에서 확인된다. 예를 들면, 재정경제부·교육인적자원부 외(2002)가 〈2002년 하반기 경제운용〉(2002. 6. 26)에서 소비와 주택·건설 등의 활성화를 통한 내수진작을 전혀 언급하지 않은 채 자산가격의 거품 형성 가능성을 차단해야 한다고 강조한 점, 그리고 부동산시장 안정대책과 가계대출·신용카드 대책을 논의한 점을 들 수 있다. 또한 2002년 10월 재정경제부·행정자치부 외(2002)는 "가계대출 증가는 부동산시장의 안정을 저해하고 부실대출을 확대시킬 우려가 있으므로 적극적인 정책대응이 필요"하다고 강조함으로써, "현재의 가계

대출 수준 자체는 크게 우려할 만한 수준은 아니"라고 했던 재정경제
부(2002c)와는 6개월 사이에 커다란 인식 변화가 있었음을 시사하였다.

2002년 하반기에 부동산 과열과 투기의 억제를 주요 내용으로 하는
안정화조치가 잇달아 공표된 점도 재정경제부의 인식이 변화하였음을
잘 말해준다. 2002년 8월에는 〈주택시장 안정대책〉(2002. 8. 9, 관계부
처 차관회의)을 통해 재건축 추진 아파트에 대한 자금출처 조사, 양도
세 불성실신고 혐의자에 대한 세무조사, 공동주책 기준시가 조정, 재건
축 사전 안전진단 강화, 「도시주거환경정비법」 제정 등이 공표되었다.
2002년 9월의 〈주택시장 안정대책〉(2002. 9. 4, 경제장관간담회)은 투
기과열지구 내 아파트 청약 1순위요건 강화, 주택공급질서 교란에 대
한 처벌 강화, 신축주택 양도소득세 감면폭 축소, 1세대 1주택 비과세
요건 강화, 고급주택 면적기준 하향조정, 보유과세 강화와 양도세 기준
시가 하향조정, 투기과열지구 내 주택담보비율 인하(70~80퍼센트 →
60퍼센트) 등을 담고 있었다. 또한 2002년 10월의 〈최근 부동산시장 동
향 및 대응방향〉(2002. 10. 11, 경제정책조정회의)은 부동산투기 혐의자
의 국세청 통보, 투기과열지구와 토지거래허가구역을 동향에 따라 신
축적으로 확대 지정, 투기지역 내 양도세의 실거래가 과세와 같은 조치
를 담고 있었다.[77]

이 모든 증거로 볼 때 2002년 5월의 〈신용카드 종합대책 추진〉 이후,
가계소비와 주택·건설 경기를 핵심으로 하는 재정경제부의 내수진작
기조는 실질적으로 포기되었던 것으로 해석된다. 마침내 2003년 1월
재정경제부는 재정경제부·교육인적자원부 외(2003a)를 통해 기존 내
수진작정책의 포기를 정식으로 공표하였다.[78]

2003년 상반기는 이라크전쟁, 북핵 문제, 사스(SARS), 그리고 세계
경제 전망의 불투명 등 불확실성 요인들이 작용하는 가운데, 전반적으
로 내수가 급격히 위축되면서 두 분기 연속으로 전분기 대비 마이너스
성장을 한 것으로 추정되는 침체국면이었다(재정경제부·교육인적자

원부 외, 2003b). 이런 가운데 2003년 3월 SK글로벌 분식회계 발표 (2003. 3. 11) 직후, 신용카드회사의 건전성에 대한 우려로 말미암아 카드채 편입 투신사 펀드에 대한 환매요구가 급증하고 신용카드회사의 자금난이 가중되는 등 금융시장 불안이 현실화되었다. 이에 따라 금융정책협의회는 2003년 3월 신용카드사의 경영개선에 주안점을 둔 〈금융시장안정을 위한 신용카드사 종합대책〉(2003. 3. 17)을 발표하였고, 곧이어 신용카드사와 투신사의 유동성 애로를 해소하고자 금융권 공동의 구제책인 〈금융시장 안정대책 : 신용카드사 및 투신사 유동성 해소 관련〉(2003. 4. 3)을 시장에 제시하기에 이르렀다.

금융시장 불안의 기폭제는 SK글로벌 분식회계 사건이었지만 이로 말미암아 금융불안이 초래된 데는 신용카드회사의 건전성과 가계부채에 관련된 구조적 문제가 결정적으로 작용했었다. 그리고 금융정책협의회에서 내놓은 두 차례의 시장안정대책이 금융시장의 불안이 발생함에 따른 사후진화조치였음은 물론이다.

이러한 두 차례의 대책 마련으로 카드사의 자구노력과 금융권 공동의 카드채 만기연장 등을 통해 카드사·투신사에 대한 유동성 지원 노력이 가시화되면서 금융시장 불안이 일단 표면적으로는 가라앉았다. 그러나 신용카드회사와 가계의 부실화는 여전히 위협적인 금융시장 불안요인으로 남아 있다. 예를 들어, 신용불량자는 2003년에도 매월 꾸준히 증가하여 2003년 12월 말 현재 372만 명을 넘어섰다(매일경제, 2004). 이는 1년 전인 2002년 12월 말에 비해 108.4만 명이 늘어난 숫자이다. 또한 전업카드사의 총채권에 대한 연체율도 2002년 12월 말에는 6.6퍼센트였으나 2003년 전반적으로 상승세를 보인 결과 2004년 2월 말 현재 15.4퍼센트를 기록하였다(김홍범, 2004b).

# 3. 금융감독당국의 문제 인식과 대응

이 절에서는 신용카드회사 부실화와 가계부채 급증 등의 문제와 관련된 금융감독당국의 인식과 대응을 보도자료를 중심으로 파악하기로 한다.79) 부록의 [별표 2]는 감독당국의 관련 보도자료를 시간경과에 따라 선택적으로 정리한 내용이다.

## 가. 신용카드회사 문제의 인식과 영업행위 감독 측면의 대응
### (2001년 상반기)

신용카드사 사이의 과당경쟁으로 말미암아 카드사의 회원유치방식에 문제가 있다는 점을 금융감독당국이 최초로 공식 인식한 시기는 2001년 2월이었다(〈신용카드회원 유치 과당경쟁 방지 및 감독강화 방안〉, 2001. 2. 27). 그런데 소비자보호라는 명분 아래 실시된 영업행위 감독조치는 초점이 신용카드회사의 불공정행위로부터 카드회원의 권리를 보호하기 위한 감독에만 맞추어져 오히려 소비자의 도덕적 해이를 조장하는 쪽이었다. 그리하여 2001년 상반기에는 〈무분별한 신용카드회원유치에 대한 지도 및 일제점검 실시〉(2001. 4. 16), 〈신용카드회원 권리보호 강화 방안 마련〉(2001. 4. 21), 〈신용카드 발급업무 운영실태 점검 및 지도 실시〉(2001. 5. 16) 등이 이루어졌다.

또한 감독당국은 신용불량자 숫자 자체를 축소하려는 조치에도 치중하였다. 예를 들어, 신용불량자 가운데에서 연체금을 상환하면 바로 연체기록 삭제가 가능한 대상자들의 범위를 확대하는 조치(〈금융감독위원회 2001년도 주요 업무계획 보고〉, 2001. 4. 12), 특정 시점까지 연체금 상환자의 연체기록을 일괄적으로 삭제하는 조치(〈주요 현안보고〉, 2001. 6. 22), 그리고 연체금 변제 뒤 신용불량정보 기록보존기간을 단축하는 조치와 카드론·할부금융의 신용불량 등록요건을 완화하는 조치(《2001년 하반기부터 달라지는 금융제도》, 2001. 6. 28) 등이 실시되었다. 이들 조치 또한 소비자의 도덕적 해이를 자극했음은 물론이다.

감독당국이 건전성 감독의 견지에서 신용카드회사 문제를 처음으로 인식한 것은 2001년 5월 〈신용카드업의 문제점 및 개선방안〉(2001. 5. 3)을 통해서였다. 이 자료에서 감독당국은 경기침체가 장기화하는 경우 초래될 카드회사 부실에 미리 대비해야 한다는 시각 아래, 총여신 중 부대업무 취급비율 상한(50퍼센트) 부과, 영업질서 확립과 소비자보호 강화, 신용카드 수수료 인하 유도, 경영지도기준과 경영개선명령제의 도입 등 건전성 감독 강화를 골자로 하는 종합대책을 7월 무렵부터 추진하기로 공표했었다. 그러나 이 대책의 이행에 필요한 「여신전문금융업법 시행령」과 「여신전문금융업 감독규정」 등 관련 법규 개정이 여의치 않았다.[80]

그 결과, 종합대책은 당시에는 제대로 시행되지 못하고 말았다. 하지만 〈신용카드업의 문제점 및 개선방안〉에 담겨 있던 문제의식과 주요 골자는 약 1년 뒤인 2002년 4월 감독당국이 발표한 〈신용카드회사 감독 강화 방안 추진계획〉과 감독당국이 5월 당정협의를 통해 공표한 〈신용카드 종합대책 추진〉에 고스란히 반영되었다. 〈신용카드 종합대책 추진〉이 관련 법규의 개정을 통해 2002년 7월부터 시행된 점을 고려할 때, 금융감독당국의 〈신용카드업의 문제점 및 개선방안〉의 실제 이행시기는 원래 의도했던 시기였던 2001년 7월보다 정확히 1년만큼 지연된 셈이다.

어쨌든 2001년 상반기 중 감독당국은 영업행위 감독(2001. 2. 27)과 건전성 감독(2001. 5. 3)의 견지에서 신용카드회사 문제를 최초로 인식하였다. 그러나 영업행위 감독은 소비자의 도덕적 해이를 조장하는 방향으로 흘렀고, 건전성 감독에 따른 조치는 공표되었으나 제때 이행되지 못했다.

## 나. 가계부채 급증 등 문제의 인식과 건전성 감독 필요성의 인지
### (2001년 하반기)

2001년 8월 금융감독당국은 〈IMF 경제위기 이후 은행권의 가계대출 동향 및 시사점〉(2001. 8)을 통하여 가계부채의 급증현상을 처음으로 인식하였다. 당시 감독당국은 가계대출 급증을 일과성(一過性)으로 여겨 본격적인 우려를 표명하지는 않았다. 그러나 곧이어 공표한 〈일반은행의 신용 및 보증·담보대출 추이 분석〉(2001. 9. 4)에서는 가계대출의 약 2/3가 주택담보대출이라는 점에 주목하고 주택가격 하락 시의 가계대출 부실화 가능성을 언급하는 등 소극적인 우려를 표시하기도 했다.

이러한 감독당국의 독자적 문제 인식과 분석에도 불구하고, 금융정책협의회는 2001년 말까지도 가계대출 급증을 기업자금 공급을 위축시킬 것이라는 시각에서만 보았고(《금융정책협의회 결과〉, 2001. 10. 27), 신용카드사의 문제도 영업행위 감독의 시각에서만 접근하였다(《신용카드 수수료 인하 유도 및 영업질서 확립 방안〉, 2001. 10. 27). 더욱이 신용카드사의 영업질서가 제대로 자리 잡지 못한 상태에서 재정경제부는 경제정책조정회의를 거쳐 2001년 하반기에는 신용카드 이용금액 소득공제한도의 확대조치를 실시하였다(《3/4분기 경제운용 실적점검 및 금년도 마무리 과제〉, 2001. 11. 6).

감독당국이 가계여신 전반의 건전성에 대해 최초로 비관적 인식을 표명한 것은 2001년 11월 〈가계여신에 대한 건전성 감독 강화〉(2001. 11. 6)를 통해서였다. 이 자료에서는 가계부문과 은행의 건전성이라는 관점에서 가계여신을 집중 분석하고 가계여신의 자산건전성 악화를 전망하였다. 비관적 전망의 근거는 가계대출 연체율 상승, 개인신용불량자 증가, 개인금융부채의 증가세, 은행의 가계대출 취급기준 완화기조, 가계여신에 대한 대손충당금 적립수준 하락 등이었다. 다만 이 자료는 구체적 조치를 적극적으로 강구하기보다는, 건전성 실태를 점검하고 사전심사와 사후관리를 강화하도록 지도하며 가계여신 관련 지표에 대한 감시를 강화해 나가면서 문제를 좀 더 주시하는 쪽을 택한 것으로 보인다.

2001년 11월 이후 감독당국은 과거와는 달리 영업행위 감독보다는 미시건전성 차원에 더 많은 비중을 두고 가계대출 급증과 카드사 부실의 문제에 접근하게 되었다. 그리고 영업행위 감독의 경우에도 소비자의 도덕적 해이를 유발하는 조치는 2001년 말까지 거의 논의되지 않았다. 더 나아가, 2001년 12월에는 과당경쟁으로 말미암은 신용카드사의 위규사례에 대한 본격적인 제재조치가 처음으로 이루어졌다(《신용카드회사의 법규준수실태에 대한 점검결과》, 2001. 12. 14).

그러나 이와 같은 문제 인식과 접근의 전환이 문제에 대한 심각한 우려에 기초한 것은 아니었다. 예를 들면, 〈금융감독위원회 부위원장, 한국신용분석사회 주최 강연회 연설 : 금융환경 변화에 따른 대응방향〉(2001. 11. 7)에서 알 수 있는 바와 같이, 이 시기 감독당국자의 우려는 금융산업에 내재된 경기변동의 확대 경향을 경계할 필요가 있다는 원론적 수준을 크게 벗어나지 못했다.

## 다. 가계부채 급증 등 문제에 대한 인식의 비일관성
### (2002년 상반기)

금융정책협의회가 기업자금 공급의 위축이라는 관점이나 신용카드회사의 소비자에 대한 불공정행위라는 관점을 벗어나 개별 금융기관의 건전성과 금융시스템의 안정성 차원에서 신용카드회사와 가계부채의 문제를 본격 인식한 것은 2002년 2월 〈가계부채 증가에 따른 장단기 종합대책〉(2002. 2. 20)을 통해서였다. 곧이어 감독당국은 독자적으로 〈신용카드회사 감독 강화 방안 추진계획〉(2002. 4. 5)을 통해, 신용카드 부당발급에 대한 카드회사 책임 강화, 신용카드 발급기준 강화, 현금대출 위주의 영업행태 개선, 신용카드모집인 등록 의무화, 불법·부당 채권추심행위 금지, 직불카드 활성화 검토 등의 대책을 담은 카드사의 건전성 감독 강화방안을 확정하였다. 이들 조치 대부분은 사실상 2001년 5월 초 〈신용카드업의 문제점 및 개선방안〉에서 이미 제시되었던 것들로서 「여신전문금융업법 시행령」과 「여신전문금융업 감독규정」 등의 개정이 필요한 것들이었다.

그러나 2002년 2월의 장단기 종합대책과 4월의 신용카드회사 감독 강화방안의 신속하고 철저한 이행을 어렵게 하는 근본적인 제약요인이 있었다. 그것은 당시 재정경제부가 내수진작 정책기조를 강력하게 유지하고 있다는 사실이었다. 앞에서 이미 논의되었지만, 〈가계부채 증가에 따른 장단기 종합대책〉의 추진 현황을 점검하기 위해 3월 말에 열린 금융정책협의회는 가계대출에 대한 건전성 규제가 내수진작과 상충관계에 있으므로 내수진작이라는 정책목표를 훼손하지 않는 범위 내에서만 가계대출 규제조치가 이행되어야 한다는 점을 분명히 하였다. 이러한 상황은 공공기관 간 수직 위계의 정점에 위치한 재정경제부의 정책관(政策觀)이 금융정책협의회의 논의과정을 지배한 결과였다.[81] 재정경제부의 경제정책(내수진작기조 유지)이 감독정책(가계대출 등에 대한 건전성 규제)의 방향과 강도를 이와 같이 실질적으로 제약하고 있는 상황에서, 당시 감독당국의 공식 견해 —— 가계부채규모 자체는 우려할 만한 수준이 아니라는 감독당국의 인식 —— 도 그러한 제약으로부터 결코 자유로울 수 없었다.

2002년 상반기에 감독당국이 보여준 느슨한 (대외적) 입장은 이러한 현실적 제약을 그대로 반영하는 것이다. 예를 들어, 〈가계부채 증가에 따른 장단기 종합대책〉에는 신용불량자 등록제도 개선조치가 들어 있었는데, 이는 소비자의 도덕적 해이를 자칫 자극할 수 있는 내용이었다. 그런데 감독당국은 종합대책이 발표된 시점에 맞추어 〈신용불량자

관리제도 개선방안〉(2002. 2. 20)을 통해 신용불량자제도 개선을 구체
화하는 동시에, 〈은행권의 가계대출 확대에 대응한 건전성 대응방안〉
(2002. 2. 20)을 통해 2001년 말 현재로서는 가계대출규모 증가가 전반
적 부실로 확대되는 징후가 없음을 강조하였다. 그리고 3월 초 대통령
에 대한 〈금융감독위원회 2002년도 주요 업무계획 보고〉(2002. 3. 8)에
서 감독당국은 신용카드 문제와 신용불량자 문제를 카드사의 영업행위
감독 차원에서만 다루었을 뿐 가계부채 급증과 건전성 대책은 전혀 언
급한 바 없었다.

감독당국의 안이한 자세는 2002년 4월의 〈금융감독위원장, 한국능률
협회 최고경영자 조찬세미나 강연 : 2002년도 금융감독정책방향〉에서
도 적나라하게 드러난다. 당시 금융감독위원장은 신용카드 남발과 신
용불량자 급증에 대처하여 가계대출의 건전성 저하 방지대책과 카드이
용자 부담 완화대책의 필요성을 강조하면서도, 가계대출 급증과 자산
가격 상승 등을 "경기과열로 인식하여 과민하게 거시정책으로 대응하
게 되면 모처럼 되살아나고 있는 경기상승국면을 제대로 살릴 수 없는
우를 범할 수 있으므로, …… 미시정책으로서의 가계대출의 건전성 저
하 방지대책과 부동산 안정대책 등을 병행해 추진해 나가야" 할 것이
라고 말했다.82)

이와 같이 2002년 상반기 감독당국의 대외적 공식 견해는 가계부채
에 대한 우려를 과소평가하는 쪽이었다. 그러나 바로 이 시기에 감독당
국은 〈신용카드회사 감독 강화 방안 추진계획〉(2002. 4. 5)을 통해 1년
전 〈신용카드업의 문제점 및 개선방안〉(2001. 5. 3)의 문제의식을 계속
유효한 것으로 인정하기도 했다. 이러한 사실은 감독당국의 견해가 일
관적이지 못했음을 명백하게 보여준다.

그러나 2002년 5월 말 재정경제부의 내수진작 정책기조 포기로, 신
용카드회사와 가계부채의 문제에 대한 감독당국의 정책적 인식과 대응
을 오랫동안 실질적으로 제약해왔던 요인이 사라지게 된다.

## 라. 가계부채 급증 등 문제에 대한 적극적 대응
### (2002년 하반기~2003년 상반기)

먼저, 신용카드회사 부실화 문제에 대해서 감독당국은 2002년 5월 말 당정협의를 통해 〈신용카드 종합대책 추진〉(2002. 5. 23)을 공표했다.[83] 이 종합대책은 이미 감독당국이 2001년 5월과 2002년 4월에 각각 공표했던 〈신용카드업의 문제점 및 개선방안〉과 〈신용카드회사 감독 강화 방안 추진계획〉과 본질적으로 같은 내용이었다. 그러나 2002년 5월의 〈신용카드 종합대책 추진〉이 담고 있는 내용은 법규 개정을 거쳐 2002년 7월부터 실제 이행됨으로써, 과거와는 달리 재정경제부와 감독당국은 상당한 집행의지를 가지고 이 종합대책을 공표했던 것으로 해석된다. 당시 종합대책의 2002년 7월 실행과 관련된 보도자료에는 〈소액대출정보 집중에 따른 영향과 대응방향〉(2002. 5. 22), 〈여신전문금융업 감독규정 개정〉(2002. 6. 28), 〈카드사의 신용카드 분류체계 개선 및 카드이용한도 책정을 위한 회원 결제능력 평가방안〉(2002. 7. 5), 〈다중채무자에 대한 개인신용회복지원(workout)제도 도입 방안〉(2002. 7. 16), 〈신용카드 약관 개선〉(2002. 7. 25) 등이 포함된다.

감독당국은 〈신용카드사 과당경쟁 방지대책 시행〉(2002. 10. 15)과 〈신용카드업자의 현금서비스 한도관리 및 현금대출비중 현황〉(2002. 11. 18), 그리고 〈신용카드회사 건전성 감독 강화 대책〉(2002. 11. 19)을 통해 2002년 5월의 종합대책을 2002년 하반기에 꾸준히 추진하였다. 특히 〈신용카드회사 건전성 감독 강화 대책〉에서 감독당국은 "과거 무분별한 영업행위 등으로 인해 카드사의 연체율이 증가하는 등 카드회사의 경영여건이 악화되는 조짐"이 보인다면서 "카드회사가 부실화될 경우, 은행 등 금융시장의 큰 부담으로 작용"할 것이라고 금융시스템 안정성 측면에서도 우려를 표명하였다. 이러한 관점에서 감독당국은 신용카드회사에 대한 사전예방적 감독을 더욱 강화하는 조치들

84

과84) 아울러, 특별검사를 통해 현금대출 급증을 억제하고 연체정보의 신용카드사 간 교환 등 자율규제를 강화하는 조치를 이행하기로 했다. 이를 위해 〈여신전문금융업 감독규정 및 시행세칙 개정〉(2003. 1. 24) 이 뒤따랐다.

한편 가계대출에 대해서도 감독당국은 2002년 5월 〈2002년 4월중 은행권 가계대출 동향 및 건전성 감독방향〉(2002. 5. 15)에서 은행의 가계대출 리스크 관리실태를 점검하기로 하는 동시에, 필요한 경우 주택담보대출에 대한 각종 규제를 추가·강화하기로 결정하였다. 이러한 감독당국의 태도 변화는 2002년 7월의 〈2002년 상반기 가계대출 동향과 향후 대응방안〉(2002. 7. 16)에서 재확인되었으며, 감독당국은 마침내 2002년 10월 〈가계대출 동향과 대책〉(2002. 10. 7)에서 가계대출에 대해 건전성 관점에서 본격적 우려를 표명하기에 이르렀다. 이때 나온 대책은 가계대출 실태에 대한 종합점검과 감시의 강화, 가계대출에 대한 대손충당금의 추가 상향 조정, 주택담보대출에 대한 개인신용평가 강화와 BIS 비율 위험가중치 차등화, 주택담보비율(LTV) 상한(60퍼센트)의 전국적 확대 적용 등이었다. 그리고 실태점검에 따른 후속조치(《주택담보비율, BIS 비율 위험가중치 상향 조정 등 가계대출 건전성 강화 후속조치〉, 2002. 11. 8)가 구체적으로 실시되는 등 감독당국의 접근은 두드러진 적극성을 띠게 되었다.

이와 같이 가계대출 급증과 카드사 건전성 문제에 대한 감독이 2002년 하반기 내내 적극 추진된 결과, 2002년 말에는 가계대출 증가세 둔화와 주택가격 안정 등 정책효과가 부분적으로 감지되기도 했다. 이를 근거로 감독당국은 그동안의 가계대출 증가가 내수진작에 기여한 점을 강조하며, 가계대출이 크게 우려할 수준이 아니라며 때 이른 자신감을 표시하기도 했다(《가계대출 및 신용불량자 대책〉, 2003. 1. 7).

그러나 2003년 3월 11일 SK글로벌 분식회계 사건이 불거지면서 즉각 금융시장 불안이 심화되었다. 이에 따라 금융정책협의회가 신용카

드회사 건전성 개선과 유동성 지원을 핵심으로 하는 대책을 두 차례에
걸쳐 공표하여 사태를 일단 진정시켜야 했다.


## 4. 한국은행의 문제 인식과 대응

　이 절에서는 신용카드회사 부실화와 가계부채 급증 등의 문제에 대
한 한국은행의 인식과 대응을 공표된 관련 보도자료를 중심으로 파악
하기로 한다. 부록의 [별표 3]은 한국은행의 보도자료를 시간경과에 따
라 선택적으로 취합하여 정리한 내용이다.

### 가. 가계부채 급증 등 문제에 대한 인식
　　(1999년~2000년)

　〈1999년 상반기중 가계신용동향〉(1999. 9. 14)에 따르면 외환위기 직
후 대폭 감소했던 가계신용이[85] 1999년 상반기 중에는 증가로 반전되
었으며, 특히 가계대출 가운데 가계일반자금대출이 은행과 신용카드회
사 주도로 증가하였다. 또한 신용카드회사의 경우 대출 증가는 주로 현
금서비스의 형태로 이루어졌으며, 이는 현금서비스 한도의 폐지(1999.
5. 4)에 기인한 것이라고 보고하였다. 한국은행이 은행의 가계대출 급
증을 최초로 인지한 시점은 2000년 1월 〈최근의 은행가계대출 동향〉
(2000. 1. 27)을 통해서였다. 당시 한국은행은 가계대출 급증의 원인을
가계대출 확대를 위한 은행들의 노력이 강화되었고 가계의 대출수요가
증대된 점 등에서 찾았다. 한편 1999년 중 신용카드의 이용과 보급의
증대는 〈1999년중 지급결제동향〉(2000. 2. 7)에서 포착되었고, 가계신
용이 1997년 12월 말 수준을 약간 웃도는 수준으로 회복되었음이
〈1999년중 가계신용동향〉(2000. 3. 16)을 통해 공표되었다. 또한 가계

대출 증가세가 크게 확대되어 2000년 3월에는 은행대출에서 차지하는 가계대출 비중이 사상 최고에 달했다는 사실이 〈2000년 3월중 금융시장동향〉(2000. 4. 6)에서 확인되었다. 이와 같이 한국은행은 〈가계신용동향〉·〈지급결제동향〉·〈금융시장동향〉, 그리고 부정기 분석자료 등을 통해 가계대출과 신용카드거래의 증가세를 이미 2000년 초부터 파악하고 있었다.

한국은행이 가계대출 급증에 대해 내린 첫 번째 정책조치는 〈은행의 기업대출 유인강화를 위한 총액한도대출 지원방식 변경〉(2000. 9. 4)이었다. 이는 한국은행의 총액한도대출 배정 시 기업대출과 신용대출이 많고 가계대출이 적은 은행을 우대하는 방향으로 차등 지원한다는 내용으로, 가계대출 급증이 기업대출을 구축할지도 모른다는 우려에서 재정경제부가 마련했던 〈기업자금 안정대책〉(2000. 8. 23)에 따른 후속 조치였다. 따라서 한국은행의 이 조치는 시스템안정성 감독자로서 내린 조치가 아니었다.

## 나. 가계부채 급증 등 문제에 대한 낙관적 관망자세 유지
### (2001년)

가계부채 급증현상에 대해 한국은행이 처음으로 공표한 분석적 보도자료는 2001년 2월 〈최근 가계의 금융부채 현황 및 상환능력〉(2001. 2. 22)이었다. 한국은행은 이 자료에서 당시 개인부채 증가율이 외환위기 이전에 비해 크게 낮은 점과, 가계대출 연체율·부채/소득 비율·이자상환비율 등을 볼 때 채무상환능력 면에서 큰 문제가 없는 점 등을 근거로 가계 부실화 가능성이 낮다는 낙관적 견해를 제시하였다. 다만 장차 경제상황 악화와 자산시장 침체가 장기화하는 경우에는 가계부채가 개인의 채무상환능력 저하를 통해 은행·신용카드사 자산건전성 저하로 이어질 수도 있는 가능성은 열어두었다. 이것은 한국은행이 원론적으로나마 가계부채를 건전성 리스크와 연결지은 최초의 언급이었다. 이후 2002년 6월 〈민간부문 금융자산운용의 특징과 시사점〉(2001. 6. 5)에서는 가계대출과 기업대출 사이의 상충을 명시적으로 인식하는 정도에 그쳤으며, 가계대출에 대한 별다른 우려는 표명된 바 없었다.

2001년 하반기에 들어와 한국은행은 〈2001년 8월중 통화정책방향〉(2001. 8. 9)을 통해 저금리로 자극된 가계대출의 상당 부분이 부동산시장으로 유입되어 과열을 부를 수 있다는 당시 세간의 우려를 반박하였다. 당시의 저금리는 우리 경제가 저성장・저물가 구조로 이행하는 과정에서 겪게 되는 불가피한 현상이라는 것이 한국은행의 견해였다. 이러한 견해에 따르면 당시 한국은행은 가계대출의 급증도 상당 부분 자연스러운 현상으로 받아들였을 것이라는 유추가 가능하다. 그리고 〈최근 개인부문의 금융자산 및 부채 상황〉(2001. 8. 7)을 통해 한국은행은 2001년 2월 공표했던 가계부채에 관한 자신의 낙관적 견해를 재확인하였다. 다만 여전히 원론적인 언급이었지만 가계부채 증대에 따라 금융기관은 건전성 리스크 증대에 대처할 필요가 있다고 덧붙이긴 했었다. 한국은행이 곧이어 공표한 〈최근 민간소비변동의 특징과 시사점〉(2001. 8. 16)은 외환위기 이후 가계의 유동성제약 완화(신용카드 활성화, 금리인하에 따른 가계대출 증가 등)와 자산가격 상승이 가계소비지출 증대를 통해 경제안정화에 기여해오고 있음을 들어 민간소비진작의 긍정적 효과를 강조하였다.

결국 당시 한국은행은 가계대출 증대의 긍정적 측면에 상당한 비중을 두고 있었다고 해석할 수 있다. 이러한 한국은행의 시각은 2001년 말까지 대체로 지속되었다. 예를 들어, 한국은행이 〈금리인하의 효과에 관한 견해〉(2001. 8. 23)를 통해 2001년 중 세 차례의 콜금리목표 인하조치가 개인채무 부담을 낮춰 소비를 진작하려는 정책조치였음을 명시적으로 강조한 점이나, 미국의 9・11 테러 사건 이후 공표된 〈대내외여건 악화에 대응한 통화정책 운용방향〉(2001. 9. 19)에서 국내 경기

88

의 급속한 위축을 방지하려고 콜금리목표를 0.5퍼센트 포인트 낮추기로 한 점은 모두, 가계부채 증가가 실물경제 안정화를 위해 용인되어야 한다는 당시 한국은행의 시각을 반영한 것이었다.

지금까지 살펴본 대로, 2001년 하반기에도 가계대출의 긍정적 측면을 강조하여 이를 용인하는 정책적 견해가 지속되었으나 가계대출에 대한 부정적 시각을 담은 보도자료가 전혀 나오지 않았던 것은 아니다. 먼저 2001년 8월 〈총재, 은행장과의 간담회 개최 : 기업 및 SOC 민간투자사업에 대한 금융지원확대〉(2001. 8. 17)에서는 기업대출을 확대한다는 차원에서나, 은행의 경영건전성 차원에서나, 과도한 가계대출은 바람직하지 않다는 한은총재의 부정적 시각이 처음으로 공표되었다. 이러한 한국은행 총재의 시각은 2001년 10월 〈총재, 은행장과의 간담회 개최 : 가계대출의 큰 폭 증가에 따른 대응에 만전〉(2001. 10. 26)에서는 좀 더 적극적인 우려로 진행하였다. 개인의 소비 변화와 자산운용 행태 변화 등으로 개인자금수요가 꾸준히 증가할 것으로 예상되지만 당시 가계대출 연체율(특히 신용카드 연체율)이 이미 상승세를 보이고 있어서 장차 가계부채 부실화 가능성이 있다는 우려였다.

그러나 이 간담회 직후에 열렸던 금융정책협의회에서는 가계대출 급증의 문제가 전혀 논의되지 않았다. 2001년 9월 이후 기업자금시장의 여건이 악화될 가능성에 대비하여 총액한도대출 배정 때 한국은행의 가계대출 차감폭을 확대하는 방안을 강구하기로 결정했을 뿐이었다(《2001년 10월 금융정책협의회 논의 내용〉, 2001. 10. 27). 2001년 12월의 〈2002년 경제전망〉(2001. 12. 6)에서 한국은행은 가계부채의 지속적 증가에 대한 부정적 시각을 제시하였다. 이는 가계가 그동안 금융기관 차입을 계속 늘린 덕분에 부채상환 부담이 급증하여 앞으로는 가계부채가 소비증가를 제약하는 한 요인이 될 것이라는 우려에서였다. 또한 그동안 분기별 가계신용 동향자료가 가계부채 관련 통계수치의 움직임을 해설하는 데 그쳤던 것과는 달리 〈2001년 3/4분기 가계신용동향〉(2001. 12. 14)에서는 가계부채에 대해 다소 조심스런 견해를 나타냈다. 가계소득에서 부채가 차지하는 비중 면에서는 한국의 부채비중이 미국보다 낮지만, 한국의 부채구조는 미국에 견주어 매우 불안정하므로 가계의 부채상환능력이 소득변동에 취약하다고 보았기 때문이었다.

이와 같이 2001년 하반기에는 한국은행의 보도자료에서 가계부채에 대한 조심스런 우려가 이따금 표출되기도 하였다. 그러나 한국은행의 확장적 통화정책기조가 재정지출 확대 등 정부의 내수진작정책과 함께 경기둔화 방지를 위해 커다란 기여를 하고 있다고 보는 시각이 당시 한국은행의 지배적 견해였다. 정부의 저금리정책과 내수진작정책이 가계부채 급증과 밀접한 관련성을 갖고 있었던 만큼, 한국은행이 가계부채 급증을 심각하게 우려했다면 〈한국은행 총재 2002년 신년사〉(2002. 1. 2)가 내수진작의 중요성을 긍정적·적극적으로 강조하면서도 가계부채에 관해 전혀 언급하지 않는 일은 없었을 것이다.

## 다. 가계부채 급증 등 문제에 대한 인식의 비일관성
### (2002년 상반기)

2002년 1월 한국은행 총재가 개최한 은행장 간담회(2002. 1. 25)에서는 2001년 10월 은행장 간담회(2001. 10. 26)와 금융정책협의회(2001. 10. 27)의 논의에 따라 총액한도대출의 배분에 적용하는 가계대출 차감비율과 중소기업 신용대출비율을 상향 조정(각각 40퍼센트 → 60퍼센트, 30퍼센트 → 40퍼센트)하기로 한 결정을 공표하였다. 가계대출 급증을 우려한 한국은행은 〈2002년 2월중 통화정책방향〉(2002. 2. 7)에서도 총액대출한도를 증액(4조 원)하고 대출금리를 인하(3퍼센트 → 2.5퍼센트)하는 조치를 취하기로 하였다. 〈통화정책방향〉은 매월의 콜금리목표를 결정하기 위한 금융통화위원회의 회의자료인데, 금융통화위

90

원회가 가계대출 급증과 이에 대한 대책을 2002년 2월 처음으로 공식 논의했다는 점은 주목할 만하다.86) 이후 금융통화위원회는 2002년 4월 가계대출거품론에 대한 자신의 견해를 밝혔다(《2002년 4월중 통화정책 방향》, 2002. 4. 4).

향후 가계대출 증가세가 둔화될 것이며 신용카드채권 연체율은 높지만 은행대출 연체율은 낮으므로 가계의 채무상환능력에 큰 문제가 없다는 것이 당시 금융통화위원회의 판단이었다. 다만 여건변화에 따라 자산가격거품이 발생하고 가계대출 부실화 등이 발생할 가능성을 배제하지는 못한다는 단서를 붙이긴 했었다. 한국은행은 2002년 4월 〈예금은행의 가계대출 억제방안〉(2002. 4. 9)에서 중소기업여신 확대를 장려하고자 예금은행에 대한 총액한도대출 배분 시 가계대출 차감비율을 기존 60퍼센트에서 80퍼센트로 상향 조정하고 중소기업 신용대출비율을 기존 40퍼센트에서 20퍼센트로 하향 조정하는 한편, 예금은행이 중소기업 대출비율을 준수하지 않는 경우의 총액한도대출 차감비율을 미달액의 50퍼센트에서 75퍼센트로 상향 조정하기로 결정하였다. 또한 5월 초, 금융통화위원회는 가계대출 급증에 따른 향후의 과잉유동성에 대한 우려에서 콜금리목표를 0.25퍼센트 포인트만큼 상향 조정하였다(《2002년 5월중 통화정책방향》, 2002. 5. 7). 이는 가계대출 문제와 관련하여 한국은행이 물가안정과 함께 금융안정을 고려하여 취한 것으로 보이는 최초의 본격적 통화정책조치였다.

앞에서 이미 논의한 대로, 2002년 2월 금융정책협의회는 〈가계부채 증가에 따른 장단기 종합대책〉을 제시했었으나, 3월에는 〈가계대출 증가에 대한 인식과 대응방향〉에서 내수위축을 가져올 정도의 가계대출 억제조치는 곤란하다는 견해를 분명히 했다. 이것은 가계대출 억제가 곧 내수위축으로 이어질 것을 두려워했던 재정경제부의 시각이 금융정책협의회에 그대로 반영된 결과였다. 그리고 이와 같은 당시 재정경제부의 정책관은 공공기관 사이의 수직 위계 속에서 한국은행 공식 견해의 일관성을 훼손하는 데 기여한 것으로 보인다. 예를 들면, 한국은행 (금융통화위원회)이 가계대출 급증의 부작용을 우려하여 나름대로 총액대출한도의 배분기준 변경과 이 자금의 대출금리 변경 등 구체적 조치를 취했던 2002년 2월에도, 〈1990년 이후 가계소비패턴 변화의 특징 및 시사점〉(2002. 2. 14)은 선진국일수록 가계소비지출의 대(對)GDP 비중이 높다는 점을 강조하면서, 소비가 경기변동의 완충역할을 수행하도록 내수기반 강화가 필요하다는 결론을 내리고 있다. 또한 2002년 상반기 중 한국은행이 가계대출 급증에 대한 우려를 표명하면서도, 앞으로의 전망에 대해서는 가급적 자제하면서 당시로서는 큰 문제가 없다는 점만 강조하려 했던 사실 —— 예를 들면, 〈총재, 은행장과의 간담회 개최〉(2002. 3. 22), 〈2002년 4월중 통화정책방향〉(2002. 4. 4) —— 은 내수에 의존하여 경제성장을 추구하던 당시 재정경제부의 경제운용방식과도 결코 무관하지 않았을 것이다.

한편, 2002년 상반기의 각종 정기·부정기 자료는 대부분 가계부채 부실화에 대한 우려를 담고 있었다. 〈2001년중 가계신용동향〉(2002. 3. 23)은 2001년 중 가계신용의 지속적 증가세를 보고하면서, 가계건전성 약화, 국가경제의 적응력 저하, 그리고 기업대출 여력 감소 등을 가계대출 누증이 가져올 수 있는 잠재적 문제점으로 강조하였다. 〈최근의 경제동향과 통화신용정책방향〉(2002. 4. 16)은 저금리에 기초한 부동산 가격과 주식가격의 단기간 내 급등과 가계대출의 급증을 바람직하지 못하다고 보았고, 〈은행의 가계대출 표본조사〉(2002. 4. 19)는 가계대출의 급증세가 지속되면 부동산 등 자산가격의 상승 기대를 더욱 자극할 것이라는 우려를 표시했다. 〈최근 예금은행의 예대금리차 동향과 시사점〉(2002. 5. 4)은 저금리에 편승한 가계대출 증가를 자금용도, 차주의 신용도와 원리금 상환능력에 기초한 금리 차등화를 통해 억제해야 한다고 주장하였다. 또한 〈2002년 1/4분기중 가계신용동향〉(2002. 6. 22)은 가계대출이 은행의 주택담보대출과 여신전문기관의 카드론과 할부금융대출을 중심으로 증가했음을 보고하였다.

## 라. 가계부채 급증 등 문제에 대한 본격 대응
### (2002년 하반기~2003년 상반기)

신용카드 종합대책(《신용카드 종합대책 추진》, 2002. 5. 23)이 2002년 7월부터 이행되었고, 그동안 진행된 가계대출의 급증에 따른 신용 리스크 부담을 금융기관이 의식하면서 2002년 하반기에는 가계대출 증가세의 둔화 조짐을 보고하는 자료가 나오기 시작하였다. 예를 들면, 〈2002년 2/4분기 금융기관 대출행태 조사 결과〉(2002. 7. 18), 〈2002년 8월중 통화정책방향〉(2002. 8. 6), 〈2002년 상반기중 지급결제동향〉(2002. 8. 19), 그리고 〈2002년 9월중 통화정책방향〉(2002. 9. 12) 등이 그것이다.

가계대출 증가세가 다소 둔화되는 조짐을 보이기 시작했지만, 이미 그동안 누증된 가계대출의 부작용, 즉 연체율 상승과 신용불량자 양산, 가계대출 부실화 등에 대한 우려는 점차 늘어나는 쪽이었다. 2002년 상반기까지 가계대출 관련 분석에서 자주 강조되던 '현재로서는 큰 문제가 없다'는 식의 표현이 2002년 하반기에 들어와서는 더 이상 각종 보도자료에 등장하지 않게 된 점도 흥미롭다. 이는 당시 재정경제부의 내수진작 정책기조의 실질적 포기와 무관하지 않을 것이다.

〈최근 금융기관 여수신금리 동향의 특징과 시사점〉(2002. 7. 23)은 가계대출로 말미암은 은행 채권과 신용카드사 채권의 부실화 가능성을 지적하였다. 특히 〈2002년 9월중 통화정책방향〉은 당시 부동산가격의 대폭적 재상승에 따라 가계대출 증가폭이 다시 늘어난 점을 중시하고, 만약 부동산 거품이 형성된 뒤 붕괴하면 금융시스템 불안으로 이어질 것이라는 우려를 표시하였다. 이것은 자산가격 급등에 따른 시스템 리스크에 대해 한국은행이 최초로 표명한 우려였다는 점에서 주목된다.

더욱이 이 자료는 금융시장 여건에 대한 비관적 전망까지 제시하고 있어서 우려의 현실성을 그만큼 더해주는 것이었다. 또한 과거 〈최근 민간소비변동의 특징과 시사점〉(2001. 8. 16)과 〈1990년 이후 가계소비패턴 변화의 특징 및 시사점〉(2002. 2. 14)과 같은 일련의 소비 관련 분석자료들이 소비 중심의 내수진작정책을 강력히 지지하는 견해를 밝혀왔으나, 〈최근 가계의 소비지출 동향과 특징〉(2002. 10. 4)에서는 가계의 차입소비성향 증대 등의 문제점을 비로소 인정하고 금융기관의 가계여신 과당경쟁 지양과 리스크 관리 강화를 강조하였다.

한편 한국의 가계부채 문제와 부동산 과열현상이 부채 디플레이션의 전조일 수 있다는 우려에서 〈자산가격 변동과 통화정책〉(2002. 10. 28)과 〈세계경제 디플레이션의 가능성과 영향〉(2002. 11. 15) 등의 자료도 공표되었다. 2003년 1월의 〈2003년 통화신용정책 운영계획〉(2003. 1. 9)이 신용지표의 움직임에 유의해야 할 필요가 있다고 강조한 것은 이들 두 자료의 연장선 위에서 한국은행이 부채 디플레이션에 대한 경계심을 전보다 강화한 것을 반영한다.

2003년 1/4분기 중에 공표된 〈통화정책방향〉·〈지급결제동향〉·〈가계신용동향〉·〈금융시장동향〉 등은 대체로 최근의 부동산시장 안정과 가계신용 급증세 진정을 보고하며, 가계부채가 연착륙할 가능성을 조심스레 점치기도 하였다. 그러나 결국 2003년 3월 11일 SK글로벌의 분식회계 사건이 터지면서 금융시장 불안이 고조되었다. 한국은행은 금융시장의 조기 안정을 위해 2003년 3월 13일 환매조건부채권(RP) 매입을 통해 2조 원의 단기유동성을 지원하는 등 위기관리자로서 역할을 수행하였다. 또한 금융정책협의회는 〈금융시장안정을 위한 신용카드사 종합대책〉(2003. 3. 17)과 〈금융시장 안정대책 : 신용카드사 및 투신사 유동성 해소 관련〉(2003. 4. 3)으로 금융시장 안정을 도모하였다.

# 5. 공공기관의 문제 인식과 대응 : 요약·평가·문제점

## 가. 요약

지금까지 신용카드회사 부실화와 가계부채 급증 등 문제에 대한 세 공공기관 —— 재정경제부, 금융감독당국, 한국은행 —— 각각의 인식과 대응을 관련 보도자료를 기초로 검토하였다. [표 6]은 이를 간결하게 정리한 내용이다.

요컨대, 금융감독당국과 한국은행은 일찍이 2001년 초까지는 각기 신용카드회사 부실화와 가계부채 급증 등의 문제를 인식하게 되었으나, 이후에도 상당기간 동안 재정경제부는 내수진작 정책기조를 유지하면서 이 문제에 대한 다른 공공기관들의 인식 수준과 대응 범위를 유효하게 제약하였다. 그 결과 재정경제부의 내수진작 정책기조가 유지되었던 2002년 상반기까지, 신용카드회사 부실화와 가계부채 급증 같은 문제의 잠재적 심각성은 대외적으로 과소평가되었고, 금융회사에 대한 적절한 건전성 규제가 제대로 이행되지 않는 가운데, 이 문제는 실제로 방치된 셈이었다. 2002년 상반기에 신용카드회사와 가계의 부실화 현상이 급속히 가시화·가속화되고 나서야 재정경제부는 2002년 5월 당정협의《신용카드 종합대책 추진》를 계기로 내수진작기조를 실질적으로 포기하였고, 이에 따른 감독당국의 본격 대처는 관련 법규 개정을 거쳐 2002년 7월에야 비로소 이루어졌다. 그러나 규제를 통해 문제의 관리가 가능한 단계는 이미 지나버린 뒤였다.

문제가 상당히 커진 상태에서 규제가 뒤늦게 이루어짐으로써 가계와 금융회사의 규제 부담이 커진 가운데, 2003년 3월 불거진 SK글로벌 분식회계 사건을 기폭제로 하여 심각한 금융시장 불안정이 발생하였다. 이에 한국은행은 은행권에 환매조건부채권(RP) 자금을 지원하였고, 재경부와 감독당국은 시장에 개입하여 카드채 만기연장, 투신사 환매자

금 지원을 위한 금융권 공동의 브리지 론(bridge loan) 조성 등을 주도
하였다.

　당시 금융불안은 이내 진정되긴 했다. 그러나 신용불량자 양산과 높
은 연체율의 문제는 계속되는 가운데 2003년 11월 하순부터는 LG카드
사태가 발발했고, 재정경제부 주도로 마련된 산업은행의 LG카드 위탁
경영안에 채권단이 합의하면서 2004년 1월 중순에야 상황이 간신히 일
단락되었다. 이와 같이 신용카드회사와 가계의 부실화 문제는 2003년
3월에 금융시장 불안을 야기한 이래 11월에는 LG카드 사태를 일으키
는 등, 2004년 봄 현재까지 1년이 넘도록 금융시장의 최대 불안요인으
로 우리 곁에 상존하고 있다.

　이하에서는, 오늘의 신용카드회사와 가계의 부실화가 다름 아닌 금
융시스템 관련 공공기관들의 감독실패라는 결론을 도출한다. 그리고
이러한 감독실패를 빚은 각 공공기관의 문제점을 차례로 논의하기로
한다.

## 나. 평가 : 신용카드회사와 가계의 부실화는 감독실패의 결과인가?[87]

　앞에서 금융시스템 관련 각 공공기관이 공표한 보도자료의 궤적을
면밀히 분석한 결과, 재정경제부가 내수진작 정책기조를 실질적으로
포기했던 2002년 5월을 기점으로 가계부채 급증 등의 문제에 대한 금
융감독당국과 한국은행의 정책대응이 본격화했다는 사실을 확인할 수
있었다. 2002년 5월 재정경제부는 당정협의를 통해 감독당국과 함께
〈신용카드 종합대책 추진〉(2002. 5. 23)을 공식 결정했고 필요한 법규
개정 절차를 거쳐 2002년 7월부터 종합대책을 이행하기 시작했다. 한
국은행도 가계대출에 따른 과잉유동성에 대한 우려에서 〈2002년 5월
중 통화정책방향〉(2002. 5. 7)을 통해 콜금리목표를 0.25퍼센트 포인트
상향 조정하였다. 이것은 가계대출 문제와 관련하여 한국은행이 물가

〔표 6〕 신용카드회사와 가계의 부실화 문제에 관한 공공기관의 인식과 대응
경과 : 보도자료(1999년 상반기~2003년 상반기)를 중심으로

| 기간 | 재정경제부<br>(금융정책협의회)* | 감독당국<br>(금감위 · 금감원) | 한국은행 |
|---|---|---|---|
| 2001년<br>이전 | □내수진작기조 정착<br>● 부동산경기 진작을 위해, 자금출처조사 면제조치(1998. 5)를 필두로 일련의 부양책.<br>● 신용카드 활성화조치[현금서비스 이용한도 폐지(1999. 5), 신용카드 이용액 소득공제 도입(1999. 8), 신용카드 영수증복권제(2000. 1)와 특소세 폐지 · 인하(1999. 12)를 실시하여 내수진작기조 정착에 기여]. | ― | □ 이상현상의 조기포착<br>● 카드사의 현금대출 증가는 1999년 9월에, 은행권의 가계대출 급증은 2000년 1월에, 각각 조기포착. |
| 2001년<br>상반기 | □ 내수진작기조 유지<br>● 일련의 부동산경기 부양책.<br>● 소비진작을 위해, 기업접대비의 신용카드 사용을 의무화(2001. 1). | □ 카드사 과당경쟁의 인식<br>● 과당경쟁을 인식(2001. 2)했으나, 회원의 권리 보호와 신용불량자 숫자 축소에 치중.<br>□ 카드사 건전성 문제의 인식<br>● 〈신용카드업의 문제점 및 개선방안〉(2001. 5)을 통해 문제 인식은 물론 포괄적 건전성 대책까지 제시했으나 법규 개정 난항으로 무산. | □ 가계부채에 대한 낙관적 진단<br>● 〈최근 가계의 금융부채 현황 및 상환능력〉(2001. 2)에서 가계 부실화 가능성이 낮다고 진단. |
| 2001년<br>하반기 | □ 내수진작기조 유지<br>● 일련의 부동산경기 부양책.<br>● 소비진작을 위한 신용카드 이용액 소득공제제도 강화(2001. 8)와 특소세 인하(2001. 11). | □ 가계부채 급증의 인식과 관망<br>● 가계대출 급증에 주목(2001. 8)하고 소극적 우려를 표시(2001. 9)한 뒤, 비관적 인식도 표명(2001. 11).<br>● 대책수립보다는 상황을 관망. | □ 가계부채 낙관론 유지<br>● 낙관적 시각을 일부 자료를 통해 직 · 간접적으로 재확인. |
| 2002년<br>상반기 | □ 내수진작의 부작용에 대한 소극 대응<br>● 부동산경기 과열에 대해 주택공급 확충과 투기억제로 대응(2002. 1 ; 2002. 3).<br>● 카드사별 신용불량자 수치 공개, 특별검사, 신용카드 발급기준 강화대책(2002. 2). | □ 문제에 대한 인식의 비일관성<br>● 금정협의 종합대책(2002. 2) 합의와 같은 맥락에서, 감독당국은 카드사 감독 강화방안을 독자적으로 공표(2002. 4). 이러한 본격 대응에는 근본적으로 감독법규 개정이 요구되었음. | □ 문제에 대한 인식의 비일관성<br>● 일부 자료가 우려를 표명했고, 총액한도대출 관련 보완조치도 수차례 실시됨.<br>● 동시에 또 다른 보도자료들은 내수진작을 옹호하거나 문제의 심각성을 호도. |

| 기간 | 재정경제부 (금융정책협의회)* | 감독당국 (금감위·금감원) | 한국은행 |
|---|---|---|---|
| 2002년 상반기 (계속) | ● 〈가계부채 증가에 따른 장단기 종합대책〉(금정협, 2002. 2)을 강구.<br>□ 부작용에도 불구, 내수진작 기조 유지<br>● 내수진작기조를 상반기에도 유지할 것임을 강력 천명(2002. 1).<br>● 〈가계대출증가에 대한 인식과 대응방향〉(금정협, 2002. 3)은 내수진작을 훼손하지 않는 범위 내 감독정책 추진을 강조.<br>● 일련의 주택·건설 활성화 대책. | ● 반면에 거시건전성 감독정책을 배제한 채 경기회복을 최우선으로 미시건전성 감독정책을 추진하겠다는 메시지도 같은 시기에 공표(2002. 4). | |
| 2002년 하반기 | □ 내수진작 포기와 문제에 본격 대응<br>● 〈신용카드 종합대책 추진〉(당정협의, 2002. 5)에 합의[이 '종합대책 추진'은 감독당국이 1년 전 공표한 〈신용카드업의 문제점 및 개선방안〉(2001. 5)과 동일한 내용)] → 내수진작기조의 실질적 포기를 의미.<br>● 내수진작의 실질적 포기는 〈2002년 하반기 경제운용〉(2002. 6)에서 확인 가능[〈2003년 경제운용방향〉(2003. 1)에서 포기를 공식선언].<br>● 일련의 부동산투기 억제대책. | □ 문제에 대한 본격 대응<br>● 당정협의(2002. 5)의 카드대책을 법규 개정 뒤 이행(2002. 7).<br>● 가계대출 부실화에 대처하여, 2002년 5월부터 주택담보대출 규제를 여러 차례 강화.<br>● 〈신용카드회사 건전성감독 강화대책〉(2002. 11)은 시스템 안정성에 대한 우려를 표명. | □ 문제에 대한 본격 대응<br>● 물가안정과 함께 금융안정을 고려, 콜금리 인상(2002. 5).<br>● 카드사와 가계의 부실화 가능성을 지적하는 자료가 점증. |
| 2003년 상반기 | □ 금융불안의 발생과 공공기관의 공동 대응<br>● SK글로벌 분식회계 사건(2003. 3. 11) 여파로 카드채 편입 투신사 펀드에 대한 환매요구와 카드사 자금난 가중 등 금융시장 유동성위기 발생.<br>● 한국은행의 RP 매입에 의한 단기유동성 2조 원 지원(2003. 3. 13).<br>● 금정협의 3·17 종합대책과 4·3 안정대책(카드사 경영개선대책과 범금융권 유동성개선대책) 제시로 시장불안이 일시 진정됨. | | |

*금융정책협의회는 세 공공기관의 비공식 의사소통 경로지만 실제로는 재경부의 정책지배를 합리화하는 도구이므로, 금정협 관련 사항도 재경부에 포함하여 정리하였음.

자료 : 김홍범(2004b)의 [표 1].

안정과 함께 금융안정까지 고려하여 취한 것으로 보이는 최초의 본격적 통화정책조치였다.[88]

한편 재정경제부의 내수진작 정책기조가 유지되고 있는 동안에는 이것이 감독당국과 한국은행의 인식과 대응 수준에 유효한 제약으로 작용하였다는 사실도 두드러진다. 예를 들어, 감독당국의 경우 2001년 5월 〈신용카드업의 문제점 및 개선방안〉(2001. 5. 3)에서 신용카드회사에 대한 건전성 감독의 필요성을 인식하고 포괄적 대책을 최초로 제시했었다. 그러나 이 종합대책은 그로부터 꼭 1년 뒤 당정협의(2002. 5. 23)를 거쳐 재정경제부의 공식 견해로 인정된 다음에야 필요한 법규 개정을 거쳐 2002년 7월부터 비로소 이행될 수 있었다. 한국은행의 경우, 2000년 1월 〈최근의 은행가계대출 동향〉(2000. 1. 27)에서 은행권의 가계대출 급증을 일찍이 인지했었다. 그리고 2001년 2월에는 〈최근 가계의 금융부채 현황 및 상환능력〉(2001. 2. 22)을 통해 가계 부실화 가능성이 낮다는 공식 분석을 제시한 이후 여러 정기・부정기 자료를 통해 관련 문제를 다각적으로 관망하는 자세를 견지하였다.

이런 가운데 한국은행 총재는 은행장과의 간담회(2001. 8. 17 ; 2001. 10. 26) 등을 통하여 가계대출에 대한 우려를 이따금 표출하기도 했으나, 2001년 하반기까지 대체로 낙관적 시각과 대응으로 일관하였다. 2001년 9월의 〈대내외여건 악화에 대응한 통화정책 운용방안〉에서 콜금리의 0.5퍼센트포인트 인하 결정을 발표한 것도 내수진작 정책기조 유지가 가계부채에 대한 대응보다 확실히 우위에 있었다는 사실 —— 다시 말해 내수진작 정책기조가 가계부채에 대한 대응을 실제로 제약하는 요인이었음 —— 을 보여준다. 2002년 상반기에는 한국은행이 한편으로는 가계부채 부실화에 대한 우려를 여러 자료를 통해 공표하면서도, 다른 한편으로는 소비진작 등 내수강화를 주장하거나 분석시점 현재로 서는 가계부채 급증이 큰 위협이 되지 않는다고 애써 강조하기도 했다. 이와 같은 한국은행의 일관적이지 못한 자세는 재정경제부의 내수진작

기조 유지와 무관했다고 볼 수 없다.

결국 재정경제부의 내수진작 정책기조가 대체로 2002년 상반기까지 유지되는 한은 그러한 사실이 감독당국과 한국은행의 문제 인식과 우려의 수준을 낮추는 방향으로 작용했었고, 대책을 마련했어도 그 이행이 늦어지는 등, 재경부의 내수진작 정책기조는 다른 두 공공기관의 공식 견해와 정책반경에 실질적인 제약으로 작용하였다. 그리고 재정경제부가 2002년 5월 말 내수진작정책을 실질적으로 포기하고 나서야 감독당국과 한국은행은 비로소 본격적인 정책조치를 이행하기 시작하는 모습을 보였다.

금융시스템 관련 공공기관의 시간경과에 따른 공식 견해와 이행조치된 내용은 얼핏 보기에 공공기관들이 합심하여 완벽한 정책공조를 이루었던 것으로 비쳐질 수도 있다. 그러나 과연 그러했을까? 이미 살펴본 대로 감독당국과 한국은행이 모두 나름대로의 시각과 분석을 통해 일찍부터 문제를 인지하고 있었으며, 감독당국은 자체적으로 대책까지 마련할 정도였다. 그럼에도 감독당국과 한국은행 모두 재정경제부가 내수진작 정책기조를 포기할 때까지 상당한 기간 동안 비일관적 태도로 미진한 대응을 했을 뿐이었다. 이것은 각 공공기관이 자신에게 주어진 고유 책무에 따라 서로 대등한 관계에서 자신의 시각과 입장을 밝혀 기능적으로 협의하는 가운데 합리적 조정이 이루어졌던 것이 전혀 아니었음을 의미한다. 감독당국의 미시건전성 접근과 한국은행의 시스템안정성 접근이 처음부터 재정경제부의 경제운영기조(내수진작 정책기조)에 의해 완벽하게 제약되어 조정과정 자체가 실질적으로 존재할 여지가 없었기 때문에, 다른 공공기관은 자의였건 타의였건 재정경제부를 따라 움직였을 뿐이다.

한국의 금융시스템 관련 공공기관 사이에 하나뿐인 의사소통 경로인[89] 금융정책협의회의 역할을 살펴보자. 감독당국과 한국은행은 이미 2001년 초부터 문제의 전개를 의식하고 주시해오고 있었다. 그러나 정작 금융정책협의회에서는 그로부터 1년이 지난 2002년 2월에야 본격적 논의가 처음 이루어졌다. 게다가 2002년 3월 금융정책협의회는 문제에 대한 대응보다는 내수진작 정책기조의 유지에 명백한 우선순위를 부여 했었다. 그리고 문제에 대한 본격적 대응 결정은 금융정책협의회가 아 닌 2002년 5월의 당정협의에서 나왔다.

이 모든 상황 전개는 금융시스템 관련 공공기관 사이의 의사소통에 심각한 문제가 있음을 뜻한다. 세 기관 가운데 한 기관이라도 이 문제 가 관련 공공기관들의 공조와 대책을 필요로 한다고 판단했었다면 당 연히 이를 금융정책협의회 의제로 상정했어야 한다.90) 그러나 감독당 국과 한국은행은 자신들이 인식하고 있던 신용카드회사 부실화나 가계 부채 급증의 문제를 제때에 금융정책협의회에 상정하지 않았다.91) 금 융시스템 관련 문제에 대한 직접적 소관당국인 감독당국과 한국은행이 침묵하는 마당에, 금융정책협의회에서 의제설정자(agenda-setter)이자 선도기관의 역할을 하는 재정경제부로서도 자신의 내수진작 정책기조 에 중대한 영향을 줄 수 있는 민감한 사안을 가급적 다루고 싶지 않았 을 것이다.92) 또한 금융정책협의회에서 문제가 다루어진다 해도, 감독 당국과 한국은행은 자신의 고유 책무를 수행하는 일상적 정책영역에서 까지도 재정경제부의 정책관(政策觀)을 거스르지 못한다는 뚜렷한 현 실적 한계를 갖고 있었다. 금융시스템 관련 공공기관 간 수직 위계에 따른 의사소통상의 구조적 결함으로 말미암아 금융정책협의회는 공공 기관 사이에서 진정한 협의의 장(場)으로서 유연하고 민감한 대응을 할 수 없었다. 그 대신 금융정책협의회는 재정경제부의 정책지배를 합 리화해주는 도구로 기능하였다.

오늘의 신용카드회사 부실화, 가계 부실화, 신용불량자 양산, 연체율 급증, 그리고 금융시장의 유동성위기 등 여러 문제는 협력과 견제를 위 한 의사소통 메커니즘이 제때에, 제대로 가동하지 않은 데 중요한 원인 이 있다. 한국의 금융시스템 관련 공공기관들은 재정경제부의 지휘 아래 마치 '재난불감증(disaster myopia)'을 가진 것처럼 일사분란하게 행동함으로써 오늘의 상황을 초래하였다.[93] 한마디로, 오늘의 신용카드회사와 가계의 부실화 등 여러 문제는 재정경제부의 정책지배에 의해 공공기관 간 조정과정이 생략된 데 따른 감독실패(supervisory failure)의 결과다. 재정경제부·감독당국·한국은행 모두에게 이 감독실패의 직접적 책임이 있음은 물론이다.

## 다. 재정경제부의 문제점

재정경제부의 가장 큰 문제점은 금융시스템 관련 다른 공공기관들(감독당국과 한국은행)로부터 적정 거리를 두지 못하고 이들의 일상적 정책운영에 깊숙이 개입해왔다는 점이다. 구체적으로, 신용카드회사 부실화, 가계부채 급증, 신용불량자 양산, 연체율 상승, 부동산 과열 등 여러 부작용이 나타났음에도 불구하고, 재정경제부는 오랜 기간 내수진작을 무리하게 추진하는 과정에서 감독당국과 한국은행 각각의 고유 시각과 행동을 실질적으로 제한하였다. 다시 말해, 재경부의 경제정책 기조는 감독당국과 한국은행의 시각과 행동반경에 실질적인 제약요인으로 작용했다. 이 과정에서 공공기관 사이의 협력·견제 장치인 금융정책협의회가 아무런 순기능을 수행하지 못하고 오히려 재정경제부의 정책지배를 합리화하는 수단으로 전락하였다.

재정경제부의 정책지배와 관련하여, 감독당국의 탄력적 규제 운용이 재정경제부에 의해 심각하게 제한되고 있다는 사실도 지나쳐버릴 수 없다. 일찍이 금융감독원 인력개발실(1999)은 금감위 소관의 감독규정에 따라 탄력적으로 다룰 수 있는 사안에 대해서도 재경부 소관의 시행령에서 다루도록 하는 일이 잦다고 언급한 바 있다.[94] 최근 국제통화기금(IMF, 2003)도 "금감위·금감원의 운영상 독립성(operational independence)을 보호하기 위해 금융부문에서는 법률이 가급적 규정

(금융감독위원회가 관장하는 감독규정-저자)에 의해서 이행되도록 재정
경제부가 용인해야 한다"고 강조하였다.

이러한 맥락을 고려할 때, 신용카드회사의 건전성 감독과정에서 구
체적으로 의심이 가는 중요한 대목이 있다. 부대업무 취급비율 상한(50
퍼센트) 규제는 당정협의(2002. 5. 23)와 「여신전문금융업법 시행령」
개정을 거쳐 2002년 7월에 시행되었으나, 이 규제의 내용은 이미 금융
감독당국이 〈신용카드업의 문제점 및 개선방안〉(2001. 5. 3)에서 제시
했었다. 앞에서도 간략히 언급했지만, 이 조치의 시행이 1년 이상 늦어
졌던 것은 부대업무 취급비율 규제를 위한 법규 개정 절차가 2001년에
는 여의치 않았기 때문이었다. 그런데 여기서 주목해야 할 사실은 〈신
용카드업의 문제점 및 개선방안〉에는 금감위 소관의 감독규정을 개정
하면 이 규제의 시행이 가능한 것으로 되어 있었으나, 당정협의 자료인
〈신용카드 종합대책 추진〉(2002. 5. 23)에는 재정경제부 소관인 「여신
전문금융업법 시행령」의 개정을 거치는 것으로 되어 있다는 점이다.
이로부터, 감독당국이 감독규정 수준에서 탄력적으로 다룰 수 있다고
판단했던 규제를 재경부가 시행령 수준에서 다루어야 할 사안으로 간
주하면서, 감독당국의 원래 의도와는 달리 이 규제안이 1년 이상 표류
했던 것이라는 추측이 가능하다. 이것이 충분한 근거가 있는 추측임은
물론이다.

## 라. 금융감독당국의 문제점

먼저 감독당국의 초기대응이 건전성 감독보다는 영업행위 감독에 치
우쳐 신용카드회사와 소비자의 도덕적 해이를 다같이 부추긴 점을 지
적할 수 있다. 감독당국이 신용카드업의 문제를 처음 인지한 시기는
2001년 2월이었다. 그런데 당시 감독당국은 건전성 감독보다는 소비자
보호라는 명분 아래 영업행위 감독에 주로 초점을 맞추었다. 한편 미시

건전성에 초점을 맞춘 감독당국의 〈신용카드업의 문제점 및 개선방안〉(2001. 5. 3) 이행은 1년 이상 지연되었다.[95]

이와 같이 감독당국이 신용카드업의 문제를 인지한 2001년 2월부터 가계여신에 대한 비관적 인식을 표명한 2001년 11월《가계여신에 대한 건전성 감독 강화〉, 2001. 11. 6)에 이르기까지 약 9개월 동안 감독당국은 주로 영업행위 감독에 치중하였다. 당시 신용카드회사의 과당경쟁을 개선하는 데는 외생적 한계가 있었던 것은 사실이지만,[96] 감독당국으로서도 기존 법규가 허용하는 한도 내에서 신용카드회사의 과당경쟁 개선을 강력하게 추진한 것으로 볼 수 있는 증거는 별로 없다.[97] 이러한 당시의 감독상황은 신용카드회사의 도덕적 해이에 기여하였다. 또한 영업행위 감독의 차원에서 감독당국이 신용카드회사의 불공정행위로부터 신용카드 회원의 권리를 보호하는 조치들과, 신용불량자 기록 보존기간 단축이나 등록요건 완화 등 신용불량자 처리에 관련된 기존 절차와 개념의 완화를 통해 신용불량자 숫자 자체를 축소하려는 제반 조치에 치중하는 동안, 소비자의 도덕적 해이도 불필요하게 조장되었다.[98] 2001년의 상당 기간 동안 이렇게 조성된 신용카드회사와 소비자의 도덕적 해이가 그 뒤 신용불량자의 지속적 양산을 가져오는 데 상당한 작용을 했으리라는 점은 부인하기 어렵다.

감독당국의 두 번째 문제점은 가계부채 급증 등을 보는 인식의 비일관성이다. 2002년 2월에는 금융정책협의회가 신용카드업과 가계부채의 문제를 포괄적으로 다룬 〈가계부채 증가에 따른 장단기 종합대책〉을 내놓았고, 같은 해 4월에는 감독당국이 〈신용카드회사 감독 강화 방안 추진계획〉을 제시한 상태였다. 그럼에도 감독당국은 가계부채규모 자체가 우려할 만한 수준이 아니라는 인식 아래, 가계대출을 고도로 규제하면 오히려 경기회복에 해가 된다는 점을 강조하였다《가계대출 증가에 대한 인식과 대응방향〉, 2002. 3. 25 ; 〈금융감독위원장, 한국능률협회 최고경영자 조찬세미나 강연 : 2002년도 금융감독정책방향〉, 2002.

4. 17). 물론 이러한 현상은 재정경제부를 정점으로 하는 공공기관 간 수직적 위계질서가 감독당국의 인식과 행동을 상당 부분 제약한 결과 일 것이다. 그렇지만 자의였든 타의였든, 감독당국의 모호한 자세는 자 신이 이미 공표한 제반 조치의 이행의지가 미약함을 대외적으로 인정 하는 셈이 되므로, 조치의 효과를 제약하는 동시에 미시건전성 감독이 라는 고유 책무를 지향해야 할 감독당국에 대한 일반의 신뢰를 훼손하 였다.

감독당국의 세 번째 문제점은 정치적 영향력에 감독당국이 일상적으 로 노출되어 있을 가능성이다. 신용카드회사에 대한 본격적 규제가 2002년 5월 당정협의를 계기로 추진되었다는 사실은 감독정책이 정치 적 영향력에 어떤 식으로건 일상적으로 노출되어 있다는 의구심을 갖 게 하기에 충분하다. 〈신용카드업의 문제점 및 개선방안〉(2001. 5. 3) 에 제시되었던 건전성 감독방안의 이행이 1년 이상 지연되다가 〈신용 카드 종합대책 추진〉(2002. 5. 23)으로 자료의 명칭만 바꾸어 당정협의 를 통해 유효화되었기 때문이다. 당정협의에는 재경부 장관, 금감위원 장, 여당 정책위의장이 참석하므로 그 결정사항은 재정경제부, 금융감 독당국, 집권 여당 각각의 공식 견해가 된다. 당정협의를 통해 제시된 〈신용카드 종합대책 추진〉의 중요한 뜻은 그 내용이 아니라 형식에 있었다. 그 내용은 감독당국이 이미 1년 전에 〈신용카드업의 문제점 및 개선방안〉을 통해 공표했던 것들이었기 때문이다. 나아가 당정협의 에서 재정경제부가 〈신용카드 종합대책 추진〉을 자신의 공식 견해로 비로소 인정했다는 사실도 중요하다. 재정경제부의 이와 같은 입장 변 경은 종래 꾸준히 유지했던 자신의 경제운용 정책기조(내수진작 정책 기조)를 실질적으로 포기하는 것을 뜻하는 것이었기 때문이다. 재정경 제부가 이와 같이 입장을 변경하기까지 집권 여당의 정치적 영향력이 작용했으리라는 가능성도 배제할 수 없다.

정치적 영향력이 사전적으로 작용했건 아니었건, 당정협의를 계기로 재경부가 내수진작기조를 실질적으로 포기하게 되었고, 감독당국이 강력한 감독조치를 이행하게 되었다는 사실은 당시 당정협의 내용의 옳고 그름을 떠나 심각하게 생각해볼 문제다.

## 마. 한국은행의 문제점

가계부채 급증 등의 문제에 관한 한, 한국은행은 다른 금융시스템 관련 공공기관에 비해 정보 면에서 일반적으로 우위에 있었다. 먼저, 한국은행은 다양한 정기·부정기 자료를 통해 문제를 일찍 파악하고 감시할 수 있었다.[99] 한국은행이 은행권의 가계대출 급증현상을 처음 감지한 것은 2000년 1월이었다《최근의 은행가계대출 동향》, 2000. 1. 27). 또한 가계대출 급증을 종합적으로 분석하고 가계 부실화 가능성이 크게 우려할 만한 수준이 아니라는 낙관적 견해를 한국은행이 처음 밝힌 시기는 2001년 2월이었다《최근 가계의 금융부채 현황 및 상환능력》, 2001. 2. 22).

이후에도 한국은행은 다양한 정보원(情報源)을 통해 이 문제에 대해 지속적으로 감시·분석하였다. 예를 들어, 가계부채와 직·간접 관련성을 갖는 부정기 분석자료의 간행빈도가 시간경과에 따라 잦아졌다는 사실은 주목할 만하다. 부정기 분석자료는 1999년 1건, 2000년 상반기와 하반기에 각 1건, 2001년 상반기에 2건, 하반기에 3건, 그리고 2002년 상반기와 하반기에 각 7건이 공표되었다.[100] 이러한 사실은 한국은행이 가계부채 문제를 의식하는 정도가 점차 커졌다는 점을 시사한다. 또한 이러한 사실은 시스템 리스크의 감시에서 중앙은행이 정보 우위를 갖는다는 패도우-스키오파(Padoa-Schioppa, 2003)의 지적을 재확인해주는 증거이기도 하다.

이와 같이 시스템안정성 관련 정보의 우위를 바탕으로 한국은행은 가계부채 등의 문제에 대해 공공기관 가운데 가장 정확하고 종합적인 판단을 할 수 있는 위치에 있었으나, 실제로는 한국은행 자신부터도 일관성 있는 자세를 보여주지 못했다. 그러니 한국은행이 자신의 정보 우위를 활용하여 공공기관 사이에서 협력과 견제를 통한 올바른 대응을 이끌어내는 데 기여할 여지도 거의 없었다. 구체적으로, 한국은행은 2001년에는 가계부채 등의 문제에 대해 이따금 우려를 표시하기도 했지만 강한 낙관적 견해를 내내 유지했었고,[101] 2002년 상반기에는 비일관적 자세로 불분명한 태도를 취했었다.[102] 그러나 2002년 5월 재정경제부가 내수진작 정책기조를 포기하면서 2002년 하반기부터는 한국은행의 각종 통계와 분석자료에서 낙관적 시각은 자취를 감추게 되었다.

문제를 보는 한국은행의 시각이 시간경과에 따라 이러한 궤적을 보이게 된 것은 공공기관 사이의 수직 위계를 통해 재정경제부의 정책관(政策觀)이 한국은행의 인식과 행동반경에 실질적 제약요인으로 상당 부분 작용한 탓일 것이다. 금융감독에 관한 한, 한국은행은 현실적으로 관련 권한 면에서 공공기관 간 수직 위계의 하층부에 위치한다. 금융감독위원회 내 감독조직(사무국)이 직접적으로 금융감독권을 관장하며 재경부와 순환이동을 하는 관료조직인 데 반해, 한국은행은 공공부문 내의 민간조직으로서 감독권을 보유하지 않기 때문이다. 재정경제부의 정책지배가 일상화되어 있는 현실 속에서 한국은행이 금융시장에 대한 자신의 정보와 독자적 판단을 금융정책협의회 등의 경로를 통해 재정경제부와 감독당국에게 적극적으로 전달하여 공유하기란 현실적으로 쉽지 않을 것이다.[103] 실제로 금융시스템 관련 공공기관 가운데 거시금융 정보의 비교우위를 가진 한국은행이 지난 수년 동안 금융정책협의회에 안건을 자발적으로 제안한 적은 거의 없는 것으로 알려져 있다. 이것은 수직 위계에 따른 공공기관 간 정보흐름의 장애를 시사한다.[104] 이것이 상당 부분 수직 위계 탓이라 하더라도, 한국은행 자신조차 보도자료 등을 통해 일관성 있는 시각을 일반 국민에게 제시하지 못했다는 사실은 한국은행에 대한 일반의 신뢰를 크게 훼손하기에 충분했다.

한편 공공기관 간 정보흐름의 장애라는 대외적 문제와 부분적으로 구분되는 한국은행 내부의 정보흐름 장애도 있을 수 있다. 민간부문에서 이미 2001년 4월 가계부채 급증에 대해 적극적 우려를 제기한 연구[예를 들면, 송태정(2001)]가 발표되었다는 사실을 고려할 때, 늦어도 2001년 상반기까지는 한국은행 내부에서도 이 문제에 대한 적극적 우려와 대응조치의 필요성을 결론으로 하는 종합적 분석이 실제로 나와 있었을 것으로 강하게 추측해볼 수 있다. 광범한 금융통계와 정보를 전문적으로 직접 취급하며, 대규모 전문인력을 갖춘 한국은행이 정보수집능력과 분석능력 면에서 민간부문이나 시장보다 낫다고 단언할 수는 없어도, 뒤질 것이라고 믿기는 어렵기 때문이다.

감독당국이 소비자보호 업무에 치중하는 일반적 경향을 고려할 때, 시스템안정성을 감시해야 할 한국은행이 위에서 지적한 바와 같은 대외적 행동양식을 갖고 있으며, 대내적 정보흐름상의 문제점(또는 그럴 가능성)을 안고 있다는 사실은 심각하게 우려할 만한 일이다. 소비자보호 업무를 상대적으로 중시하는 것은 한국의 감독당국에만 국한된 현상이 아니다. 중앙은행과는 별개의 감독당국은 미시건전성 감독을 통해 소비자를 보호하는 법적 책무를 보유하는 것이 일반적이므로 소비자보호에 치중하는 경향이 있다(Hawkesby, 2000). 게다가 중앙은행의 지식기반은 경제학이므로 시스템안정성에 초점을 맞추는 반면, 통합감독당국의 지식기반은 법학이므로 소비자보호에 초점을 맞추게 된다(Goodhart, 2000). 특히 중앙은행과는 별도로 감독기구를 새로 설립하는 경우에는 감독체계의 변경 자체가 소비자보호를 강조하는 정치적 분위기 속에서 이루어질 수 있기 때문에 그러한 경향이 생기기 쉽다(Padoa-Schioppa, 2003). 유럽중앙은행(ECB, 2001)도 중앙은행과는 별개인 감독당국은 개별 금융기관과 고객과의 관계에 더 많은 관심을 기울이게 된다고 주장한다. 예를 들어, 영국 금융감독원(FSA)의 직원은 업무시간의 70퍼센트를 개별 금융기관과 고객 사이의 관계에 관한 활동에 투입한다는 것이다.

그러나 한국과 같은 신흥시장국은 금융자유화가 아직 완전히 정착되지 못하여 시스템 혼란에 좀 더 취약하다. 따라서 감독정책과 통화정책 사이의 연계가 잦을 수밖에 없다(Goodhart, 2000). 이렇게 본다면 한국에서는 감독의 주요 초점을 소비자보호나 기업의 불공정행위에 관한 문제보다는 시스템안정성에 두어야 한다. 그리고 우리나라에서는 한국은행과는 별도의 감독당국이 미시건전성 감독을 관장하고 있으므로, 금융안정을 위해 시스템안정성(거시건전성) 감독을 관장하는 중앙은행의 역할은 더욱 중요해진다.105) 또 금융시스템 관련 공공기관 간 협력과 견제의 중요성 또한 더욱 강조되어야 한다.

# 제6장. 한국 금융감독의 개선방안[106]

 2003년 3월 신용카드회사와 가계의 부실화는 관련 공공기관들의 적극 개입을 요구하는 심각한 금융시장 불안정을 초래했다. 당시 공공기관들의 물리적 개입으로 금융불안이 일단 진정되긴 했다. 그러나 이후 8개월이 지난 2003년 11월 현재까지도 신용불량자 양산과 실질연체율 급증현상이 지속되는 등, 신용카드회사와 가계의 부실화는 언제라도 대규모 금융불안을 초래할 수 있는 강력한 위협요인으로 남아 있음이 틀림없다. 제5장에서는 이들 문제에 대한 금융시스템 관련 공공기관들의 대응과정을 지난 수년 동안에 걸쳐 각 기관이 공표한 관련 보도자료를 통해 면밀히 검토하였다. 그리고 이들 문제가 공공기관 간 협력과 견제의 메커니즘이 제대로 작동하지 못한 데 기인하는 감독실패의 결과임을 밝혀냈다.

 이와 같은 공공기관 간 협력·견제의 부재를 1998년 초 금융(감독)개혁을 통해 도입된 정책기능의 분업구조 —— 즉 재경부는 경제정책과 정책조정을, 금감위는 감독정책을, 그리고 한국은행은 통화정책을 각각 관장하는 구조 —— 의 탓으로 돌릴 수는 없다. 한 공공기관이 여러 책무와 권한을 동시에 관장하는 집중구조라 하더라도 복수의 정책기능을 다루는 과정에는 내부 부서들 사이에 협력과 견제가 반드시 필요한데, 한국의 경우 서열 위주의 관료주의 문화로 말미암아 내부적 협력·견제가 더 잘된다는 보장이 없기 때문이다. 오히려 내부 부서들 사이의 협력·견제 관계는 공식화하기도 어렵고 외부적으로 드러나지도 않기 때문에, 집중구조 하의 단일 공공기관 내부에서는 협력과 견제가 처음부터 존재하지 않을 수도 있다. 따라서 한국에서는 분권구조 아래 정책조정 메커니즘을 공식화하여 공공기관들 사이에 협력·견제를 활성화하는 것이 집중구조에 비해 비용이 오히려 적게 들 수 있다. 게다가 이 조정 메커니즘이 제대로 작동한다면 각 공공기관의 잠재적 실수나 포획 가능성을 미연에 방지할 수 있는 장점도 있다(Llewellyn, 2000).

결국 한국 금융감독의 개선은 현행 분업구조 속에서 모색되어야 한다. 그리고 이러한 개선은 금융시스템 관련 각 공공기관 간 협력과 견제의 활성화에 초점을 맞추어야 한다. 앞서 제4장에서는 공공기관 간 협력·견제의 세 가지 전제조건 —— 금융감독기구의 독립성과 책임성, 각 공공기관장의 선의, 그리고 제도화 —— 을 논의했었다. 한국의 경우 그동안 공공기관들 사이에 협력·견제가 거의 존재하지 못했던 이유도 실은 이 세 가지 전제조건이 전혀 충족되지 못했기 때문이었다. 이 장에서는 각 전제조건을 충족시키기 위한 방안을 탐구하기로 한다.

# 1. 금융감독당국의 독립성과 책임성 확립

금융감독위원회는 9인의 행정위원회와 사무국으로 구성된 관료조직으로서 금융정책을 수립하며, 민간조직인 금융감독원에 대해 그 집행을 지시한다. 그런데 제5장의 사례연구에서 드러났듯이 감독체계의 정점에 위치한 금융감독위원회는 관료조직으로서 감독정책 수립과정에서 언제나 재정경제부와 함께 움직이는 모습을 보여왔다.

예를 들어, 금융감독위원회 위원장은 재정경제부가 주도하는 경제정책조정회의, 경제분야장관회의, 경제민생점검회의, 경제장관간담회 등에 고정 구성원으로 참여해오고 있다. 또한 신용카드회사에 대해 감독당국이 애초 2001년 5월에 제시했던 미시건전성 감독조치가 1년여 동안이나 미루어져 오다가 당정협의(2002. 5. 23)를 거쳐서야 비로소 추진력을 얻게 되었다는 사실도 지나쳐버릴 수 없다.[107]

이런 점들은 독립적으로 전문성을 발휘해야 할 금융감독당국의 장(長)이 정치적 영향력에 그대로 노출되는 것은 물론이고, 정작 자신도 정치성을 띨 수밖에 없는 구조임을 시사한다. 장관들은 정치적일 수밖에 없으며 정당(政黨)은 정치집단이기 때문이다. 더욱이 재경부와 금감위 사이에는 순환인사의 원칙이 존재한다. 사정이 그러하니 금감위가 자신의 고유 책무에 대해서 독자적 시각을 갖기보다는, 권한과 서열이 앞서는 재정경제부의 정책방향에 따라가는 모습을 보여왔다. 이와 같이 독립성이 확보되지 않은 상태에서는 감독당국이 전문성을 발휘하기도 어렵고, 감독당국에게 책임을 묻기도 어렵다. 결국 한국의 금융감독당국은 독립성과 책임성 그 어느 것도 아직 확보하지 못한 상태다. 최근에 국제통화기금(IMF, 2003)도 재경부와 금융감독당국 사이에 책임구분이 불투명하다는 점을 지적하고, 금융감독당국이 재경부로부터 독립해야 할 필요성을 강조한 바 있다.

그렇다면 금융감독당국의 독립성과 책임성 확립을 위한 근본 방안은 무엇인가? 그것은 다름 아닌 금융감독위원회와 금융감독원의 단일 민간기구화다. 이하에서는 이를 금융감독당국의 민간기구화와 단일기구화로 구분하여 각각 논의하기로 한다.

## 가. 금융감독당국의 민간기구화

한국에서는 관료조직(정부조직)이 금융감독을 맡으면 일반적으로 심각한 문제가 일어날 소지가 크다(김홍범, 2002). 이는 한국 관료조직이 대체로 두 가지 구조적 특성을 갖기 때문이다.[108] 첫째, 한국의 관료는 순환보직 아래서 실질적으로 임기가 없으므로[109] 감독의 전문성이 떨어지고,110) 정책시계(政策時界)도 단기화하기 쉽다.111) 이런 상황에서 건전한 금융시스템을 지향하는 중장기적 감독정책이 나오기는 어렵다. 감독 관료들은 언제라도 감독이 아닌 다른 업무로 이동하게 될 수 있으므로 재임 중 금융기관 도산이나 금융위기가 없기를 바랄 것이고, 혹시 문제가 발생해도 이를 은폐함으로써 오히려 문제를 키우기 쉽다. 이런 규제 유예(regulatory forbearance)로의 유인은 정치인들에게도 매한가지다. 따라서 정치적 압력은 감독 관료에게 종종 유인강화적(incentive-reinforcing)으로 작용한다. 이러한 점은 금융기관 도산과 같이 정치적으로 부담스런 결정을 내려야 할 때도 있는 감독당국으로서는 치명적인 문제다. 실로 오랜 동안 정부가 금융자원의 배분과 인사에 깊숙이 개입해왔고 경제가 경제원리보다는 정치논리에 좌우되는 일이 자주 있어 온 한국의 현실에서는 더욱 그러하다.112)

둘째, 한국의 관료조직은 경직적·폐쇄적이며 불투명하다. 한국은행 뉴욕사무소 워싱턴주재원(1999)에 따르면, 1997년 당시 "한국이 금융위기의 발생가능성에 대하여 적절하게 대응하지 못한 것은 경제이론을 아는 사람들이 없어서가 아니라 …… 경제정책의 결정과 집행이 담당 관료들에게 집중되어 있었고 …… 경제정보 또한 담당 관료 몇 사람에게 집중되어 있었기 때문"이었다. 결국 관료가 경제정책과 경제정보를 독점한 것이 문제라는 지적이다. 이러한 한국 관료의 정책·정보 독점은 궁극적으로 관료조직 전반의 경직성·폐쇄성·불투명성으로 연결된다.

관료조직의 이와 같은 특성은 경제위기를 겪은 이후 지금까지도 변함이 없는 것 같다. 2000년 가을 상호신용금고 불법대출 사고를 계기로 불거졌던 금융감독위원회 산하 관료조직인 사무국과 민간조직인 금융감독원 사이의 극단적 갈등을 재정경제부가 서둘러 봉합했던 과정이나,113) 재경부-금감위-한은의 수직 위계로 집약되는 현행 금융시스템 관련 공공기관 사이의 관계는 관료조직의 경직성·폐쇄성·불투명성이 상당 부분 반영된 결과로 해석된다.

그런데 외국의 경우, 미국의 통화감독청(OCC)이나 캐나다의 금융기관감독청(OSFI), 그리고 노르딕 3국(노르웨이·덴마크·스웨덴)의 감독기구는 관료조직이다. 그리고 이들 감독기구가 관료조직이라는 점이 심각한 문제로 떠오른 적은 없다. 그렇다면 유독 한국의 관료조직만이 문제가 되는 이유는 무엇일까? 그 답은, 이들 국가에서는 "감독당국이 정부 내에서 독립적 지위를 상당한 정도 확보하고 있고 법치(rule of law)가 확립되어 있으며 정부행정이 투명"하다는 사실에 있다(김홍범, 2002). 예컨대 노르딕 3국에서는 "의사결정의 투명성이야말로 규제기구의 독립성과 책임성을 다같이 확립하기 위한 주된 메커니즘"이라고 힘주어 강조한다(Taylor and Fleming, 1999). 물론 이들 나라에서는 그 기본 전제인 "개방성과 투명성이 존중되는 정치문화, 그리고 의사결정자가 자신의 의사결정에 대한 공개적 검토를 정당한 것으로 인정하는 정치문화가" 전통적으로 존재해왔기 때문에 의사결정의 투명성 확보가 가능했다(Taylor and Fleming, 1999).

한국에는 감독당국의 정부 내 독립적 지위나 법치, 투명한 정치문화 등 관료조직이 감독당국으로서 순조롭게 기능하기 위해 먼저 필요한 기반(infrastructure)이 결여되어 있다. 이러한 기반은 단기간에 형성될 수 있는 것이 아니다. 그러므로 우리의 현실에서 감독당국의 독립성과 책임성을 확보하기 위한 첫걸음은, 올바른 유인구조 속에서 신축성·개방성·투명성을 갖춘 민간조직이 감독을 담당하는 데서 시작되어야 한다.[114]

## 나. 금융감독당국의 단일기구화

금융감독위원회의 출범('98. 4)에 이어 금융감독원이 설립('99. 1)되면서 확립된 한국 금융감독당국의 구조는 처음부터 '이례적인(unusual)'

모습이었다(Coe, 2001). 통합금융감독권을 관장하는 금융감독위원회는 관료조직이었고 그 지시를 받는 금융감독원은 민간조직이었으며, 문화가 크게 다른 두 이질적 조직이 외부적으로는 하나의 감독당국으로 움직이도록 기대되는 구조였기 때문이었다. 감독당국이 이와 같은 지배구조를 갖추고 있는 국가로는 현재 한국이 유일하다. 설상가상으로 2001년 2월에는 직제개편을 통해 감독정책업무를 담당하는 사무국(관료조직)이 금융감독위원회 내부에 설치되었다. 이는 원래의 금융감독위원회(9인 행정위원회)와 금융감독원 사이에 또 하나의 감독조직이 들어선 것을 의미한다. 이로써 감독당국의 구조는 원래 이층에서 삼층화(三層化)되었다.

이러한 구조변경이 있기까지 금감위 사무국과 금감원 사이에는 심각한 갈등과 대립이 있었다. 특히 2000년 가을 상호신용금고 불법대출 사건을 계기로 이러한 대립이 표면화되면서 감독구조의 개편논의가 2001년 초까지 고조되기도 했었다. 그러나 감독당국의 구조개편은 이루어지지 않은 채, 아직까지 갈등과 대립 요인은 잠재해 있는 상태이다.115) 이와 같은 대립구도 속에서 현행 감독당국의 삼층구조는 커다란 거래비용(transaction cost)을 초래하고 있으며, 이런 상태에서 감독당국의 독립성과 책임성을 기대하기는 어렵다.

그러므로 금감위 사무국을 폐지하고 원래의 금감위(9인 행정위원회)와 금감원을 통합하여 단일 민간기구로 만들어야 한다(김홍범, 2002). 그럼으로써 기관 안에 이사회와 집행부를 갖춘 표준적 지배구조를 확립해야 한다. 단일 민간기구로 통합된 감독당국은 재경부 장관으로부터 독립적이어야 한다. 이때 독립성은 한국은행 수준으로 보장해야 한다(Quintyn and Taylor, 2002). 예를 들어, 단일 민간기구의 장(長)은 법률에 따라 그 임기가 보장되어야 하는 동시에 의회에 대해 책임을 지도록 해야 한다. 책임성 장치도 독립성에 비례하는 수준으로 겹겹이 고안되어야 한다.

## 2. 공공기관 간 일부 책무의 중첩

이 절에서는 각 공공기관장의 선의를 기대하기 어려운 한국의 현실에서는 공공기관 사이에 일부 책무가 중첩되도록 만들 필요가 있다는 점을 논의한다.116) 먼저 중첩의 필요성과 외국의 사례를 검토한 뒤, 일부 책무의 중첩에 대해 제기될 수 있는 우려나 반론은 설득력이 떨어진다는 점을 설명하기로 한다. 그리고 일부 책무의 중첩을 위한 구체적 방안을 논의한다.

### 가. 공공기관 간 일부 책무의 중첩 필요성과 외국의 사례

제4장에서 논의한 대로 금융시스템 관련 공공기관 사이의 협력과 견제를 위한 두 번째 전제조건은 각 공공기관장의 선의(善意)이다. 이때 선의란, 각 공공기관의 장이 상위 목적인 금융안정을 위해 기꺼이 정보를 공유하고 서로 협력하고자 하며, 경우에 따라서는 견제를 받아들이려는 자세를 갖추고 있음을 뜻한다. 선의의 형성은 한 사회의 역사적 경험, 문화적 전통, 사회적 합리성, 그리고 권한의 분산에 대한 사회적 선호도 등과 관련이 깊다. 그런데 한국 사회에는 서열을 중시하는 유교적 전통이 강하게 남아 있으며, 한국인은 배타적 경쟁에 익숙하다. 이러한 분위기 속에서 선의의 자생적 형성을 기대하기는 어렵다.

그 대신 공공기관 사이에는 보유 권한의 크기와 강도에 따른 수직 위계가 확립되어 있는 것이 한국의 현실이다. 이 위계의 정점에는 관료조직인 재정경제부가 위치한다. 재정경제부는 법률 제·개정권은 물론 법규해석 권한까지 행사하기 때문이다. 역시 관료조직인 금융감독위원회는 재정경제부 바로 아래에 위치한다. 한국 관료조직이 갖는 폐쇄성과 불투명성도 이러한 위계의 형성에 기여하는 추가적 요인이다. 재정경제부와 금융감독위원회는 다같이 한국 금융시스템 관련 공공기관 간

수직 위계의 상층부를 차지한다. 위계의 하층부에는 한국은행과 예금보험공사가 위치한다.117)

이런 상황에서 협력과 견제가 생겨나긴 어렵다. 협력과 견제란, 각 공공기관의 고유 책무에 기초한 차별화된 시각과 기능이 상호 수평적 관계 속에서 상위 목적인 금융안정을 위해 자연스럽게 조정되는 것을 의미하기 때문이다. 권한 위주의 공공기관 간 수직 위계 하에서는 상위 기관의 개입이나 압력으로 말미암아 하위 기관의 고유 책무에 따른 기능 수행의 효율이 떨어지거나, 심지어 책무 수행 자체가 불가능해지는 일도 생긴다(김대식 외, 2002). 하위 기관의 경우 상위 기관의 방침을 자신의 것으로 받아들이려 노력하거나, 어느 선을 넘어서는 의사표시는 스스로 자제하는 모습을 보이게 된다. 결국 한국 사회에서 공공기관 사이에 수직 위계가 사라지고 선의가 형성되기까지는 앞으로 오랜 시간과 많은 노력이 필요할 것 같다.

그러나 공공기관들 사이에 선의가 형성되지 않은 상태라 하더라도 각 공공기관 간 일부 책무의 중첩을 통해 마치 선의가 작용한 것과 같은 효과를 낼 수 있다. 금융시스템 관련 공공기관 상호간에 책무가 일부 중첩되지 않더라도 협력과 견제가 순조롭게 이루어진다면 굳이 책무를 일부러 겹쳐놓을 필요는 없다. 그러나 각 나라의 현실은 그렇지 않으므로, 정도와 방식의 차이는 있어도 공공기관 간 일부 권한과 업무는 법률적 근거 아래 중첩되어 있는 것으로 나타난다(김대식 외, 2002).

[표 7]은 미국·영국·캐나다·호주의 공공기관 간 책무 중첩의 세 가지 유형과 각 유형의 구체적 사례를 정리한 것이다. 먼저 법률적 감독권한을 공공기관 사이에 일부 중첩되도록 만드는 제1유형은 미국에서 두드러진다. 예를 들어, 하나의 개별 은행은 어느 기관에서 인가를 받았는지에 따라, 그리고 연방예금보험공사(FDIC)와 연준(FRS) 가운데 어디(또는 둘 다)에 가입되어 있는지에 따라, 법률적으로 정해지는 주·부감독기관의 관할 아래에 있게 된다. 이때 두 감독기관의 활동이

긴밀하게 조정되는 것은 물론이다. 캐나다에서도 연방감독기구인 금융 기관감독청(OSFI)이 연방인가 금융기관에 대한 포괄적 감독권을 관장 하지만 캐나다예금보험공사(CDIC)에게도 일부 감독권을 명시적으로 인정함으로써 두 기관 사이에 광범한 협력·견제를 촉진하고 있다.

공공기관 사이의 권한 중첩은 없어도, 업무를 서로 긴밀하게 관련지 음으로써 업무조정의 필요성이 생기도록 하는 제2유형의 경우, 양해각 서(영국과 호주) 또는 행정협약(캐나다)의 체결을 통해 관련 공공기관 이 서로 구체적으로 협력·견제하게 된다. 책무 중첩의 제3유형은 거 부권으로, 평소 각 공공기관의 일상적 운영에 일정 거리를 두는 재무장 관에게 허용된 최종 단계의 결정적 견제장치다. 영국·캐나다·호주는 각기 중앙은행이나 금융감독기구의 특정 결정에 대한 거부권을 재무장 관에게 허용하고 있다.

한국의 경우는 어떠한가? 1998년 4월 출범한 한국의 새로운 통합 금 융감독체계는 법률적으로 금융시스템 관련 각 공공기관의 권한과 역할 이 명확히 배분되어 있는 체계다. 그리고 공공기관 사이에 협력과 견제 를 위한 장치도 마련되어 있다.[118] 그러나 한국 사회에서는 금융시스 템 관련 공공기관 사이에 선의의 형성을 기대하기 곤란함에도 불구하 고, 현행 금융감독체계는 공공기관 사이에 권한과 업무의 중첩을 지나 치게 배제한 구조이다. 게다가 공공기관 사이에는 수직 위계마저 존재 한다. 따라서 각 공공기관의 고유 책무와 기능에 기초한 진정한 의미의 협력·견제는 실제로 거의 존재하지 않는다.

그러므로 금융시스템 관련 공공기관 사이의 협력·견제를 적정 수준 으로 활성화하려면 각 기관의 권한과 업무가 일부 중첩되도록 법률적 권한을 재배분해야 한다(김홍범, 2002). 왜냐하면 "지시와 통제에 익숙 한 감독관행이 개선되지 않는 한, 기술적 처방으로써 근본적인 변화를 기대하기는 어(렵)"기 때문이다(최흥식 외, 2000). 김홍범(2002)과 김대 식 외(2002)에 따르면, 공공기관 간 책무 중첩은 각 공공기관이 자신의

118

〔표 7〕 금융시스템 관련 공공기관 간 일부 책무 중첩의 유형과 사례

| 책무 중첩의 유형 | 유형별 사례 |
|---|---|
| **제1유형**<br><br>금융시스템 관련 공공기관 간 일부 권한의 중첩 → 한 금융기관에 대한 감독권한을 둘 이상의 공공기관에게 부여하되 이들에게 주어지는 권한의 전부 또는 일부가 겹치도록 하면, 감독과정에서 업무의 전부 또는 일부 중첩이 필연적으로 생기게 되어 공공기관 간 협력과 견제가 작용 | ● 예 1 : 미국의 은행·저축기관 감독부문에서는 법률이 주감독기구에게 부여한 권한의 일부를 부감독기구에게도 부여함으로써 두 기관 사이에 협력과 견제가 성립.<br>● 예 2 : 미국의 부보예금기관과 그 지주회사에 대한 검사권은 중첩 주어짐 → 「검사조정에 대한 기구간 정책성명과 이행지침」에 의거, FRB·FDIC·OCC 가운데 2개 기구가 같이 검사하고 보고서를 같이 작성하거나(공동검사, joint exam), FRB·FDIC·OCC 가운데 2개 기구가 같이 검사하되 각자의 시각에서 별도의 보고서를 작성하는(동시검사, concurrent exam) 과정에서 각기 협력과 견제가 작용.<br>● 예 3 : 캐나다의 연방금융기관에 대한 검사는 OSFI가 관장하지만 CDIC에게도 부보 금융기관 검사권을 일부 인정함으로써 검사권이 겹침. 정상단계가 아닌 부보 금융기관의 시장가치 측정을 위해 CDIC는 특별검사(special exam)를 실시하며, 보험금 지급이 임박한 시점에서는 대차대조표의 부채 측면을 집중 분석하기 위한 예비검사(preparatory exam)를 실시. 이때 두 유형의 검사 모두 CDIC의 독자적 판단에 따라 자체적으로 또는 외부에 의뢰하여 이루어지는데, 흔히 CDIC의 요청에 의해 OSFI가 실시하게 됨.<br>● 예 4 : 캐나다의 OSFI와 CDIC는 각기 관할 금융기관에 대하여 각자의 시각에서 규정(OSFI는 regulations, CDIC는 by-laws)을 제정할 수 있음. 부보 연방금융기관에 대해서는 OSFI와 CDIC가 동시에 규정제정권을 보유하므로 두 감독자 사이에는 정보공유와 협력·견제를 통해 사전조정이 이루어짐.<br>● 예 5 : 캐나다의 OSFI와 CDIC는 각기 관할 문제 금융기관에 대해 조치권을 보유함. 이 조치권의 범위는 문제 금융기관의 상태에 따라 달라지며 「연방금융기관에 대한 개입지침」(1995)에 의거, 조치의 조정과 결정에서 두 기관 사이에 긴밀한 협력과 견제가 작용. |

| 책무 중첩의 유형 | 유형별 사례 |
|---|---|
| **제2유형**<br>일부 업무에 대한 금융시스템 관련 공공기관 사이의 긴밀한 연관성 → 둘 이상의 금융시스템 관련 공공기관이 같은 감독분야 또는 감독대상을 관할하되 각자의 기능과 권한의 한계를 명확히 설정하는 경우, 엄밀한 의미에서 권한 중첩은 없으나 감독과정에서 두 기관의 업무가 긴밀하게 연관됨으로써 업무조정이 필요하게 되어 협력과 견제가 작용 | ● 예 1 : 영국에서는 양해각서(1997. 10)에 따라 금융기관·금융시장·지급결제제도의 감독자인 FSA가 문제 발생 시 공적 금융지원과는 무관한 시장기반 지원활동을 수행하며, 통화안정을 포함하는 전반적 금융안정을 관장하는 영란은행은 문제 발생 시 공적 금융지원조치를 취할 책임이 있음. 이 과정에서 FSA와 영란은행은 각자의 책임영역에서 일어나는 모든 문제를 놓고 서로 알리며 협의함.<br>● 예 2 : 캐나다에서는 연방금융기관에 대한 인가·규제·검사·제재의 각 감독단계에서 개별 기관에 대해 OSFI와 CDIC가 각각의 고유 책무와 관련하여 구체적으로 정해진 감독권한을 행사함. 그런데 이들 두 기구의 구체적 업무는 내용상 상당한 관련을 가질 수밖에 없으므로 협력·견제가 필요하게 됨. 구체적으로, 연방금융기관의 인가는 OSFI의 고유 업무지만, 이 금융기관의 예금보험 가입에 대한 허가는 CDIC의 고유 업무임. 이때 OSFI와 CDIC의 권한은 결코 겹치는 것이 아니지만 조화로운 결정을 내리려면 두 기관 사이에 조정이 당연히 필요. 이런 경우 「OSFI·CDIC 간 전략적 제휴를 위한 행정협약」(1992)을 통해 그러한 조정을 도모함.<br>● 예 3 : 호주에서는 RBA·APRA 간 양해각서(1998. 10)에 따라 공동조정위원회가 시스템에 대한 위협 여부의 판단과 공동 대응, 정보공유를 위해 가동됨.<br>● 예 4 : 호주에서는 APRA·ASIC 간 양해각서(1998. 10)에 따라 공동조정위원회가 정보공유, 공동검사, 감독 관련 업무의 조정을 위해 가동됨. |
| **제3유형**<br>재무장관의 거부권 → 재무장관에게 금융시스템 관련 공공기관의 결정에 대한 거부권을 허용함으로써 결정적인 견제권을 부여 | ● 예 1 : 영국에서는 양해각서(1997. 10)에 따라 영란은행이 제안한 금융지원안에 대해 재무장관이 거부권을 행사할 수 있음.<br>● 예 2 : 캐나다에서는 연방금융기관에 대한 개입지침(1995)에 따라 문제 금융기관 폐쇄에 관한 OSFI의 권고 또는 문제 금융기관에 대한 CDIC의 예금보험 취소 권고에 대해 재무장관은 거부권을 행사할 수 있음.<br>● 예 3 : 호주에서는 재무부·APRA 간 양해각서(1998. 10)에 따라 APRA 이사회가 자신이 관할하는 건전성 감독정책에 대한 최종결정권을 보유하되, 재무장관은 이에 대한 거부권을 행사할 수 있음. |

자료 : 김대식 외(2002)와 김홍범(2002), 그리고 한국은행 은행국(2001)을 기초로 작성하였음.

업무수행을 위해 다른 공공기관과 협력하고 조정해야 할 필요성을 스스로 실감하게 되는 정도면 된다. 바로 그러한 정도의 중첩이 협력과 견제를 촉발하는 최소한의 수준(threshold)이기 때문이다.

권한과 업무의 중첩은 "법률에 근거를 명시하되, 이에 따른 구체적 협력 · 견제의 방식과 절차는 관련 공공기관 간 협약 또는 양해각서의 형태로 정규지침화"해야 한다(김대식 외, 2002).119) 선진국들이 책무 중첩의 근거를 법률 · 양해각서 · 협약 등을 통해 명시하고 있음은 [표 7]에서 잘 알 수 있다.

## 나. 책무 중첩 반대론에 대한 검토

일부 책무를 공공기관 사이에 중첩되도록 만들자는 견해에 대한 반론도 만만치 않다. 먼저, 조정문화가 제대로 형성되어 있지 않은 한국에서는 공공기관 사이의 책무 중첩이 협력과 견제를 가져오기보다는 혼란을 더할 것이라는 우려가 있을 수 있다. 그러나 책무 중첩(권한과 업무의 공공기관 간 중첩)은 각 관련 공공기관에 대한 외부적 견제를 가능하게 해주는 일종의 책임성 장치다. 감독효율을 위해 공공기관간 협력 · 견제가 필수적인 한, 그리고 외부적 견제가 책임성 구현의 핵심적 부분이며 성격상 다른 수단으로 대체할 수 있는 것이 아닌 한, 공공기관 사이에 선의를 기대하기 어려운 우리 사회에서 단기적으로는 다소 혼란의 소지가 있더라도 권한과 업무의 중첩은 우리에게 긴요하다(김홍범, 2002).

또한 일부 감독책무의 공공기관 간 중첩에 따라 전체 감독비용이 상승할 것이라는 우려도 있을 수 있다. 그런데 흔히 생각하듯이, 감독기구가 감독활동을 수행하는 데 드는 비용(기관비용)과 피감독금융기관이 규제를 준수하는 데 들어가는 비용(준수비용)만이 감독비용의 전부는 아니다. 감독비용에는 감독에 기인하는 각종 구조적 부작용의 비용인 구조비용도 포함된다. 예를 들어, 감독이 경쟁을 구조적으로 저해하거나 소비자의 도덕적 해이를 조장한다면 그에 따른 비용이 구조비용이다(Goodhart, et al., 1998).

김홍범(2002)에 따르면, 이 세 가지 비용항목 가운데 기관비용과 준수비용은 "눈에 보이는 명시적 비용(explicit costs)"에, 구조비용은 "당장 눈에 보이지 않는 암묵적 비용(implicit costs)"에, 각각 해당한다. 기회비용의 견지에서 감독비용은 명시적 비용과 암묵적 비용의 합계가 된다. 금융시스템 관련 공공기관 간 책무 중첩을 배제하면 눈에 보이는 기관비용과 준수비용은 당연히 줄어들 것이다. 그러나 책무 중첩의 배제로 말미암아 금융시스템 관련 공공기관 사이에 협력과 견제가 깨져 금융감독이 부실해진다면, 당장 눈에 보이지 않는 구조비용이 증가할 것이다.[120] 만약 구조비용의 증가가 기관비용과 준수비용의 감소를 상쇄하고도 남음이 있다면, 책무 중첩의 배제로 말미암아 규제감독의 총비용은 오히려 늘어나게 되는 셈이다.

결국 협력·견제의 부재로 감독효율성이 크게 떨어지는 한국의 현실에서는, 공공기관 간 일부 책무의 중첩이 구조비용을 크게 줄임으로써 전체 감독비용의 절약을 가져올 가능성이 크다. 이때 기관비용과 준수비용의 증가를 최소화하는 방향으로 정보공유와 업무협조의 방식과 절차를 제도화하면 그런 가능성은 더욱 커진다(김홍범, 2002).

## 다. 공공기관 간 일부 책무의 중첩을 위한 구체적 방안

이제 책무의 공공기관 간 중첩을 위한 몇 가지 구체적 방안을 제시하기로 한다. 첫째, 현행과 같이 감독당국이 포괄적 금융감독권을 갖도록 하되, 한국은행에게는 주어진 본연의 책무와 직접적으로 관련되는 구체적 권한(이를테면, 제한된 범위의 단독검사권)을 법률적으로 부여하는 방안이다(김홍범, 2002). 이렇게 해서 생겨나는 감독당국과 한국

122

은행 사이의 일부 업무 중첩은 상호 협조와 조정의 필요성을 가져오게
되어, 각 기관에게 자신의 고유 책무와 관련하여 얻는 정보의 양과 질
을 개선해줄 수 있다. "구체적으로는, 공공기관 사이에 업무협조(즉 공
동검사나 교차검사 등)의 방식과 절차 등을 양해각서를 통해 세부적으
로 정하는 것을 생각해볼 수 있다"(김홍범, 2002).121) 이렇게 하면 한국
은행에게 허용된 법적 권한(단독검사권)은 공공기관 사이에 힘의 균형
을 가져와 실질적 업무협조를 가능하게 하는 한편 실제로는 사용될 필
요가 없으므로 비용절약적이다. 이에 따라 한국은행의 단독검사권은
선언적 의미만을 갖게 되어 금융감독 자원의 효율적 이용에도 부합할
것이다. 그뿐만 아니라, 각 공공기관의 차별화된 시각이 견제를 통해
정책결정과정에 반영됨으로써 최적해(最適解)가 도출되도록 하는 긍정
적 측면도 있다.122) 또 한국은행의 단독검사권과 같은 법률적 근거 자
체가 공공기관 간 협력의 원활화와 선의의 축적에 기여하는 측면도 있
을 것이다. 이와 같이 구조비용 면의 여러 긍정적 효과를 고려할 때, 관
련 공공기관들이 기관비용과 준수비용 면에서 비용절약적 방식으로 제
도를 고안·운영할 수 있다면 한국은행에게 제한된 범위의 단독검사권
을 허용하는 것이 전체 감독비용의 감소에 기여할 가능성이 그만큼 더
커진다.

  둘째, 「한국은행법」 목적조항에 금융안정 책무를 부활시켜 명문화하
는 것도 공공기관 간 책무 중첩이라는 맥락에서 유익한 방안이 된다
(김홍범, 2002). 1997년 말의 금융개혁 입법을 통해 한국은행의 은행감
독기능은 금융감독위원회로 이관되었다. 그러나 「한국은행법」은 한국
은행의 최종대부자기능과 지급결제제도 운영자·관리자 기능을 여전
히 규정하고 있다. 이 기능들은 금융시스템의 안정성 유지에 핵심적 요
소이다. 더욱이 최근의 제7차 개정 「한국은행법」(2003. 9)에서는 한국
은행의 지급결제제도 감시기능이 강화되었다. 따라서 한국은행은 전반
적 금융시스템 안정을 통해 금융안정을 도모해야 할 시스템안정성 감

독자로서 법률적 책무를 이미 보유해오고 있다.

그런데 문제는 1997년 말 이후 한국은행이 은행감독기능을 상실하면서 목적조항 속에 명기되어 있던 금융안정 책무마저 삭제되었다는 점이다.123) 따라서 현재 「한국은행법」에 명시된 한국은행의 하나뿐인 설립 목적은 통화안정으로만 한정되어 있는 셈이다. 이로 말미암아 이제는 한국은행이 금융안정과 은행감독에서 아무런 역할이나 관련성도 갖지 않게 되었다는 그릇된 인식이 한국은행 외부는 물론 내부에도 상당히 자리 잡게 되었다. 그 결과, 금융시스템 관련 공공기관으로서 한국은행의 입지는 지난 7년 동안 결정적으로 약화되었다.

예를 들면, "금융부문의 불안정을 초래할 만한 조짐이 보이거나 실제로 위기가 발생하는 경우 한국은행이 사전적 또는 사후적으로 어떤 역할을 해야 할지가 불분명하다"(김홍범, 2002).124) 또한 평상시에도 한국은행은 통화안정 책무와 금융안정 책무의 수행에 필요한 양질의 정보에 대한 접근성 면에서 제약을 경험하고 있다. 한국은행이 금융시스템에 관한 거시정보의 생산 면에서 비교우위에 있는 것은 사실이다.125) 그러나 한국은행이 금융감독당국이 생산하는 미시 감독정보에 자유롭게 접근하고 있지는 못하다. 예를 들면 신용카드회사에 대한 은행의 노출이 작지 않은 현실에서 신용카드회사 부실화에 관한 감독정보는 한국은행에게도 당연히 도움이 된다. 그러나 비은행금융기관에 대한 감독정보는 한국은행에게 제공되지 않는다.126) 또한 한국은행은 법률이 부여한 금융시스템 관련 기능도 제대로 수행하지 못하는 경우가 있다.127)

이와 같은 현실에서 한국은행의 금융안정 책무를 「한국은행법」 목적조항에 다시 명문화하는 것은 전반적 금융시스템 감시자로서 한국은행이 갖는 금융안정 책무를 실질적으로 재천명하는 동시에, 다른 공공기관의 금융안정 책무와 중첩됨을 명시적으로 재확인해주는 의미를 갖는다. 법률적 근거를 특히 중시하는 한국의 풍토를 고려할 때, 한국은행이 갖는 금융안정 책무의 법률적 명문화는 금융시스템 관련 공공기관 사이의 협력·견제를 제고하는 데 크게 기여할 것이 분명하다.

공공기관 간 일부 책무 중첩의 세 번째 예로서, "재정경제부가 건전성 규제와 관련된 법령을 제·개정하는 경우에는 반드시 감독당국·한국은행과 실질적으로 사전 협의하도록 법적으로 의무화하는" 방안을 생각할 수 있다(김홍범, 2002). 한국에서는 법령의 제·개정권이 이 권한을 가진 기관(재정경제부)의 책임 수준을 뜻하기보다는 그 기관이 대외적으로 행사하는 실제 영향력의 수준으로 여겨지는 경향이 강하다. 이러한 경향은 선진국의 상황과는 대조적이다. 선진국에서는 정부(재무부)가 금융관련 법령을 제·개정하는 경우, 그 법령의 해석과 집행에 참여하는 관련 공공기관은 물론 이로 말미암아 영향을 받게 되는 금융부문 등 다양한 이해관계자들과 신중한 사전협의과정을 반드시 거치도록 법령에 정해져 있는 것이 일반적이다.


## 3. 공공기관 간 협력과 견제 장치의 제도화

제4장에서 논의했던 협력·견제를 위한 세 번째 전제조건은 제도화였다. 공공기관 사이의 정보공유와 조정이 각 공공기관장의 선의만으로 항상 순조롭게 이루어지기를 기대하기는 어렵다. 기밀성(confidentiality)이 금융감독의 중요한 속성이라는 점을 고려할 때, 공공기관 간 협력·견제를 법률적 제도화를 통해 강제하지 않고서는 공개적 의사소통 경로를 제대로 유지하기가 곤란하기 때문이다.

한국의 금융시스템 관련 공공기관 간 협력·견제 장치로는 금융정책협의회가 있다. 이 협의회는 공공기관 간 상호 정보제공과 협의를 위한 기구로서, 구성원은 재정경제부 차관, 금융감독위원회 부위원장, 한국은행 부총재이며 보통 분기별 2회 또는 3회 모여 거시금융정책을 논의

한다. 금융정책협의회에 참여하는 세 공공기관 가운데 재정경제부가 의제설정자이자 선도기관으로서 회의를 총괄한다. 그런데 금융정책협의회의 법률적 근거는 전혀 없다.[128] 제도화가 되어 있지 않으면 아무리 회의 운영을 잘하려 해도 정책 투명성의 확보가 어렵고, 한국의 고질적 병폐인 공공기관 간 수직 위계도 온존할 수밖에 없다.

또한 2001년 3월부터는 금융감독원·한국은행·예금보험공사 사이에는 금융정보 공유의 기본 원칙과 범위와 방법을 정하기 위한 금융정보공유협의회가 1년에 2회 열리고 있다(금융감독원, 2001). 이 협의회는 금융감독원 부원장보(감독정보국 담당), 한국은행 부총재보(은행국 담당), 예금보험공사 이사(리스크관리부 담당)로 구성된다. 그리고 이 협의회의 실무(즉 공유대상보고서·보고항목·공유방법 결정 등 금융정보 공유의 세부사항에 관한 논의)를 위해 금융감독원 감독정보국장, 한국은행 은행국장, 그리고 예금보험공사 리스크관리부장으로 구성되는 금융정보공유실무협의회가 대체로 분기별 1회 정기회의와 필요에 따른 수시회의를 통해 모인다. 그러나 금융정보공유협의회와 그 실무협의회에 대한 법률적 근거 또한 마련되어 있지 않다. 회의의 내용도 회의록을 통해 각 공공기관의 담당부서에 회람·보관될 뿐이며 대외적으로 공표되지 않는다. 지난 3년 동안 금융정보공유협의회와 금융정보공유실무협의회의 성과도, 금융정보를 총괄하는 금융감독원이 은행정보(개별 은행의 업무보고서 등)를 공유하고자 하는 한국은행과 예금보험공사의 처지를 이해하게 된 정도에 그치는 등 다소 비공식적이고 불분명한 수준인 것으로 파악된다.

앞서 [표 7]에서도 알 수 있듯이 선진국들은 법률적 근거 아래 협력·견제의 절차와 방식을 매우 세부적으로 정하여 실행하고 있다. 한국의 경우 다양한 형태의 협력·견제 장치를 법률적으로 제도화하고, 필요한 경우 그 세부 내용(장치의 운영방식과 절차)을 양해각서나 협약의 형태로 구체화함으로써 관련 공공기관들이 수평적 관계 속에, 기능적 관점에서 진정한 협력과 견제를 활성화할 수 있도록 노력해야 할 것이다. 이러한 맥락에서, 4개 공공기관 —— 금융감독당국·예금보험공사·재정경제부·한국은행 —— 의 장(長)이 참여하는 정보공유협의체인 '금융안전망회의'를 법률기구로 설치하자는 김대식 외(2002)의 최근 제안은 주목할 만하다.

# 제7장. 요약과 결론

한국의 현행 통합 금융감독체계는 1997년 말 금융위기의 발발을 계기로 전격 도입되었다. 당시 금융위기를 가져왔던 중요한 원인 가운데 하나가 취약한 금융감독에 있다는 인식이 커다란 설득력을 얻으면서, 당시로서는 획기적이었던 영국의 통합감독체계를 본보기로 하여 현행 감독체계의 틀이 확립되었다.

이 과정에서 한국은행이 반세기 동안 보유해오던 은행감독권이 새 금융감독당국으로 이관되었고, 「한국은행법」의 목적조항에서 금융안정의 책무가 제거되었다. 그러나 한국은행은 여전히 최종대부자기능과 지급결제제도의 운영자·관리자 기능을 갖고 있다. 더 나아가, 최근의 제7차 개정 「한국은행법」은 지급결제제도의 운영과 관리에 관한 한국은행의 권한을 강화하고 있다.

이와 같이 한국은행은 실질적으로 금융안정을 위한 시스템안정성 감독자로서 분명한 역할을 갖고 있으나, 6년 전 통합감독체계가 시행된 이후 한국은행의 금융안정 역할에 대한 혼란은 아직도 대내외적으로 존재한다. 또한 시스템안정성 감독자인 한국은행과 미시건전성 감독자인 금융감독당국 사이의 정보공유와 협력도 미진한 상태다. 재정경제부가 금융시스템 관련 공공기관인 금융감독당국과 한국은행의 일상적 운영에 직접적·일방적 영향력을 행사해오고 있는 점이 무엇보다도 큰 문제다. 전문적이어야 할 금융감독위원회는 정치성을 띤 채 자신보다

128

권한과 서열이 앞서는 재정경제부의 정책지배를 결국 받아들여왔다. 금융시스템 안정에 관한 한, 한국은행도 재정경제부의 정책지배를 묵묵히 받아들여왔다. 한마디로, 한국의 현행 통합감독체계 안에서는 금융시스템 관련 공공기관 사이에 수평적·기능적 분업관계 대신 수직적·권위적 위계질서가 형성됨으로써 실질적 협력·견제를 통한 조정의 여지가 거의 존재하지 않고 있다.

이 책은 이러한 현실을 현행 통합감독체계의 근본 문제로 간주한다. 그리하여 이 책의 전반부에서는 규제의 궁극적 목적인 금융안정을 위한 금융시스템 관련 공공기관들의 역할이 무엇이고, 협력·견제가 왜 필요하고 중요한지, 그리고 공공기관 간 협력·견제의 활성화를 위해서는 어떤 전제조건이 충족되어야 하는지 등을 이론적으로 검토하였다. 이 과정에서, 금융안정을 위한 중앙은행의 역할은 역사적·법률적·이론적 근거가 확고할 뿐만 아니라, 최근의 금융자유화 등 금융환경 변화는 중앙은행의 역할 강화를 요구하고 있다는 점, 그리고 거시건전성 감독자인 중앙은행과 미시건전성 감독자인 감독기구 사이에 협력과 견제가 중요하다는 점 등을 논의하였다.

이 책의 후반부에서는 한국 금융감독의 사례연구를 통해 각종 문제점과 개선방안을 도출하였다. 이 사례연구에서는 누구나 쉽게 얻을 수 있는 각 공공기관의 관련 보도자료를 이용하여, 최근 금융시장의 강력한 불안요인인 신용카드회사와 가계의 부실화에 대해 관련 공공기관들이 지난 수년 동안 취해왔던 대응을 분석하였다. 분석을 통해, 신용카드회사와 가계의 부실화 문제, 그리고 이에 따른 신용불량자 양산과 연체율 상승 등 요즈음의 여러 금융불안 요인이 재정경제부의 정책지배에 따라 공공기관 사이에 협력·견제와 조정 과정이 생략된 데 기인하는 감독실패의 결과라는 사실을 밝혀냈다. 이것은 현행 통합감독체계의 근본 문제가 공공기관 간 협력·견제의 부재라고 보는 이 책의 근본 시각이 옳았음을 분명하게 확인해준다. 그러므로 한국 금융감독의 개선방안도 공공기관 간 협력과 견제의 활성화에서 찾아야 할 것이다. 이 책은 현재 금융감독위원회(관료조직)와 금융감독원(민간조직)으로 이원화되어 있는 금융감독당국을 단일 민간기구로 개편함으로써 감독당국의 독립성과 책임성을 확립할 것, 선의가 형성되기 곤란한 우리 사회의 문화적 특성을 감안하여 공공기관 간 권한과 업무의 일부를 적절하게 중첩시킴으로써 협력·견제가 발휘될 수 있는 기본 토양을 조성할 것, 그리고 협력·견제 장치를 법률적으로 제도화할 것 등을 개선방안으로 제시하였다.

이 모든 개선방안이 실현되고 이를 통해 공공기관 사이에 실질적인 협력·견제가 활성화되는 데에는 재정경제부의 획기적 인식전환이 긴요하다. 금융부문을 최종 책임지는 재정경제부가 법률 제·개정권을 갖는 것은 적절하다. 그러나 재정경제부는 분명히 정의된 법적 권한을 투명하고 공정하게 행사하되, 금융시스템 관련 다른 공공기관의 일상적 업무에 영향력을 행사하려는 생각을 과감히 버려야 한다(김홍범, 2002). 그래야만 다른 공공기관의 전문성이 발휘될 수 있고, 일반 국민과 시장이 공공기관들을 신뢰할 수 있게 된다.

재정경제부만 바뀌어야 하는 것은 아니다. 금융감독당국과 한국은행도 기존의 위계에 순응해오던 모습을 과감히 버려야 한다. 한국은행과 감독당국이 오랜 동안 재정경제부의 정책지배를 받아들여오는 가운데 공공기관 사이에는 권한의 크기와 강도에 따른 수직적 위계질서가 확고하게 자리 잡았다. 어느새 세 공공기관에게는 이러한 구조를 유지하려는 편의적 유인이 생겼을 수도 있다. 재정경제부로서는 어차피 모든 경제정책의 최종 책임은 자신이 지게 되어 있으므로 수직적 위계의 상층부에서 군림하고픈 유인이 있을 수 있다. 금융감독위원회와 한국은행으로서도 독자적 견해를 주장하여 나중에 부분적으로 책임을 지기보다는 가급적 재정경제부의 우산 속에 편하게 안주하려는 유인이 있을 수 있다. 그러나 자의였건 타의였건 지금까지와 같이 재정경제부의 우산 속에 안주하는 자세로는 시장의 신뢰를 얻을 수 없으며, 나아가 감독효율과 금융안정을 기대할 수도 없다. 감독당국과 한국은행은 궁극적으로 금융안정을 도모하는 독립적 공공기관으로서 각기 자신의 고유 책무에서 전문성을 발휘하고 서로 협력·견제하되, 자신의 정책에 책임을 지는 자세를 갖추어야 한다.

끝으로, 공공기관의 장(長)에 대한 사회의 통념과 일반 국민의 인식 수준도 바뀌어야 한다는 점을 지적하고자 한다. 한 나라의 재무장관직은 정치 감각과 수완이 요구되는 자리다. 반면, 중앙은행 총재직과 금융감독당국 수장직(首長職)은 모두 각각의 고유 책무 분야에서 정치적 수완이 아닌 전문성으로 평가받아야 마땅한 자리들이다. 그러므로 중앙은행의 장과 감독당국의 장에게 요구되는 구체적 역량(skill set)은 서로 긴밀하게 관련되는 가운데 차별화되며, 나아가 이들 역량과 재무장관에게 요구되는 역량은 거리가 멀다.129)

한국의 경우 각 직책이 요구하는 역량에 대한 고려는 상대적으로 소홀한 채 금융시스템 관련 공공기관의 장(또는 고위 임원)이 임명되는 경우가 드물지 않았다. 예를 들어, 정치색이 짙은 인사가 높은 전문성을 요구하는 고위직에 임명되는 일이나, 동일 인사가 상호 이질적인 역량이 요구되는 고위직을 두루 거치는 일도 있다. 이를 일반 국민들도 으레 자연스런 일로 받아들여왔다. 이러한 풍토 속에서 중앙은행이나 감독당국의 장은 재임 시 전문성을 소신껏 발휘하기보다는 자신의 미래경력 관리를 위해 정치적 영향력에 민감해지기 쉽다. 이러한 잘못된 관행을 바꾸기 위해서는 공공기관의 장에 대한 일반의 인식과 사회적 통념도 이젠 달라져야 한다. 그래야 중앙은행과 감독당국이 각기 고유 책무에 대한 전문성을 높이고 신뢰를 쌓는 가운데 공공기관 사이에 진정한 의미의 협력과 견제가 촉진될 수 있을 것이다.

# 주

## 제1장. 서론

1) 다만 재정경제부가 경제정책조정회의를 주관하는 등 경제정책 조정기능은 강화되었다(재정경제부, 2002d). 축소 개편 이후 재경부는 경제정책·조세·국내금융·국제금융·국고·경제협력·국민생활 등을 다루게 되었다.

2) 김홍범(2002)을 따라 이 책 전반(全般)에 걸쳐 '규제(regulation)'와 '감독(supervision)'을 구분하지 않기로 하겠다. 따라서 '규제'와 '감독' 각각을 '규제감독(regulation and supervision)'과 같은 뜻으로 파악하고 세 용어를 혼용한다. 다만 '규제'와 '감독'의 의미를 엄밀하게 구분할 필요가 있는 몇몇 예외적 경우에는 문맥상 혼란이 없도록 '규제'와 '감독'의 의미를 그때그때 명확히 밝히기로 하겠다.

3) 김홍범(2002)에 따르면 일반적으로 '관치(官治)'란 '정부관료가 객관적 법률 또는 규정이 아닌´자의적 재량에 의해 민간부문(또는 공공부문)의 의사결정과정에 직·간접적으로 개입하여 영향력을 행사하는 일체의 행위'로 정의된다. 따라서 '관치금융'이란 '관치에 의해 금융부문의 자율성이 제한되고 시장원리가 왜곡되는 상황'을, '관치감독'이란 '관치에 의해 금융감독당국을 포함하는 금융시스템 관련 공공기관들(단, 재정경제부는 제외)의 자율성이 제한되고 감독원리가 훼손되는 상황'을, 각각 뜻한다.

4) 일반적으로 한 나라의 금융시스템 관련 공공기관에는 정부(재무부), 금융감독기구, 중앙은행, 예금보험기구가 포함된다. 이 점에 대해서는 이 책의 제2장을 참조하기 바란다.

5) 최근 국제결제은행(BIS)의 경제학자들은 금융시스템 전반에 초점을 맞춘 거시건전성 감독의 중요성을 강조한다(이 책의 제3장 참조). 거시건전성 감독은 개별 금융기관에 초점을 맞춘 미시건전성 감독과는 구분되는 개념이다. 그런데 미시건전성 감독은 간단히 건전성 감독으로도 흔히 불려왔다.

이러한 관행을 따라 이 책에서는 '건전성 감독'과 '미시건전성 감독'을 같은 뜻으로 보아 혼용하기로 한다.

6) 이 대열에서 그래도 반(半) 걸음 떨어져 있는 모습을 보이는 것이 한국은행이다. 그러나 한국은행이 반드시 독립적이어서 이런 모습을 보이는 것은 아닌 것 같다. 한국은행으로부터 감독당국에게 은행감독권이 이관된 이후에는 한국은행이 중앙은행의 양대 책무 가운데 하나인 금융안정 책무를 제대로 수행할 수 있는 여지가 여러 가지 이유로 말미암아 크게 줄었다. 또한 한국은행의 통화정책도 전반적인 거시경제정책과 관련 아래서 수립되어야 하는데, 거시경제정책의 전반적 틀을 짜는 단계에서 한국은행의 견해가 얼마나 존중되고 반영되는지 의문시된다.

7) 인용문(IMF, 2003) 가운데 증권선물위원회는 증권·선물시장의 불공정거래 조사, 기업회계기준과 회계감리, 그리고 금융감독위원회가 심의·의결하는 증권·선물시장의 관리·감독·감시 등과 관련된 주요사항의 사전심의 등 증권·선물시장 관련 감독업무를 담당한다. 이 위원회는 금융감독위원회에 설치된 5인 위원회로서, 위원장은 금융감독위원회 부위원장이 겸임한다. 증권선물위원회는 금융감독위원회에 포함된 조직이다. 따라서 이 책에서는 증권선물위원회를 따로 구분하지 않고 금융감독위원회에 포함된 것으로 보아, 금융감독위원회와 금융감독원을 한국의 금융감독당국으로 간주한다.

8) 그러나 「금융감독기구의 설치 등에 관한 법률」 제17조 제1호는 금융감독위원회가 "금융기관에 대한 감독과 관련된 규정의 제정 및 개정" 권한을 보유한다고 명시하고 있다.

9) 이 책 제5의 분석은 김홍범(2003b)의 감독실패 주장에 대한 논리적 근거를 제시한다. 이때 감독실패란 금융감독당국만의 실패를 가리키는 것이 아니라는 점에 유의해야 한다. 금융시스템 관련 공공기관들이 저마다 고유 책무를 수행하는 가운데 서로 협력과 견제를 통해 궁극적으로 금융안정에 기여하는 서비스를 제공하는 것이 넓은 의미의 금융감독이다. 이때 금융안정은 금융감독의 상위 목표에 해당한다(이 점에 대해서는 이 책의 제2장 참조). 감독실패는 이러한 양질의 금융안정 서비스가 적정 수준으로 제공되지 못하여 금융불안정이 초래된 상태를 가리킨다.

금융시스템 관련 각 공공기관이 저마다 금융감독의 일익을 담당하고 있으며 이들의 고유 기능에 따른 활동은 금융안정을 염두에 두고 늘 서로 조정되어야 하므로, 어떤 감독실패도 원칙적으로 관련 공공기관 모두의 실패로 해석되어야 한다. 더욱이 신용카드회사와 가계의 부실화는 공공기관 간 조정의 부재에서 비롯된 문제로서 그 성격상 신용카드회사에 대한 영업행위 감독, 신용카드회사와 은행에 대한 미시건전성 감독, 그리고 시스템안정성(거시건전성) 감독 등 금융감독의 광범한 차원에 걸쳐 있다(이 점에 대해서는 이 책의 제5장 참조). 그러므로 이번 감독실패는 재정경제부·금융감독당국·한국은행 모두의 직접적 책임이다.

10) 이 책은 위기상황 속에서의 공공기관의 역할을 다루지는 않는다. 다만 그에 관한 논의는 원칙적으로 평상시 역할의 연장선 위에서 위기상황이라는 점을 추가적으로 고려하는 내용이 될 것이다.

11) 이들 각 공공기관은 고유의 책무를 부여받고 일정한 권한을 가지고 역할을 수행한다(Hayward, 2000). 먼저, 정부(재무부)는 금융부문에 대한 법률적 틀을 관장하며, 필요 시 공적자금의 공급을 관장한다. 감독기구는 개별 금융기관에 대한 건전성 감독과 인가, 그리고 인가취소를 관장한다. 중앙은행은 통화가치 안정과 함께, 금융시장 안정, 최종대부자기능, 그리고 지급결제제도 안정을 관장한다. 예금보험기구에게는 소액예금자 보호의 책무가 부여된다.

일반적으로 예금보험기능은 규제감독기능, 최종대부자기능과 함께 공적 금융안전망의 표준적 구성요소 가운데 하나이다(김대식 외, 2002). 근대적 중앙은행제도와 금융감독제도는 일찍이 19세기부터 유럽 여러 나라에서 진화되어 왔었고 20세기 전반기에 세계 각국으로 제도가 확산된 반면, 예금보험제도가 세계적으로 보편화된 것은 1970년대 이후였다. 따라서 예금보험제도는 금융안전망의 구성요소 가운데 가장 역사가 짧다.

한국에서는 1980년대 초부터 투·종금, 새마을금고, 신협, 보험회사 등 금융기관 유형별로 기금형태의 예금보험제도가 운영되어 왔다. 1995년 말 「예금자보호법」의 제정으로 1996년 6월에는 예금보험공사가 재정경제부 산하에 설립되었고, 예금보험공사는 1997년 1월 은행예금에 대한 보험업무를 개시하였다. 그러나 예금대지급기관으로 출발하여 업무를 개시한 뒤 1

년도 되지 않아 경제위기가 발생했고, 이를 계기로 1998년 4월 은행권과 비은행권의 예금보험제도 통합이 이루어졌다. 이후 지금까지 예금보험공사는 위기수습이라는 특수상황 속에서 예금자보호와 금융안정을 위해 부실금융기관 정리 등 광범한 책무를 담당하는 방향으로 그 기능이 강화·확대되어 왔다(김대식 외, 2002). 그러나 예보의 기능 강화·확대가 한국 예금보험제도 발전의 명확한 청사진 아래 체계적으로 이루어져온 것은 아니다. 그 결과, 기관구조 측면에서 예금보험공사는 재정경제부에 종속되어 운영상 독립성을 보유하지 못하고 있으며, 주어진 책임에 비해 권한은 상대적으로 크게 미흡한 실정이다(김홍범, 2002).

최근 「예금자보호법」 개정(2002. 12. 26)에 따라 예금보험기금과는 별도로 예금보험기금채권상환기금(부보금융기관 구조조정과정에서 발생한 예보의 채무 정리를 목적으로 설치된 기금)이 신설되었다. 이는 경제가 위기상황에서 평시상황으로 이행함에 따른 바람직한 조치이다. 나아가, 현 시점에서 한국 예금보험제도의 평상시 구조와 기능에 관한 전면적 검토가 시급하다. 예를 들어, 예금보험공사에게 광범한 책무를 부여할지 아니면 협소한 책무를 부여할지부터 근본적으로 검토하는 가운데, 그동안의 위기수습과정에서 불분명했던 책무·역할·권한의 일관성을 확립할 수 있도록 광범한 제도개선이 모색되어야 한다. 이때 한국 예금보험제도의 모델을 어떻게 설정하느냐에 따라 예금보험제도 개선을 위한 논의의 내용이 크게 달라질 수 있다.

이런 점에서 저자는 우리나라 금융시스템 관련 공공기관 가운데 예금보험기구의 역할에 대한 논의는 이 책의 범위를 벗어난다고 판단하여 다루지 않기로 하였다. 예금보험제도의 개선방안에 관한 가장 최근의 종합적 연구로는 본 저자가 공동연구자로 참여했던 김대식 외(2002)를 참조하기 바란다.

12) 보도자료에는 문제를 보는 각 공공기관의 공식 견해가 담겨져 있으므로 이를 분석함으로써 시간경과에 따른 각 공공기관의 정책 변화와 문제점을 사후적으로 조망할 수 있는 이점이 있다.

13) 이 책 제5장의 분석은 그 자체로서 중대한 의의를 갖는다. 예를 들어, 매일경제(2003a, 2003b)는 이른바 카드대란의 책임 소재를 규명하는 일이 앞으로 같은 실패를 반복하지 않기 위해서 매우 중요하다고 강조한다.

## 제2장. 금융안정과 금융시스템 관련 공공기관의 역할

14) 단, 예금보험기구의 역할은 논의하지 않는다. 그 이유에 대해서는 주 11을 참조하기 바란다.

15) 통합 금융감독체계가 가져올 수 있는 소기의 편익과 효과[여기에 대해서는 김홍범(2003a) 참조]가 한국에서와 같이 제대로 이해되지 못하고 있는 경우에 중앙은행의 금융안정 역할에 대한 오해가 특히 두드러지는 것으로 보인다. 그런데 이 오해는 일반인뿐만 아니라 금융부문에 공적으로 개입하는 공공기관들 사이에도 존재하며, 심지어 중앙은행 내부에도 분명히 존재한다. 중앙은행 역할의 중요성이나 필요성을 인식하지 못한 데서 나오는 한국은행 안팎의 오해는 공공기관 간 정보공유와 협력·견제 관계의 건전한 형성을 가로막는 심각한 장애요인으로 작용할 수 있다.

16) 이후 여러 저자들이 다양한 맥락에서 다양한 방식으로 금융안정을 정의했으나 내용상 크로켓의 틀에서 크게 벗어나지는 않는다. 다만 최근에는 10개국 재무장관회의(Group of Ten, 2001)와 퍼거슨(Ferguson, 2003)처럼 금융불안정의 실물적 영향을 강조하는 시각에서 금융안정을 파악하는 경향이 관찰된다. 10개국 재무장관회의는 시스템 금융리스크(systemic financial risk)를 "어떤 사건에 의해 금융시스템의 상당 부분이 갖는 경제적 가치의 손상이나 그에 대한 신뢰의 손상, 그리고 이에 수반하는 불확실성의 증대가 촉발됨으로써 필시 실물경제에 상당한 악영향을 주기에 충분한 정도의 심각한 리스크"로 정의한다. 그리고 실물경제에 대한 파급효과(음의 외부성, negative externality)의 가능성은 지급결제제도의 혼란, 신용흐름의 혼란, 그리고 자산가치의 폭락에서 연유한다고 간주한다.

　10개국 재무장관회의의 시스템 금융리스크 정의는 사건이 갖는 음의 외부성이 금융시스템으로만 한정되지 않고 실물부문으로 확장되어야 하며 그렇게 될 확률이 높을 것을 요구한다는 점에서 시스템 금융리스크의 실물적 영향을 강조하는 관점이다. 10개국 재무장관회의는 그와 같은 시스템 금융리스크가 존재하지 않는 상황을 금융안정이라 간접적으로 정의한 셈이다. 최근 퍼거슨도 금융불안정(financial instability)을 "실물경제 활동에 잠재적으로 손상을 줄 수 있는 시장실패 또는 외부성"이라 정의함으로써 그 반대상황인 금융안정을 간접적으로 정의한다. 그는 중요한 금융자산 가격들이 기초 경제여건(fundamentals)으로부터 급격하게 이탈한 것으로 간주되는지 여부와, 시장의 작동과 신용가용량이 국내적으로나 국제적으로 상당한 정도 왜곡되어 있는지 여부, 그리고 총지출이 경제의 생산능력으로부터 상당히 괴리되어 있거나 괴리될 것으로 보이는지 여부의 세 가지 판단기준에 의해 금융불안정을 특징지을 수 있다고 본다.

17) 나아가 한국은행(2003)은 금융안정을 유지하기 위해서, 거시경제 안정, 시장여건 안정("금융시스템을 구성하는 금융기관의 경영상태가 건전하고 그 거래 상대방인 가계와 기업이 적정한 채무상환능력을 보유하는" 상태), 시장규율의 원활한 작동, 그리고 금융인프라(공적 금융안전망과 지급결제 시스템)의 효율적 구축·운영이 필요하다고 본다.

18) 금융안정을 금융감독의 상위 목적이라 여긴다면, 유럽중앙은행(ECB, 2001)과 혹스비(Hawkesby, 2000)가 말하는 '감독유형'이란 사실상 금융감독의 하위 목적에 해당한다. 감독유형 가운데 '시스템안정성 감독'은 '거시건전성 감독'과 같은 뜻을 가지므로 이 글에서는 이들 용어를 혼용하기로 한다. 또한 유럽중앙은행과 혹스비는 원래 '미시건전성 감독'을 '건전성 감독'이라 표현했으나 여기서는 '시스템안정성 감독(거시건전성 감독)'과 명확히 구분하기 위해 '미시건전성 감독'으로 표현하였다. 물론 주 5에서 말한 대로 '미시건전성 감독'과 '건전성 감독'은 같은 뜻을 가지며 이 책 전체적으로는 이들을 혼용한다.

19) 공적 금융안전망(official financial safety net)이란 한 나라의 금융안정을 사전적·사후적으로 도모하기 위한 공공부문 내의 각종 기능과 제도를 두루 일컫는다. 자세한 내용은 김대식 외(2002)를 참조하기 바란다.

20) 미시건전성 감독과 시스템안정성 감독(거시건전성 감독)의 상호 보완성에 대해서는 이 책의 제3장을 참조하기 바란다.

21) 세계적으로 볼 때 아직도 대다수 국가에서는 중앙은행이 개별 은행에 대한 미시건전성 감독을 관장한다(Llewellyn, 1999b). 그러나 이 책에서는 한국의 경우와 같이 중앙은행과는 별개의 금융감독기구가 미시건전성 감독을 담당하는 것으로 전제하고 논의를 진행하기로 한다.

22) 금융시스템 개입의 실제 기관구조(institutional structure) ── 금융시스템

관련 각 공공기관이 실제로 편제되어 있는 구조 —— 와는 상관없이, 여기서
는 금융안정이라는 상위 목적에 따른 공공기관 개입의 하위 목적인 금융감
독의 세 가지 유형을 기초로 기능적 관점에서 이들 4개 기관을 도출하였다.
한국에서는 흔히 이 4개 기관을 금융감독 관련기관(김홍범, 2002), 금융감
독 유관기관(금융감독조직혁신 작업반, 2000), 또는 금융안전망 참여기구
(김대식 외, 2002)라 불러왔다. 그러나 이 책에서는 금융안정이 갖는 다면성
(제3장 참조)을 함축하고 금융안정의 공공재적 성격을 강조하는 의미에서
이들을 '금융시스템 관련 공공기관'이라고 부르기로 한다. 이는 이들 기관을
'공공기관(public agencies)' 또는 '금융시스템 관련 기구(organizations
responsible for the financial system)'라 부른 헤이워드(Hayward, 2000)의
용어를 적절히 결합한 표현이기도 하다.

23) 중앙은행이 금융안정에 관심을 갖게 된 역사적 배경에 대한 전반적 논리
전개는 김홍범(1997)을 따랐다.

24) 당시 배젓(Bagehot, 1962)은 중앙은행이 최종대부자로서 영리성을 탈피하
고 금융제도 전체의 안정성 유지에 기여해야 한다고 주장함으로써, 근대적
중앙은행이 갖는 최종대부자기능의 개념을 확립하였다.

25) 19세기 중엽 중앙은행의 공공성이 점차 강해지면서 중앙은행은 재할인
조건을 변경함으로써 신용을 조절하기 시작했다. 당시 중앙은행은 이러한
재할인정책을 보완하고자 공개시장조작도 이용하였다(한국은행 조사제1
부, 1993).

26) 바로 이러한 시각에서 볼커(Volcker, 1984)는 다음과 같이 미국 연방준비
제도의 책무를 역사적으로 조명한 바 있다(김홍범 옮김, 1997에서 재인용).
  "어떤 중앙은행에서나 기본적이고 지속적인 책임은 —— 그리고 연준 설
립의 주된 이유는 —— 금융제도와 지급결제제도의 안정과 원활한 기능 수
행을 보장하는 것이다. 안정적이고 원활하게 기능하는 금융제도와 지급결
제제도는, 보다 협의의 통화정책 수행이라는 책무를 중앙은행이 담당하기
위한 전제조건이 되는 동시에 그 책무 수행에 도움을 준다. 실제로 "통화정
책"이 어디에 초점을 맞추는 것이 적절한지에 관한 인식은 역사적으로 변
해 왔다. 즉 통화정책의 통제나, 고정된 금 가격의 "방어", 또는 좀 더 수동
적으로 기업의 필요에 부응하는 통화와 신용 흐름의 공급 등, 시기에 따라

서로 다른 내용에 초점이 두어져 왔다. 그러나 중앙은행이 가능한 한 금융의 교란과 위기를 가로막고 이에 대처해야 한다는 생각은 지금까지 바뀌지 않아 왔으며 앞으로도 바뀔 것 같지 않다.

이러한 목적을 달성하기 위해 미국 의회는 지난 70년간 연준에게 (a) 국가의 지급결제 메커니즘에 주된 참여자가 되는 권한, (b) 경제 내 유동성의 최종 원천으로서 할인창구를 통한 대출의 권한, 그리고 (c) 국내 및 국제 금융시장의 주요 부문을 규제하고 감독하는 권한을 부여했다. 이 기능들은, 공개시장조작 및 외환조작에 참여하고 지급준비율을 결정하는 것과 같은 보다 순수한 "통화적(monetary)" 기능과는 구분되는 추가적인 것들이며, 대체로 이들 통화적 기능보다 먼저 생겨난 것들이다 ; 사실은 역사적으로 "통화적" 기능이 "감독(supervisory)" 기능에 대체로 접목되었으며, 그 역(逆)이 아니다."

27) 패도우-스키오파(Padoa-Schioppa, 2002)는 금융안정 책무의 근거가 법률에 명시되어 있지 않는 경우에도 그 법률적 근거를 중앙은행법·은행법의 해석에서 찾을 수 있는 경우가 많다고 주장한다. 또한 그는 금융안정 책무의 근거가 법률에 명시되어 있지 않더라도 중앙은행은 시스템 안정성(systemic stability)과 지급결제제도 안정성을 자신의 핵심적 의무로 여긴다고 주장한다. 실제로 힐리(Healey, 2001)는 13개 산업국, 16개 개도국, 8개 체제전환국을 포함하는 37개 국가의 중앙은행을 대상으로 설문조사를 실시하였다. 그 결과, 감독권의 관장 여부와는 무관하게 실제로 모든 중앙은행이 금융시스템 안정성과 지급결제시스템 안정성을 자신의 핵심 책무의 일부로 여긴다는 점을 확인한 바 있다.

28) 퍼거슨은 대공황 시기였던 1935년 이루어진 법률 개정을 통해 「연준법」 제13장 제3조가 연준이사회에 '긴급' 대출권('emergency' lending powers)을 허용함으로써 금융안정에 대한 더욱 구체적 권한을 부여했다는 사실도 강조한다.

29) 한국은 인플레이션 타게팅 국가로서 IRG 회원국이며 한국은행에게는 감독권이 없다. 이런 점에서 한국은 캐나다·영국·스웨덴·호주와 동일한 제도적 특징을 공유한다.

30) 유로(Euro) 지역에서는 은행간 부채가 총은행부채의 1/3, 비담보예금

(non-collateralized deposits)의 70퍼센트를 각각 차지한다(Padoa-Schioppa, 2002).

31) 은행간 시장에서는 원칙적으로 "동류집단에 의한 감시(peer monitoring)"가 이루어지므로 유동성이 부족한 은행은 지급능력이 있는 한 언제나 자금을 제공받을 수 있다(Padoa-Schioppa, 2002). 그렇다면 중앙은행은 시장 전반의 유동성에만 신경 쓰면 될 것이다. 그러나 은행간 시장의 불완전 정보로 말미암아 실제로는 건전한 은행의 지급능력에 대한 의심이 발생하는 경우, 위기발생 시 은행간 시장이 조심스러워지는 경우, 현재 잉여자금을 보유한 은행이라도 미래의 유동성 부족 시 차입 가능성에 대해 확신하지 못하는 경우 등에는 은행간 시장에서도 시장실패가 발생할 수 있다(Hoggarth and Soussa, 2001). 이와 같은 일부 상황에서는 유동성 부족을 겪는 개별 은행에 대해 중앙은행이 유동성을 공급해야 할 필요가 생길 수 있다.

## 제3장. 금융시스템 관련 공공기관 간 협력과 견제의 필요성

32) 이 절은 김홍범(2002)과 김대식 외(2002)에 주로 의존하였다.

33) 루얼린(Llewellyn, 1999a)은 공공기관 간 협력을 통해 (통합)감독기구의 잠재적 실수를 미연에 방지할 수도 있고 (통합)감독기구가 포획될 가능성도 줄일 수 있다고 본다. 예를 들어, 감독의 목표가 금융기관의 도산 방지 자체에 있는 것이 아님에도 불구하고, 평소 감독기구는 도산 가능성을 제거하는 쪽으로 강력한 감독정책을 펴기 쉽다. 개별 금융기관의 도산은 그 경위가 어떻든 거의 모든 경우 감독당국 탓으로 여겨지기 때문이다. 따라서 감독기구는 속성상 규제를 남발하는 경향을 가질 수 있다. 이는 금융서비스 소비자와 금융기관의 도덕적 해이를 불러오며 금융혁신을 가로막는다. 이런 경우, 기금손실 최소화라는 책무가 부여된 예금보험기구는 회생불가능 금융기관에 대한 처리를 앞당기는 방향으로 견제력을 발휘할 수 있다(김대식 외, 2002). 감독기구가 포획될 가능성에 대해서는 이 책의 제4장을 참조하기 바란다.

34) 이러한 관점은, 금융시스템 관련 공공기관 간 일부 권한과 업무의 중첩이 한국 금융감독의 개선을 위해 필요하다는 논의로 연결된다. 이 책의 제6장

을 참조하기 바란다.

35) 마찬가지로 감독기구와 예금보험기구, 그리고 예금보험기구와 중앙은행
은 각기 서로 다른 수단을 이용하지만 이들 수단은 모두 궁극적으로 금융
안정을 추구하는 것들이므로 감독기구와 예금보험기구 사이와 예금보험기
구와 중앙은행 사이에 조정이 각각 필요하게 된다.

36) 통화정책을 통해 물가안정을 추구하려 한다면 통화에 대한 일반의 신뢰
를 보존하는 데에도 신경을 써야 한다. 통화정책은 금융시스템을 통해 수
행되는 것이므로 통화에 대한 일반의 신뢰는 금융안정에서 나온다. 따라서
금융안정 없이 물가안정을 이룰 수는 없다. 마찬가지로 물가안정 없이 금
융안정을 이룰 수도 없다. 물가안정은 건전한 투자와 지속가능한 성장 등
거시경제의 안정에 기여하므로 금융시스템의 붕괴 가능성이 훨씬 작아지
기 때문이다(George, 1994 ; Padoa-Schioppa, 2002). 그러므로 물가안정과
금융안정 사이에는 일반적으로 상충이 존재하지 않는다.

　　그러나 물가안정과 금융안정 사이에 단기적으로 상충이 존재하는 몇몇
경우가 있을 수 있다(Padoa-Schioppa, 2002). 그 가운데에서도 특히 자산
가격의 변동에 직면한 중앙은행의 통화정책은 금융안정을 고려해야 한다
고 패도우-스키오파는 주장한다. 물가안정 목표의 시계(時界)가 적절하게
길다면, 그리고 적절한 통화정책 기조의 도출과정에서 미래 인플레이션에
대한 모든 관련 정보가 고려된다면, 중앙은행은 물가안정과 금융안정 둘
모두에 대해 최적 반응을 할 수 있기 때문이다. 적절한 정책결정에 도달하
는 데 필요한 정보에는 금융부문의 건전성에 대한 정보와 자산가격 변동에
서 오는 부(富)효과의 충격에 대한 정보가 포함된다. 이런 정보는 거시건전
성 분석·감시와 통화정책 전달 메커니즘에 대한 분석으로부터 얻어진다.
중기에 걸친 물가안정의 성공적 추구는 금융안정과 관련된 이유들로 말미
암아 때로는 단기적인 물가안정 목표로부터 이탈하는 것을 뜻할 수도 있
다. 그러나 장기 물가안정과 금융안정 사이에 충돌(trade-off)은 없다.

37) 한국은행 뉴욕사무소 워싱턴주재원(2003)에 따르면 금융불균형이란 "주
식 등과 같은 자산가격이 경제 기초여건(economic fundamentals)과 상당
히 괴리가 있는 현상이 지속되는 가운데 금융시장이나 금융시장의 자금흐
름이 심각한 왜곡현상을 보이고 있으며 이에 따라 실물경제까지도 지나치

게 과열되거나 위축되는 현상"을 가리킨다.

38) 보리오 외(Borio, *et al.*, 2003)는 정책환경이 과거와는 불연속적으로 바뀌었다고 보는 신환경론(new environment view)과 종래의 정책환경이 지금도 변함없이 유지되고 있다는 연속성론(continuity view)을 대비해 자신들 주장(즉 신환경론)의 정당성을 설득한다.

39) 이러한 시각은 이미 설득력을 널리 인정받고 있다. 예를 들어, 루얼린(Llewellyn, 1999a)과 굿하트(Goodhart, 2002)도 문제의 씨앗은 경제가 상승기에 있을 때 이미 배태된 것이라고 본다. 경기상승기에 행해진 과도한 낙관이나 실수로 불균형이 생성되면서 위험이 상승하며, 경제가 하강기로 접어들면 불균형이 조정되면서 위험이 드러난다는 것이다.

40) 이와 관련하여 블라인더(Blinder, 1999)는 중앙은행의 물가안정(낮은 인플레이션) 달성이 뜻하지 않게 주식투자자들의 과도한 탐닉(irrational exuberance)을 자극함으로써 거품 형성에 기여할 수도 있다고 보았다.

41) 크로켓(Crockett, 2002)는 이러한 맥락에서 스트레스 테스트, 예비충당금 적립(pre-provisioning), 경기변동 경과에 걸친 리스크 산정(through-the-cycle risk assessment)과 같은 기법을 강조한다.

42) 특히 이 점에 대해서는 앞으로 많은 연구가 이루어져야 한다.

43) 유럽중앙은행(ECB, 2001)에 따르면, 감독기구는 미시건전성 감독을 중시하므로 특정 금융기관의 포지션 청산이 자산가격과 여타 금융기관의 건전성에 미치는 영향이나 지급결제시스템 처리결과 등을 제대로 평가할 수 없다. 그러므로 감독기구가 시스템 위기(systemic crisis)의 발생 가능성을 신속하고 효과적으로 파악하기는 곤란하다고 본다. 미국 연준이 거시건전성 감독당국이면서도 금융지주회사 감독권을 직접 관장하는 것은 바로 그러한 이유 때문이라고 유럽중앙은행은 주장한다.

44) 마찬가지 맥락에서 굿하트(Goodhart, 2000)는, 대부분의 소비자보호가 미시 문제이지만, 일부 건전성 관련 안정성 문제는 약간의 미시적 성격을 띤 거시 문제라고 본다. 그래서 영국과 호주에서는 시스템안정성을 중앙은행과 감독기구가 분담하게 되었다는 것이다. 이때 중앙은행은 하향식 거시접근(top-down macro)을, 감독기구는 상향식 미시접근(bottom-up micro)을, 각각 맡음으로써 두 기구 사이에 책무분담의 명확성과 책임이 강화된다고

굿하트는 주장한다.

45) 패도우-스키오파(Padoa-Schioppa, 2002)에 따르면, 이런 특징들로 말미암아 과거의 위기[1980년대 초 남미의 은행 위기, 1980년대 초 미국의 저축대부조합 위기, 1990년대 초 스칸디나비아의 은행 위기, 1994년 브라질의 위기, 1997~1998년 동아시아(태국·한국·필리핀)의 위기 등]는 매우 비슷한 과정을 거쳐 발생했다고 한다. 즉 이들 위기는 금융자유화 이후 은행경영 관행과 감독 관행이 은행업 리스크(banking risks), 특히 신용 리스크를 다루는 데 부적절했기 때문에 발생했고, 위기를 향한 진행과정이 '규제완화 → 대출과열 → 자산가격(특히 부동산가격) 상승 → 경기변동 → 대형은행 도산에 따른 자산가격 충격'으로 이루어진 가운데 비은행금융기관보다는 주로 은행이 피해를 입었으며, 그 범위는 국내로만 국한되었다는 것이다.

46) 한국은행 뉴욕사무소 워싱턴주재원(2003)과 한국은행 조사국(2003a, 2003b)는 주로 국제결제은행과 연준 사이에 전개된 이 논쟁을 간단히 정리·소개하고 있다.

47) 퍼거슨(Ferguson, 2003)은 연준의 통화정책 수립과정을 소상하게 설명하고 있다. 우선 스탭이 작성한 인플레, 산출, 기타 변수에 대한 예측치와 전문적 판단은 연방공개시장위원회(FOMC)의 논의에 기초가 된다. 여기에 각 FOMC 위원은 "가상의 상황에 대한(what if)" 분석을 통해 금융안정의 문제를 추가적으로 고려하게 된다. 즉 어떤 유형의 금융불안정 시나리오(이를테면, 신용가용량의 극단적 악화)이 발생하는 경우 기초 예측(baseline forecasts)이 어떻게 바뀔 것인지에 대해 감안하는 것이다. 그러므로 시나리오의 확률에 따라, 그리고 그와 관련된 산출 또는 인플레 측면에서의 잠재적 비용에 따라, FOMC의 통화정책 결정이 영향을 받게 된다. 결국 연준의 통화정책은 주요 거시변수의 예상 경로와 그러한 전망에 대한 리스크 감각에 의해 인도된다. 그런 가운데 금융불안정에 대한 관심이 광범한 정책논의에 포함되는 것이다.

　이와 같은 연준의 통화정책 결정방식을 최근 그리스펀(Greenspan, 2003)은 리스크 관리 패러다임(risk-management paradigm)이라고 불렀다. 연준의 방식은 보리오 외와 크로켓이 주장하는 선제적 통화정책 틀과 사실상 크게 다를 바 없다.

## 제4장. 금융시스템 관련 공공기관 간 협력과 견제의 전제조건

48) 다스와 퀸틴(Das and Quintyn, 2002), 다스・퀸틴・테일러(Das, Quintyn, and Taylor, 2002)는 원래 금융감독기구뿐만 아니라 금융부문의 규제감독에 관련된 모든 기구, 즉 중앙은행, 부문별 규제자・감독자, 예금보험자, 그리고 시스템 위기상황 아래에서는 구조조정기구와 자산관리회사를 포함하는 광범한 규제기구들에게 적용되는 일반적인 규제지배구조를 논의하였다. 그러나 이들의 논의도 구체적으로는 금융감독기구에 주된 초점을 맞추고 있다. 또한 이 책이 주로 다루는 중앙은행과 금융감독기구 가운데 지배구조의 개선이 시급한 쪽은 대부분의 나라에서 일반적으로 금융감독기구다. 이런 점들을 감안하여, 이 책의 논의를 금융시스템 관련 공공기관 가운데에서도 금융감독기구의 규제지배구조로만 한정하기로 한다.

49) FSAP는 각국의 현행 규제지배장치와 규제독립성(또는 그 부재)이 금융시스템의 취약성에 기여하는 정도를 평가하고자 하는 것이다. 그 평가기준은 다음과 같다(Das and Quintyn, 2002 ; Das, Quintyn, and Taylor, 2002).

( i ) 통화정책과 금융정책의 투명성에 관한 IMF의 모범관행 준칙(IMF Code of Good Practices on Transparency in Monetary and Financial Policies)

( ii ) 효과적 은행감독을 위한 바젤위원회의 핵심원리(Basel Core Principles for Effective Banking Supervision)

( iii ) 시스템적으로 중요한 지급결제제도를 위한 지급결제시스템위원회(Committee for Payment and Settlement System's Core Principles for Systemically Important Payment Systems)

( iv ) 국제증권위원회기구(IOSCO)의 증권규제 목적과 원리(International Organization of Securities Commission's Objectives and Principles of Securities Regulation)

( v ) 국제보험감독자협회(IAIS)의 핵심원리(International Association of Insurance Supervisors' Insurance Core Principles)

50) 다스와 퀸틴(Das and Quintyn, 2002)은 독립성(independence)·책임성 (accountability)·투명성(transparency)·무결성(integrity)을 규제지배구 조의 네 가지 구성요소로 꼽고 있다. 그러나 이 책에서는 다스와 퀸틴이 말하 는 책임성·투명성·무결성의 각 개념을 라스트라(Lastra, 2001)가 사용한 넓은 뜻의 책임성 개념으로 흡수하여 다루기로 한다.

51) 다스·퀸틴·테일러(Das, Quintyn, and Taylor, 2002)는 정치적 간섭이 금융위기 심화에 기여한 사례로 1990년대 일본과 베네수엘라, 그리고 1997 년 말 경제위기를 맞은 한국을 들고 있다.

52) 이는 피셔(Fischer, 1995)가 중앙은행의 독립성을 목표독립성과 수단독립성 으로 구분한 뒤 중앙은행에게 필요한 독립성은 수단독립성이라 한정한 것과 마찬가지 맥락이다. 퀸틴과 테일러가 말하는 감독기구의 '수단독립성'은 헤 이워드(Hayward, 2000)의 '운영상 독립성(operational independence)'과 비 슷한 개념이다.

53) 한국의 금융감독당국은 건전성 규제를 제정할 수 있는 자율성을 부여받 고 있으나 실제로는 권한이 없다(Das, Quintyn, and Taylor, 2002). 예를 들어, 금융감독위원회가 관장하는 감독규정을 재정경제부가 자신의 관할인 시행령이나 시행규칙으로 옮겨 상위 규정화하는 경향이 있음은 심각한 문 제다(금융감독원 인력개발실, 1999). 최근 국제통화기금(IMF, 2003)도 재정 경제부가 관장해오고 있는 법규해석 권한을 감독당국에게 이관할 것을 명 시적으로 권고하고 있다. 이 점에 대해서는 이 책의 제1장과 제5장을 참조 하기 바란다.

54) 헤이워드는 (규제업무와 구분하여) 감독업무의 성격상 감독기능 발휘에 는 금융기관 경영진의 업무수행방식과 위험관리능력 등에 대한 감독자의 쉽지 않은 재량적 판단이 요구된다고 본다. 따라서 그는 (규제와 구분하여) 감독에는 운영상 독립성이 더욱 요구된다고 강조한다.

55) 루얼린(Llewellyn, 2001)은 특히 금융감독기구가 책임성 장치 속에 놓여 야 하는 네 가지 이유를 제시한다. 첫째, 소비자는 규제가 공짜(costless)라 는 잘못된 인식에 따라 규제를 과잉 수요할 위험이 있고 감독자는 위험회 피적이므로 규제를 과잉 공급할 위험이 있어서, 결과적으로 과도규제가 상 존할 가능성이 있기 때문이다(Llewellyn, 1999a). 둘째, 감독기구는 그 규제

서비스 공급에서 통상적인 시장규율의 적용을 받지 않기 때문이다. 셋째, 감독기구는 종종 독점적 지위에서 규제 서비스를 제공하기 때문이다. 넷째, 감독기구는 소비자와 피감독기업에게 상당한 권한을 행사하기 때문이다.

56) 상대방에 따라 책임성은 사법부에 대한 책임성(judicial accountability), 입법부에 대한 책임성(parliamentary accountability), 그리고 일반 국민에 대한 책임성(accountability to the general public) 등으로 구분된다. 이와 관련하여 여론의 지지는 사실상 책임성(de facto accountability)의 한 형태 이다.

　권한보유자의 의무 내용에 따라, 자신의 결정이나 조치에 대한 설명과 정당화를 해야 할 경우의 설명책임성(explanatory accountability)과 자신의 과실이 확인되고 피해를 끼쳐서 이를 배상해야 할 경우의 배상책임성(amendatory accountability)이 구분된다. 권한보유자가 그 권한의 이행에서 일정한 기준을 준수해야 하거나 목적을 달성해야 할 의무가 있는 경우에는 성과책임성(performance accountability)이 부과된다. 목표의 수효가 작을수록, 목표의 범위가 좁을수록, 그리고 복수의 목표가 있는 경우에는 우선순위가 있는 쪽이 성과책임성에 효과적이다.

　또한 책임성의 시점을 기준으로 나누면, 임원의 임명절차에 의회의 승인이 필요한 것과 같이 책임성 발휘대상이 되는 자가 권한보유자의 선정과정에 참여하는 경우의 사전적 책임성(accountability *ex ante*)과 규제기관장의 대(對)의회 보고와 출석의 의무와 같은 사후적 책임성(accountability *ex post*)이 있다. 자세한 내용은 라스트라(Lastra, 2001)를 참조하기 바란다.

57) 본문의 [표 4]에 나오는 대로, 다스와 퀸틴은 투명성을 "규제조치의 목적·틀·결정·근거·자료와 그 밖의 정보·책임성 조건이 일반 국민에게 종합적으로 제때에 접근가능한 방식으로 제공되는 환경"으로 정의한다. 이들은 무결성을 "(감독기구의-저자) 직원이 사익(self-interest)을 위해 기구의 목적을 훼손하지 않도록 하는 장치"로 정의한다. 라스트라에 따르면 책임성이란 자신의 행동에 대한 근거를 제시하고 행동을 설명하며 정당화해야 할 의무이다. 그러므로 정보제공은 책임성을 구성하는 한 요소가 되고 공시(public disclosure)는 "시장에 기반을 둔 책임성"의 한 형태다(Lastra, 2001). 투명성이란 그러한 행위에 대한 정보를 획득할 수 있는 가능성의 정

146

도로서 라스트라의 책임성을 구성하는 한 요소가 된다. 그리고 감독기구가 책임성을 달성하려면 무결성이 하나의 조건으로 요구되므로 무결성도 라스트라의 책임성을 구성하는 한 요소로 해석할 수 있다.

58) 예를 들어 독일의 경우에는 공공기관 사이의 이해상충을 전반적으로 규제하고 협력을 강조하는 사회적 분위기가 일찍부터 두드러져 왔었다(김홍범, 1997). 이와 대조적으로, 한국 사회의 경우에는 인간관계에서 서열을 중시하는 유교문화의 전통으로 말미암아 공공기관 사이에도 수직적 위계질서가 확고하게 자리 잡고 있으므로 선의가 형성될 수 있는 여지가 거의 없다. 선의란 수평적·기능적 관계에서만 가능한 것이기 때문이다. 공공기관 사이의 수직적 위계질서에 대해서는 김홍범(2002)과 김대식 외(2002), 그리고 이 책의 제5장과 제6장을 참조하기 바란다.

59) 헤이워드는 '공공기관 간 위원회'를 공공기관 사이의 상호책임성 장치로 해석한다.

## 제5장. 한국의 금융감독 사례 : 신용카드회사와 가계의 부실화에 대한 금융시스템 관련 공공기관의 인식과 대응

60) 한국의 신용카드회사 부실화와 가계 부실화는 서로 밀접하게 관련된 문제이다. 신용카드회사는 무분별한 회원 유치와 현금서비스 대출에 치중하는 등 리스크를 무시한 영업을 통해 결과적으로 가계 부실화에 대해 부분적으로 기여했고, 가계 부실화는 신용카드회사 부실화를 심화시켰다. 이 장에서 밝혀지는 바와 같이 신용카드회사 부실화와 가계 부실화는 둘 다, 수년 동안 강력히 추진된 내수진작 정책기조가 낳은 부작용에 대해 관련 공공기관이 적절히 대응하지 못해 초래된 결과이다. 그러므로 이 책은 이들 부실화 문제를 구분하지 않고 함께 다루기로 한다.

61) 각 공공기관의 보도자료는 어떤 문제에 대해 그 기관이 공표시점에서 갖고 있는 공식 견해나 조치를 담고 있다. 그러므로 각 공공기관의 보도자료를 시간경과에 따라 검토하면 그 기관의 정책과정 궤적을 전체적으로 관찰·평가할 수 있다. 또한 보도자료를 통해 각 시점에서 금융시스템 관련 공공기관들의 인식과 대응의 양상을 비교·검토함으로써 공공기관 간 협력·견제 장

치의 작동 여부에 대해서도 평가할 수 있다. 이와 같은 보도자료는 재정경제부 홈페이지(www.mofe.go.kr), 금융감독원 홈페이지(www.fss.or.kr)와 금융감독원(1999~2003), 그리고 한국은행 홈페이지(www.bok.or.kr)와 한국은행(1999~2003)을 통해 누구에게나 공개되어 있다.

62) 이 절은 김홍범(2002)에 주로 의존하였다.

63) 그러나 당시 출범한 금융감독체계는 원래의 금융개혁위원회안과 몇 가지 점에서 차이가 난다. 첫째, 원래의 금개위안에서는 법령 제·개정권이 금감위 소관으로 구상되었으나 새로운 감독체계에서는 이 권한이 재정경제부로 귀속되었다. 둘째, 원래의 금개위안은 위기관리에 대한 구상을 전혀 담고 있지 않았으나 새로운 감독체계에서는 감독기구인 금융감독위원회가 금융기업과 실물기업에 대한 구조조정 책무까지 관장하게 되었다. 셋째, 원래의 금개위안에서는 한국은행에게 일반은행·특수은행과 은행신탁계정에 대해 일부 건전경영지도·규제 업무와 그 결과의 확인업무를 수행하는 권한을 부여했으나 새로운 감독체계에서는 한국은행에게 간접적·소극적 감독기능만이 허용되었고 「한국은행법」의 목적조항에서 금융안정 책무가 사라졌다. 넷째, 원래의 금개위안에서는 예금보험공사를 금감위 산하에 두는 것으로 했으나 새로운 감독체계에서는 예금보험공사가 재경부 산하로 편제되었다. 각각의 차이가 갖는 함의에 대해서는 김홍범(2002)을 참조하기 바란다.

64) 금융감독위원회를 보조하는 관료조직은 2001년 2월 이전에도 그 조직편제·규모·역할이 이미 여러 차례 변경·확대되어 왔었다. 그러므로 이 책에서는 김홍범(2002)을 따라 금감위 산하의 관료조직을 가리켜 '사무국'이라 통칭하기로 한다.

65) 2001년 2월의 직제개편으로, 1998년 4월 출범시에는 금감위 산하의 단순 행정보조 관료조직이었던 사무국이 기획행정실(총무과·기획과·국제협력과), 감독정책1국(감독정책과·은행감독과·시장조사과), 감독정책2국(증권감독과·보험감독과·비은행감독과), 그리고 공보담당관으로 편제를 갖추게 되었다. 이로써 사무국은 금융감독당국 내부의 공식적 핵심 감독조직으로 자리 잡았다. 김홍범(2002)은 이 직제개편을 재경부가 금융감독당국 내부에 자신의 영향력을 구조화하려는 움직임의 하나라고 해석한다.

66) 예를 들어 2002년 6월 25일 현행 법률이 인정한 한국은행의 하나은행에 대한 공동검사 요구를 금감원이 일방적으로 거부한 일이 있었다. 이는 본 문에서 나중에 논의될 공공기관 간 수직적 위계질서 내에서 상위 기관이 하위 기관에게 협조하지 않는 경우의 한 예가 된다. 감독권에 관한 한, 정 보를 독점하는 금융감독당국의 일부인 금감원은 한국은행의 상위 기관이 된다. 한국은행의 검사 요구에 대한 금감원의 일방적 거부 사건이 계기가 되어, 2002년 10월 4일 한국은행 총재와 금융감독원장 사이에 공동검사와 관련한 양해각서(한국은행, 2002)가 체결되었다.

67) 금융정책협의회, 금융정보공유협의회와 금융정보공유실무협의회 등의 공 공기관 간 장치는 모두 법률적 근거가 없는 상태로 가동되고 있으며, 그 운 영에서도 심각한 구조적 문제가 있거나(금융정책협의회의 경우), 운영이 활발하지 못하다(금융정보공유협의회와 그 실무협의회의 경우). 자세한 내 용은 이 장과 제6장을 참조하기 바란다.

68) 당시 정부는 구조개혁 내실화, 사회안전망 확충, 지식기반경제의 기반 구 축 등과 같은 경제체질 개혁을 내수진작과 함께 1999년 경제정책의 기본 방향으로 설정하여 추진하였다. 자세한 내용은 재정경제부(1999)를 참조하 기 바란다.

69) 주택 등 부동산시장 대책은 기본적으로 건설교통부 소관이지만 경제정책 관련 부처가 참여하는 각종 회의에서 재정경제부가 정책을 총괄·조정하 는 역할을 수행한다. 그러므로 이 책의 문맥상 본문에서 정부란 실질적으 로 재정경제부를 뜻하는 것으로 해석해도 전혀 무리가 없다.

70) 이들 각 조치의 주요 내용은 다음과 같다(건설교통부, 2003).

( i )〈주택경기 활성화를 위한 자금지원방안〉(1998. 6. 22) : 국민주택기금 의 자금지원 확대

(ii)〈주택경기 활성화 방안〉(1998. 9. 7) : 분양중도금 추가지원과 일부 공 공택지 분양가 자율화

(iii)〈건설 및 부동산경기 활성화대책〉(1998. 12. 12) : 1세대 1주택 양도소 득세 비과세요건 완화 등

(iv)〈분양권 전매제한 폐지〉(1999. 2. 8) : 분양주택의 명의변경이 시장·군 수의 동의 없이 가능

(ⅴ) 〈주택건설 확대계획〉(1999. 3. 22) : 주택 10만 호 추가 건설, 중도금 대출금리 인하, 주택구입자금 대출한도 확대, 일부 신축주택 구입자금 상환분의 한시적 소득공제 등

(ⅵ) 〈서민주거안정대책〉(1999. 5. 31) : 매년 10만 호 임대주택 건설, 전세자금 지원조건 완화 등

(ⅶ) 〈중산층 및 서민층 주거안정대책〉(1999. 8. 20) : 국민주택기금 금리 인하 등

(ⅷ) 〈주택건설 촉진대책〉(1999. 10. 7) : 민영주택 청약자격 완화

(ⅸ) 〈2000년도 주택시장전망과 안정대책〉(2001. 1) : 분양중도금 대출금리 인하, 전세자금 지원 확대

(ⅹ) 〈주택건설 촉진대책〉(2000. 7) : 대지조성 사업비 신규 지원 등

(ⅺ) 〈건설업활성화 및 구조개편촉진대책〉(2000. 8. 29, 경제장관간담회) : 공공임대주택 건설에 대한 융자 등

(ⅻ) 〈지방건설 활성화 방안〉(2000. 11. 1, 당정협의) : 비수도권 신축주택 구입 시 한시적 양도세 면제 등

(ⅹⅲ) 〈주택개량사업 활성화방안〉(2000. 12) : 주거환경 개선을 위한 기반시설 설치비 지원 등

(ⅹⅳ) 〈서민주거 안정대책〉(2001. 1) : 임대주택용 택지공급, 임대주택 구입자금 대출금리 인하 등

(ⅹⅴ) 〈서민주거 생활안정을 위한 전·월세 종합대책〉(2001. 3. 16, 당정협의) : 전·월세 서민의 보증금 융자지원 강화, 임대사업자에 대한 세제·금융 지원 확대, 향후 3년 동안 국민임대주택 5만 호 추가 건설 등

(ⅹⅵ) 〈건설산업투자적정화 방안〉(2001. 5. 23) : 양도소득세의 한시적 면제, 취득·등록세의 한시적 감면

(ⅹⅶ) 〈임대주택 활성화대책〉(2001. 5. 26) : 임대주택용지 공급비율 확대, 임대주택조합제도 도입

(ⅹⅷ) 〈전·월세 안정대책〉(2001. 7. 26) : 소형주택 공급비율 적용안 마련(9월 중), 빈방 실태조사 등

(ⅹⅸ) 〈국민임대주택 20만호 건설 및 서민 전·월세 지원대책〉(2001. 8. 15, 대통령 경축사) : 국민임대주택 20만 호 건설, 전월세 자금 융자폭 확대,

생애최초 주택마련 지원대상 확대 등

( xx ) 〈서민주거생활 안정대책〉(2001. 9. 14, 물가대책장관회의) : 소형주택
　　의무비율 재도입, 택지공급 확충, 양도소득세 및 인지세 부담 완화)

71) 이 조치로, 가전제품(TV · 냉장고 · 세탁기 등), 식음료품(청량음료 · 커피
　　등), 생활용품(피아노 · 화장품 등), 그리고 대중스포츠물품(스키용품 · 볼링
　　용품 · 스키장 이용료 등) 등에 부과되는 특별소비세가 폐지됨으로써 이들
　　제품 가격이 10~20퍼센트 인하되는 효과를 가져왔다. 자세한 내용은 〈개
　　정된 특별소비세법 12. 3 시행〉(1999. 12. 2)을 참조하기 바란다.

72) 실제로는 탄력세율 인하조치가 원래 예정되었던 시한인 2002년 6월보다
　　2개월 더 연장되어 2002년 8월까지 적용되었다. 동아일보(2002)에 따르면,
　　"(2002년-저자) 1 · 4분기(1~3월) 경제성장률이 5.7퍼센트로 높게 나타난
　　데다 내수가 급증하는 등 경기과열 우려가 있는 데도" 재경부가 "(2002년-
　　저자) 하반기 경기가 불투명한 점을 들어" 탄력세율 인하를 연장한 것이라
　　한다.

73) 당시 특별소비세율이 인하된 일부 품목에는 프로젝션 TV, PDP TV, 녹
　　용 · 로열 젤리 · 향수, 에어컨 · 귀금속제품 · 골프용품 · 레저용품 · 사진기
　　등 생활용품, 그리고 유흥주점 등이 있었다. 자세한 내용은 〈특별소비세법
　　개정(안) 보도 참고자료〉(2001. 11. 20)를 참조하기 바란다.

74) 〈국민임대주택 건설 확대〉의 골자는 2012년까지 국민임대주택 50만 호를
　　포함하여 총 500만 호의 주택을 건설한다는 것이었고, 〈주택시장 안정대
　　책〉의 주요 내용은 국민임대주택 100만 호 건설, 영세민 세입자 지원한도
　　확대, 생애최초주택 구입자금 상환조건 개선, 그리고 금융기관 장기분할 상
　　환대출 활성화 등이었다. 자세한 내용은 건설교통부(2003)를 참조하기 바
　　란다.

75) 이 자료에는 가계대출 부실화가 금융회사의 건전성뿐만 아니라 금융시스
　　템 안정성을 위협할 가능성까지도 언급되었다. 당시 금융정책협의회는 가
　　계부채규모가 우려할 만한 수준은 아니지만 증가속도가 빨라서 부담요인
　　이 존재하고 금융회사 사이에 가계대출 심사기준의 경쟁적 완화가 문제라
　　는 결론을 내리고, 다음과 같은 단기대책*과 장기대책**을 마련하였다(각
　　괄호 안은 해당 대책의 추진주체임).

( ⅰ ) 적정 대손충당금 적립 등을 위한 감독 강화*(금감위)

(ⅱ) 신용카드부문의 건전성 제고*(금감위)

(ⅲ) 주택담보대출 관행 개선*(금감원과 재경부)

(ⅳ) 신용불량자 등록제도 개선*(은행연합회)

(ⅴ) 개인신용관리의 중요성 홍보*(여신전문금융기관협의회 등)

(ⅵ) 우량정보 유통을 위한 제도기반 마련**(재경부)

(ⅶ) 가계대출의 신용 리스크관리 강화 지도**

(ⅷ) 소비자갱생제도 도입**(법무부)

(ⅸ) 기업금융 활성화 여건 조성**(한은과 재경부)

( ⅹ ) 부동산 과열 억제대책의 지속 추진**(재경부).

76) 당시 가계대출 급증에 대한 대응이 내수진작 유지라는 제약 아래에서 이루어져야 했다면, 이는 각 공공기관의 고유 책무를 기준으로 유추할 때 금융감독당국과 한국은행의 시각이 재정경제부의 시각에 의해 지배되었음을 뜻한다. 내수진작기조를 그대로 유지하고자 가계대출 급증을 강력하게 억제하지는 않기로 한 것이 공공기관 사이에 진정한 의미에서 합의가 이루어진 결과였다면 모르지만, 공공기관 간 수직 위계 속에서 재정경제부가 정책결정과정을 지배한 결과였다면 문제가 심각해진다. 이 장에서 곧 논의하게 되는 바와 같이, 우리의 현실은 후자에 속한다.

77) 물론 2002년 10월과 11월에도 부동산 대책들 —— 전세와 주택구입을 위한 기금의 대출금리 인하조치와 2003년부터 10년 동안 국민임대주택 100만 호 건설 등을 골자로 하는 〈동절기 중산·서민대책〉(2002. 11. 16)과 〈표준건축비 상향조정〉(2002. 12. 2) —— 이 나오긴 했으나, 이들은 내용상 과거의 활성화대책과는 달리 투기를 자극할 만한 가능성이 거의 없는 내용이었다. 자세한 내용은 건설교통부(2003)를 참조하기 바란다.

78) 재정경제부·교육인적자원부 외(2003a)의 관련 내용은 다음과 같다.

"…… 세계경제 회복의 지연 가능성, 주요 교역국과의 통상마찰 등 성장을 주도할 수출여건의 불확실성 …… 에 대응하여 금리·재정정책 등을 통하여 내수를 진작해 나가는 것도 한계가 있음. (왜냐하면-저자) 가계부채의 증가, 부동산 가격상승 등 우리 경제에 잠재되어 있는 불안요인이 다시 나타날 가능성이 있고 물가불안으로 이어져 안정기조를 해칠 우려(가 있기 때문임-저자). 따라서, 투자활성화를 통하여 안정적으로 내수를 유지시켜 나가고 성장률을 높여 나가는 정책이 필요(함-저자). 또한, 중장기적인 성장잠재력 확충, 고용창출 등을 위해서도 투자활성화를 적극 추진해야 함. …… 따라서, 금년도 경제운영은 '투자활성화와 성장잠재력의 배양'에 중점(을 둠-저자)."

79) 이 책에서는 두 개의 이질적 조직인 금융감독위원회와 금융감독원을 묶어 금융감독당국으로 통칭해오고 있다. 이 절에서도 그러하다. 그런데 일부 보도자료는 금융감독위원회와 금융감독원의 공동 명의로 공표되지만, 또 다른 일부 보도자료는 자료의 내용이나 사안의 성격상 금융감독위원회 단독 명의 또는 금융감독원 단독 명의로 공표되기도 한다. 그러나 두 기구가 금융감독위원회 위원장이자 금융감독원장인 동일인의 관할 아래에 있고 금융감독원은 금융감독위원회의 지시를 받는 집행기구이므로, 두 기구 가운데 어느 하나의 명의로 공표된 보도자료라 하더라도 금융감독당국의 공식 견해로 간주하는 것이 정확할 것이다. 따라서 이 책에서는 개별 보도자료가 단독 명의로 공표되었건 공동 명의로 공표되었건, 모두 금융감독당국의 공식 견해 또는 공식 결정인 것으로 간주한다.

80) 관련 법규의 개정이 순조롭지 못했던 구체적 정황에 대해서는 이 장 제5절의 내용을 참조하기 바란다.

81) 한국의 공공기관 간 수직적 위계질서는 각 공공기관이 보유한 권한의 크기와 강도에 따라 형성된다. 자세한 내용은 이 장의 제5절과 제6장, 그리고 김대식 외(2002)를 참조하기 바란다.

82) 이 말에는, 경기회복을 해치지 않는 범위 안에서 미시건전성 감독정책을 운용하겠다는 내용과 통화당국인 한국은행의 거시정책 운용 가능성을 배제하는 것으로 보이는 내용이 포함되어 있다. 이는 당시 가계부채 급증 등의 문제를 심각하게 받아들이지 않(고자 하)는 감독당국자의 안이한 자세를 드러낸 것으로, 결과적으로 시장을 오도하는 말이었다고 판단된다.

83) 2002년 5월 당정협의 합의사항은 그보다 이미 1년 전인 2001년 5월 감독당국이 제시했던 〈신용카드업의 문제점 및 개선방안〉과 같은 내용이었다. 따라서 당정협의가 상징하는 정치적 영향력이 실제 합의내용에 대해 어떤 작용을 한 흔적은 없다. 그러나 형식의 문제는 계속 남아 있다. 즉 당

시 당정협의를 계기로 신용카드회사에 대한 강력한 건전성 규제가 비로소 이행되기 시작했다는 사실은, 한국 금융감독이 일상적으로 정치적 영향력에 상당히 노출되어 있음을 시사한다. 이 점에 대해서는 이 장의 제5절을 참조하기 바란다.

84) 이러한 조치들에는 적기시정조치 기준에 연체율과 손익상황을 추가하는 조치, 자산건전성 분류기준과 대손충당금 적립기준의 강화조치, 조정자기자본비율 산정방식의 개선조치, 장기 연체채권의 신속한 대손상각 지도, 카드회사 경영실태 감시 강화조치 등이 포함되었다.

85) 가계신용은 가계대출과 판매신용의 합계로 정의된다. 이때 가계대출은 가계일반자금대출과 주택자금대출로 구성된다. 가계일반자금대출은 은행·저축기관·보험기관·신용카드회사에 대해 집계하며, 주택자금대출은 은행·저축기관·보험기관·할부금융회사·국민주택기금에 대해 집계한다. 또한 판매신용은 여신전문기관(할부금융회사·신용카드회사 등)과 판매회사(백화점·자동차회사·가전회사)가 소비자의 물품구입과 관련하여 공여한 신용이다. 자세한 내용은 한국은행의 〈1998년중 가계신용동향〉(1999. 3. 12)을 참조하기 바란다.

86) 물론 이때 논의되었던 총액한도대출 증액조치와 대출금리 인하조치는, 가계대출 급증 그 자체를 문제로 보았다기보다는 그로 말미암은 중소기업여신의 위축 가능성을 염두에 두었다는 점에서 가계대출 억제를 위한 본격적 대응조치는 아니었다.

87) 이 글에 쓰인 '감독실패'의 정확한 의미에 대해서는 주 9를 참조하기 바란다.

88) 한국은행의 경우 2002년 1월 중소기업여신 확대를 장려하고자 총액한도대출 배분비율을 조정했었고, 같은 해 2월에는 총액대출한도의 증액과 대출금리 인하조치를 취했었으며, 4월에도 중소기업여신 확대를 장려하기 위한 추가 조치를 취한 바 있었다. 그러나 이들 조치는 가계대출 급증의 억제를 직접적으로 겨냥한 것이라기보다는 중소기업여신을 장려하는 데 주목적이 있었다는 점에서 본격적 대응조치로 보기는 어렵다.

89) 금융시스템 관련 공공기관 사이의 의사소통 경로에는 금융감독원·한국은행·예금보험공사가 참여하는 금융정보공유협의회와 금융정보공유실무협의회도 있다. 그러나 이들 (실무)협의회에서 논의되는 사안의 범위는 좁

다. 예를 들어, 정보생산과정(공동검사 등)에 대한 공공기관들의 동참과 견제는 협의회의 논의 범위를 벗어난다. 협의회에서는 금융감독당국(금융감독원)으로 집중되는 정보의 일부에 대한 접근성을 다른 공공기관에게 허용하는 수준의 정보공유만 논의되어 왔을 뿐이다. 게다가 공공기관 간 수직위계의 최상층에 위치한 재정경제부와 금융감독위원회는 이들 협의회에 참여하지 않는다.

　이러한 상황에서 공공기관 사이의 의사소통 경로로서 금융정보공유협의회와 동 실무협의회가 갖는 현실적 의미는 제한적이게 된다. 이들 (실무)협의회에 대해서는 이 책의 제6장을 참조하기 바란다.

90) 금융정책협의회는 원래 월 2회 개최하는 것으로 되어 있으나 실제로는 보통 매분기 2회 정도 모인다. 모임은 공개회의와 비공개회의로 구분되는데, 그 빈도는 3대 1 정도인 것으로 알려져 있다. 감독당국과 한국은행이 카드회사 부실화와 가계부채 급증 등의 문제를 각기 처음 인식한 이후, 시간이 지나면서 신용불량자가 계속 양산되고 연체율이 지속적으로 상승하는 등 그 규모와 전개속도가 거시경제와 금융안정에 대해 가지는 함의 면에서 결코 사소한 문제가 아님이 점차 분명해졌다. 그럼에도 이런 여러 현상이 제때 금융정책협의회에 공개된 정식 안건으로 상정되지 않았던 점은 이 협의회의 운영에 심각한 문제가 있다고 의심하기에 충분하다.

91) 일반적으로, 한 공공기관이 어떤 문제를 먼저 감지하면 그 문제가 최악의 경우로 발전할 리스크와 그때의 비용규모를 고려하여 초기에 문제를 금정협 의제로 상정하는 것이 옳다. 감독당국과 한국은행이 저마다 문제를 인지했음에도 문제의 상정이 지연된 것은, 재정경제부의 정책지배(policy dominance)를 감독당국과 한국은행이 현실로 받아들여 스스로 재경부의 정책에 순응하고자 적극 노력하게 되었거나, 또는 감독당국과 한국은행이 일정한 선을 지킴으로써 재경부와의 갈등을 회피하려는 전략을 구사했기 때문일 것이다. 그러나 한국은행과 감독당국으로서는 각자에게 부여된 고유 책무에 따라 가계부채 급증 등의 문제를 자신의 고유 시각에서 분석했어야 한다. 그리고 필요하다고 판단한 경우, 금융시스템 관련 공공기관 사이의 협의와 조정을 거쳐 적절한 조치를 제때에 제시하려고 노력했어야 한다.

92) 재정경제부는 경제정책·세제·국내금융·국제금융·국고·경제협력·
국민생활 등을 다루며 경제정책조정회의를 통해 경제정책 조정기능을 보
유하는 것으로 되어 있다(재정경제부, 2002d). 재정경제부가 자신에게 주어
진 고유 책무를 바탕으로 내수진작을 정책기조로 선택하고 유지했던 점 자
체를 저자가 문제 삼고 있는 것이 아니다. 재정경제부의 문제는 금융시스
템 관련 공공기관 사이에서 정책을 조정한 것이 아니라 정책을 '지배'한 점
에 있다. 재정경제부는 금융정책협의회를 각 공공기관의 고유 책무와 기능
을 존중하는 가운데 합의를 도출하는 메커니즘으로 활용했어야 한다.

93) 여기서 '재난불감증'이란, 발생할 확률은 작지만 일단 발생하면 엄청난 대
가를 치르게 되는 사건에 대해 무시하는 쪽으로 단견을 갖기 쉬운 민간 경
제주체의 심리적 경향을 가리킨다(BIS, 2001). 그런데 한국의 금융시스템
관련 공공기관들은 재정경제부의 내수진작 정책기조를 지상명제로 삼은
나머지, 신용카드회사와 가계부채 등의 문제를 다루는 데서 민간 경제주체
의 이와 같은 심리적 경향을 적절하게 통제하기보다는 오히려 용인하였다.
그럼으로써 정책을 수립하고 집행하는 공공기관들조차도 마치 그러한 재
난불감증을 가진 것처럼 행동하는 잘못을 저질렀다.

94) 금융감독원 인력개발실(1999)의 관련 언급은 다음과 같다.

"실제로 최근에는 재정경제부에서 금융감독위원회에 위임되어 있거나
금융감독위원회 규정에 포함되어 있는 내용을 시행령과 시행규칙으로 상
위 규정화하려는 움직임이 있다. 특히 금융감독에 대한 주무부처가 금융감
독위원회로 이관되었는 데도 법률뿐만 아니라 시행령과 시행규칙 제·개
정시 서로간의 이견이 많고 또한 이견이 해소되지 않을 경우 지연되는 사
례가 많이 발생하고 있다. 이것이 현행 금융감독체계에서 해결해야 할 가
장 큰 문제이다."

95) 한국의 신용카드회사 부실화 문제는 루얼린(Llewellyn, 1999a)이 말하는
일종의 그리드 락(grid lock) 현상으로 설명될 수 있다. 신용카드회사가 장
기적으로는 옳지 못한 행동(예를 들어, 신용 리스크에 대한 고려 없이 무조
건적으로 회원가입을 확대하려는 행동 등)을 통해 단기적으로는 이득을 얻
을 수 있다는 사실을 소비자가 상당 기간 동안 모른다고 가정하자. 이런 경
우 소비자로서는 올바른 행동을 하는 우량기업과 그렇지 않은 불량기업을

상당 기간 동안 구분하지 못할 것이다. 이것은 우량 신용카드회사가 상당 기간 동안 자신을 제대로 드러낼 수 없음을 뜻한다.

결국 우량 신용카드회사는 소비자를 어떻게 다루는 것이 장기적으로 옳은지 잘 알면서도, 자신의 경쟁상대(불량 신용카드회사)가 단기적 이익을 위해 위험전략을 추구하고 불량행동을 하는 한, 이를 의도적으로 따라하게 된다. 현재 행동의 미래 결과에 대해 완전한 정보가 없는 상황에서 개별 우량 신용카드회사로서는 다른 신용카드회사의 행동을 따르는 것이 합리적일 수 있기 때문이다. 이는 곧 무리 행동(herd behavior)이 유발됨을 의미한다. 그 결과, 모든 신용카드회사가 과도한 리스크를 안게 될 것이다.

이런 일을 막기 위해 필요한 것이 규제이다. 한국의 금융감독당국은 신용카드회사들 모두에게 공통적으로 적용되는 유효한 규제를 제때에 마련해서 적용했어야만 했다.

96) 예를 들면, 2001년 5월 감독당국이 〈신용카드업의 문제점 및 개선방안〉에 따라 의결했던 감독규정 개정안 가운데 가두 회원모집을 금지하는 내용이 당시 규제개혁위원회의 철회 권고로 시행이 불가능해지는 등의 일이 있었다. 당시 규개위 결정은 신용카드회사의 무질서한 회원모집 행태를 공식 인정하는 면죄부였다. 이 면죄부는 신용카드회사의 재난불감증과 무리 행동을 더욱 자극함으로써 신용카드회사의 도덕적 해이에 기여하는 하나의 요인으로 작용하였다.

신용카드회사의 도덕적 해이에 기여한 비슷한 사례는 이것 말고도 또 있다. 2001년 11월 감독당국은 신용카드 남발을 막고자 소득증빙서류 제출시에만 카드가 발급되도록 규제를 강화하려 했으나, 규제개혁위원회가 이에 반대하여 카드사의 소득증빙서류 확인만으로 카드 발급이 가능하도록 완화된 적이 있었다. 또한 감독당국은 미성년자에 대한 카드 발급이 부모의 사전 동의 아래서만 가능하도록 규제를 강화하려 했으나, 재정경제부 반대로 부모에 대한 사후 통보로도 카드 발급이 가능하도록 완화되기도 했었다. 2001년 중 감독당국이 원래 의도했었던 위의 규제 강화조치들 — 가두 회원모집 금지, 카드 발급을 위한 소득증빙서류 제출요건, 미성년자에 대한 카드 발급의 경우 부모의 사전 동의 요건 등 — 은 모두 재정경제부가 내수진작정책을 포기한 직후인 2002년 7월에야 뒤늦게 도입되었다.

97) 〈신용카드업의 문제점 및 개선방안〉을 공표했던 2001년 5월 이후에도 감독당국이 신용카드회사에 대한 영업행위 감독을 느슨하게 운용한 점은 신용카드회사의 도덕적 해이에 기여한 또 하나의 요인이었다. 예를 들어 2001년 2월 신용카드회사의 과당경쟁이 문제로 인식된 이후에도 신용카드회사의 과당경쟁 관련 위규사례에 대한 적발과 제재는 그로부터 10개월이 지난 2001년 12월에야 처음으로 이루어졌다.

98) 전자를 다룬 보도자료의 일부 예로는, 〈무분별한 신용카드회원유치에 대한 지도 및 일제점검 실시〉(2001. 4. 16), 〈신용카드회원 권리보호 강화 방안 마련〉(2001. 4. 21), 그리고 〈신용카드 발급업무 운영실태 점검 및 지도 실시〉(2001. 5. 16) 등을 들 수 있다. 또한 후자를 다룬 보도자료의 일부 예로는, 〈금융감독위원회 2001년도 주요 업무계획 보고〉(2001. 4. 12), 〈주요 현안보고〉(2001. 6. 22), 그리고 〈2002년 하반기부터 달라지는 금융제도〉(2001. 6. 28)를 들 수 있다. 자세한 내용은 이 장의 제3절을 참조하기 바란다.

99) 한국은행은 금융안정 책무와 통화안정 책무를 수행하기 위해 평소 다양한 통계자료와 분석자료를 생산하고 있다. 금융시스템 안정성의 감독자로서 한국은행은 통화정책의 전달경로인 은행 대차대조의 움직임을 감시하고, 지급결제제도 참여자인 은행과 신용카드회사의 행동을 감시하는 과정에서 실물경제와 금융경제의 흐름과 관련된 각종 정기·비정기 자료를 생산한다.

　　가계부채와 카드회사에 직·간접으로 관련된 정기 발간자료에는, 〈가계신용동향〉(분기 또는 반년 자료), 〈금융기관 대출행태 서베이 실시 결과〉(분기 자료), 〈자금순환동향〉(분기 자료), 〈지급결제동향〉(분기 자료), 〈금융시장동향〉(월 자료), 〈은행 및 비은행금융기관 가중평균금리동향〉(월 자료), 〈통화정책방향〉(월 자료), 그리고 〈경제전망〉(반년 자료) 등이 포함된다. 한국은행은 이들 정기·비정기 자료를 통해 가계대출이나 신용카드 거래의 움직임을 일찍부터 신속히 파악해왔다.

100) 기간별 관련 부정기 분석자료는 다음과 같다.
　(ⅰ) 1999년 : 〈최근 저축률 변동의 특징과 시사점〉(1999. 10. 26)
　(ⅱ) 2000년 상반기 : 〈최근의 은행가계대출 동향〉(2000. 1. 27)

(iii) 2000년 하반기 : 〈외환위기 이후의 저축률 추이와 시사점〉(2000. 10. 31)

(iv) 2001년 상반기 : 〈최근 가계의 금융부채 현황 및 상환능력〉(2001. 2. 22)
　　　　　　　　　〈민간부문 금융자산운용의 특징과 시사점〉(2001. 6. 5)

( v ) 2001년 하반기 : 〈최근 개인부문의 금융자산 및 부채 상황〉(2001. 8. 7)
　　　　　　　　　〈최근 민간소비변동의 특징과 시사점〉(2001. 8. 16)*
　　　　　　　　　〈금리인하의 효과에 관한 견해〉(2001. 8. 23)

(vi) 2002년 상반기 : 〈1990년 이후 가계소비패턴 변화의 특징 및 시사점〉
　　　　　　　　　(2002. 2. 14)*
　　　　　　　　　〈2001년중 은행금리동향의 특징과 시사점〉(2002. 2. 25)
　　　　　　　　　〈최근 경제동향의 특징과 통화신용정책 방향〉(2002. 2. 21)
　　　　　　　　　〈예금은행의 가계대출 억제방안〉(2002. 4. 9)
　　　　　　　　　〈최근의 경제동향과 통화신용정책방향〉(2002. 4. 16)
　　　　　　　　　〈은행의 가계대출 표본조사〉(2002. 4. 19)
　　　　　　　　　〈최근 은행의 예대금리차 동향 및 시사점〉(2002. 5. 4)

(vii) 2002년 하반기 : 〈최근 금융기관 여수신금리 동향의 특징과 시사점〉
　　　　　　　　　(2002. 7. 23)
　　　　　　　　　〈금융권의 개인대출 현황〉(2002. 9. 13)
　　　　　　　　　〈최근 가계의 소비지출 동향과 특징〉(2002. 10. 4)
　　　　　　　　　〈자산가격변동과 통화정책〉(2002. 10. 28)
　　　　　　　　　〈최근 저축률 하락의 원인과 평가〉(2002. 11. 6)
　　　　　　　　　〈세계경제 디플레이션의 가능성과 영향〉(2002. 11. 15)
　　　　　　　　　〈예금은행의 자금조달 및 운용 행태 변화〉(2002. 12. 23)

　　이들 부정기 보도자료 가운데 소비지출에 관한 2건의 분석자료(*)를 제외
한 다른 모든 자료가 가계부채 문제에 관하여 우려를 표시하였다.

101) 가계부채 급증 등의 문제에 대한 한국은행의 부정적 시각은 2001년 8월
　　〈총재, 은행장과의 간담회 개최 : 기업 및 SOC 민간투자사업에 대한 금융
　　지원 확대〉(2001. 8. 17)를 통해 처음 겉으로 드러났다. 이후 연말에 이르기
　　까지 한국은행은 가계부채에 대한 다소의 우려를 이따금 표시하기도 했으
　　나(예를 들면, 〈총재, 은행장과의 간담회 개최 : 가계대출의 큰 폭 증가에
　　따른 대응에 만전〉, 2001. 10. 26 ; 〈2002년 경제전망〉, 2001. 12. 6 ; 〈2001

년 3/4분기 가계신용동향〉, 2001. 12. 14. 등), 2001년 2월 처음 밝혔던 낙관적 견해를 연중 내내 강하게 유지했었다.

예를 들면, 〈최근 개인부문의 금융자산 및 부채 상황〉(2001. 8. 7)은 한국은행이 2001년 2월에 밝혔던 자신의 낙관적 견해가 계속 유효함을 재확인하는 내용이었고, 〈2001년 8월중 통화정책방향〉(2001. 8. 9), 〈최근 민간소비변동의 특징과 시사점〉(2001. 8. 16), 그리고 〈금리인하의 효과에 관한 견해〉(2001. 8. 17) 등은 저금리와 소비진작에 대한 적극적 옹호론을 담은 내용이었다. 자세한 내용은 이 장의 제4절을 참조하기 바란다.

102) 2002년에 들어와 가계부채 등의 문제가 지속적으로 심각성을 더해가는 가운데 1월에는 〈총재, 은행장과의 간담회 개최〉(2002. 1. 25)를 통해 가계대출 급증을 억제하기 위해 총액한도대출의 배정기준을 변경하였고, 2월에는 금융통화위원회가 〈2002년 2월중 통화정책방향〉(2002. 2. 7)에서 가계대출 급증에 대한 우려를 최초로 표명하고 총액한도대출의 증액과 이 자금의 금리인하 조치를 취했었다. 이후 2002년 4월에는 〈예금은행의 가계대출 억제방안〉(2002. 4. 9)에서 중소기업여신 확대를 장려하는 차원에서 총액한도대출의 배정기준을 재조정하는 하는 한편, 5월에는 가계대출 급증이 가져올 과잉유동성에 대한 우려에서 콜금리목표를 상향조정했음을 〈2002년 5월중 통화정책방향〉(2002. 5. 7)을 통해 공표하였다.

이와 같이 2002년 상반기 내내 가계부채 등의 문제에 대한 우려가 상당히 심화되었고, 감독조치를 강화해 나가는 동안에도 한국은행 자체의 공식 견해는 전체적으로 일관성이 없었고 불투명했다. 예를 들어, 한국은행은 〈1990년 이후 가계소비 패턴변화의 특징 및 시사점〉(2002. 2. 14) 등을 통해 자신의 저금리정책과 내수진작의 중요성 등에 대한 적극적 옹호론을 펼쳤었다. 또한 〈총재, 은행장과의 간담회 개최〉(2002. 3. 22)와 〈2002년 4월중 통화정책방향〉(2002. 4. 4)에서는 향후 전망에 대한 언급을 자제하는 가운데 현재로서는 큰 문제가 없다는 점을 지나치게 강조하는 모습을 보이기도 했다. 자세한 내용은 이 장의 제4절을 참조하기 바란다.

103) 금융정책협의회 개최 시 한국은행은 금융시장 동향에 대한 정기보고를 담당하는 것으로 알려져 있다. 그러나 정형화된 보고의 단순한 전달과 정책적 판단의 적극적 제시는 차원이 크게 다를 수 있다.

104) 감독에 관한 한, 공공기관 간 수직 위계의 위쪽에 있는 금융감독당국이 개별 금융기관에 대한 감독정보를 수직 위계의 아래쪽에 있는 한국은행이 필요로 하는 만큼 충분히 제공하지 않는 것이 문제인 것으로 일반적으로 알려져 왔다[예를 들면, 김홍범(2002)]. 그러나 가계부채 급증과 같은 문제의 대응과정에서 관찰되는 바와 같이 수직 위계로 말미암은 정보흐름의 장애는 반대방향으로도 일어날 수 있다는 것이 저자의 생각이다. 결과적으로 한국의 금융시스템 관련 공공기관 간 정보흐름의 장애는 현실적으로 수직 위계의 위·아래 방향으로 동시에 발생한다는 일반화가 가능하다.

105) 이와 관련하여 본문에서 직접 언급하지는 않았지만, 신환경론(이 책의 제3장 참조)의 맥락에서 볼 때 과연 지난 수년 동안 한국은행의 통화정책이 금융안정까지 고려하여 선제적으로 운용되어 왔는지를 실증적으로 검토할 필요가 있다. 이 글의 초고에 대한 논평을 통해 안창모 교수와 함정호 박사는 이러한 점을 지적한 바 있다. 여기에 대해서는 앞으로 활발한 연구가 이루어져야 할 것이다.

## 제6장. 한국 금융감독의 개선방안

106) 이 장은 김홍범(2002)과 김대식 외(2002)에서 본 저자가 직접 제시했던 한국 금융감독의 개선방안에 주로 의존하였다.

107) 당정협의가 1년에 보통 2, 3회 열린다는 사실 자체가 감독당국의 독립성을 제약하는 실질적 요인으로 작용할 수 있다. 당정협의에 대해서는 제5장 제5절을 참조하기 바란다.

108) 이 두 가지 특성은 서로 상승작용한다.

109) 예를 들어, 금융감독위원회의 정부위원(위원장·부위원장·상임위원)과 당연직 비상임위원 2인(재경부 차관·예보 사장)의 교체빈도는, 한은 부총재와 민간 비상임위원 3인의 교체빈도보다 두드러지게 높다(김홍범, 2002). 형식적으로도 임기가 정해져 있지 않은 금감위 내 사무국 관료들의 경우는 말할 것도 없다.

110) 최근에는 세계적으로 규제감독의 초점이 포트폴리오 규제의 준수 여부를 기계적으로 점검하던 과거의 규제 접근(regulatory approach)에서 금융 관련

위험의 이해와 내부통제에 초점을 두는 감독 접근(supervisory approach) 쪽으로 이동하고 있다(Crockett, 2001 ; Mishkin, 2000 ; Padoa-Schioppa, 2002). 감독 접근은 규제 접근에 비해 고도의 전문성과 판단력을 요구한다(Hayward, 2000). 그런데 한국의 관료조직은 원래 보수체계가 경직적이고 연공서열(seniority)이 중시되는 집단이다. 따라서 우수 전문인력의 확보·유지와 이를 위한 적절한 보상체계의 확립이라는 측면에서 관료조직은 감독당국으로는 적합하지 않다.

111) 제5장에서 이미 검토한 신용카드회사 부실화 등의 문제도 궁극적으로는 감독정책의 단기시계(短期時界)와 관련이 깊다. 예를 들어 신용카드회사에 대한 감독 대응에서, 경위야 어찌되었건 결과적으로 세 공공기관들이 다같이 '재난불감증'을 가진 것처럼 행동한 것은 바로 감독정책의 단기시계와 관련된다.

112) 1997년 말 경제위기가 발생하기까지 한국의 비은행금융기관에 대한 감독기구는 재정경제원이었다. 그런데 재정경제원의 감독은 일반적으로 취약하였다. 그 결과, 특히 종합금융회사들의 규제 회피(regulatory arbitrage)와 지나친 리스크 인수(excessive risk-taking)가 부추겨졌었다(Quintyn and Taylor, 2002 ; Das, Quintyn, and Taylor, 2002). 이것이 결국 경제위기의 발발에 기폭제로 작용했었다. 당시 재정경제원의 느슨한 감독과 "정치적 동기에 의해 유발된 규제 유예(politically motivated forbearance)"는 경제위기에 기여한 하나의 요인이었다(Das, Quintyn, and Taylor, 2002).

113) 여기서 갈등의 봉합이란, 2001년 2월 금융감독위원회가 〈금융감독위원회 조직명칭 변경 및 인사〉(2001. 2. 14)를 통해 직제개편을 단행한 것과, 2001년 4월 재정경제부가 발표한 〈금융감독체계 효율화 방안 마련〉(2001. 4. 6)이 금융감독위원회와 금융감독원의 현행 조직구조를 유지하는 안을 확정한 것을 가리킨다. 이와 같은 일련의 조치는 그 직전 기획예산처 주도로 진행되었던 금융조직혁신작업반의 연구결과와는 전혀 부합하지 않는 것이었다. 어쨌든 이러한 일련의 조치에 따라 금감위 사무국(관료조직)은 금감원의 정책기능을 이관 받아 금감위의 9인 행정위원회와 금감원 사이에서 또 하나의 감독조직으로 기능하게 되는 등, 감독당국 내 업무분담 구조가 재조정되었다. 이것은 결국 "금감위 산하 사무국을 통한 재경부의 금융감독

영향력 구조화"를 가져와 감독당국 내 관료성·정치성의 증대에 기여하였
다(김홍범, 2002).

한편 재경부의 〈금융감독체계 효율화 방안 마련〉에 따르면 금융감독 유
관기관들의 기능을 조정하기로 되어 있었다. 예를 들어, 금융정책협의회를
대통령령에 근거한 금융감독유관기관협의회로 확대·개편하여 법규 제·
개정과 금융정책에 관련된 사전협의 기능과 정보공유·공동검사 활성화를
위한 조정기능을 담당하도록 하고 산하기구를 둔다는 내용이 들어 있었다.
또한 재경부가 위기관리자 역할을 담당한다는 내용도 들어 있었다. 그러나
그로부터 정확히 3년이 지난 2004년 4월 현재까지도 이들 조치는 실행되지
않고 있다. 여기에 대해 재경부는 어떤 공식 해명도 제시한 적이 없다.

114) 민간조직에게 감독권을 부여하는 것이 위헌이라는 주장이 있으나, "특수
한 행정 목적을 달성하기 위해 일반 행정보직이 아닌 특수법인(공법인)으
로 하여금 행정기능을 담당케 하더라도 그 특수법인이 법률에 근거하는 이
상 위헌시비의 대상이 되지 않"는다는 것이 일반적 법리해석이다(김대식
외, 2002).

115) 금감위 사무국이 감독업무를 장악하기까지의 세부과정과 그로 말미암은
금감위 사무국과 금감원 사이의 갈등과 대립에 대해서는 김대식(2001), 김
홍범(2002), 그리고 주 113을 참조하기 바란다.

116) 김홍범(2002)에 따라, 이 글에서 '권한과 업무의 중첩'과 '책무의 중첩'은
같은 뜻을 갖는 것으로 보아 혼용하기로 한다.

117) 금융감독원은 금융감독위원회(사무국 포함)의 지시를 받아 금융기관에
대한 전반적 감독업무를 수행하므로 공공기관 간 수직 위계에서 금융감독
위원회의 바로 아래에 위치한다. 따라서 금융안정과 감독에 관한 한, 금융
감독원은 한국은행과 예금보험공사에 대해 상위 기관이 된다.

118) 제5장의 [그림 1]을 참조하기 바란다.

119) 일부 책무의 중첩에 따라 협력·견제 장치가 제도화되면 공공기관 사이
에 기능적 접촉이 잦아지면서 서로 상대기관의 처지를 더 잘 이해할 수 있
게 될 것이다. 이는 결국 각 공공기관장의 선의 형성에도 기여할 것이다.

120) 당장 눈에 보이지 않는 구조비용의 극단적인 형태로는 금융위기를 들 수
있다.

121) 최근 공동검사에 관한 금감원·한은 간 양해각서(2002. 10) 체결과 금감원·예보 간 양해각서(2003. 9) 체결은 바람직한 방향으로의 개선이다.

122) 굿하트(Goodhart, *et al.*, 1998)에 따르면, 단일 감독자는 단일 접근을 하므로 잠재적으로 가치 있는 정보를 잃어버릴 위험이 있다. 그러므로 감독과정의 일부를 최소한으로 중복시켜 다양한 시각을 허용한다면 각 공공기관 사이의 경쟁과 견제를 통해 감독효율을 높일 수 있다.

123) 당시 개정된 「한국은행법」의 목적조항에서는 한국은행의 금융안정 책무를 의미하는 "은행, 신용제도의 건전화와 그 기능향상"이라는 표현이 삭제되었다.

124) 2001년 4월 재정경제부(2001a)는 재경부가 위기관리자 역할을 맡는다고 발표했었다. 그러나 그 구체적 방식과 절차가 2004년 4월 현재까지도 전혀 공표되지 않은 상태이다. 이러한 한국은행의 상황은 1998년 6월 은행감독 기능을 상실한 영란은행의 금융안정 책무가 재무부·영란은행·FSA 사이의 양해각서를 통해 더욱 강화된 것과는 좋은 대조가 된다. 자세한 내용은 김홍범(2002)을 참조하기 바란다.

125) 한국은행이 금융시스템 관련 정보의 생산에서 우위를 갖는 점에 대해서는 이 책의 제5장을 참조하기 바란다.

126) 금감원이 징구하는 신용카드회사와 여신전문금융회사의 업무보고서는 현재 한국은행과 공유되지 않고 있다. 한국은행은 당좌거래약정을 맺은 기관에 대해서만 직접 자료를 징구할 수 있으므로, 신용카드회사와 여신전문금융회사에 대한 한국은행의 자료징구권한은 없다.

127) 2002년 초 한국은행이 하나은행에 대한 공동검사를 금감원에 요구했다가 정당한 이유 없이 묵살된 경우가 있었다. 이 일을 계기로 공동검사에 관한 양해각서(2002. 10)가 체결되는 등 개선이 이루어지기는 했다.

128) 2001년 4월 재정경제부(2001a)는 기존 금융정책협의회를 대통령령에 근거를 둔 금융감독유관기관협의회로 확대·개편하겠다고 공표한 적이 있었다(주 113 참조). 그러나 기존의 금융정책협의회가 법률적 근거 없이 지금까지 계속 열리고 있을 뿐이며, 금융감독유관기관협의회의 실체나 법적 근거는 전혀 존재하지 않는다.

## 제7장. 요약과 결론

129) 저자는 2002년 7월 영국 금융감독원(FSA) 방문기간 중 당시 대외 공식창
구였던 데릭 웨어(Derrick Ware)와 면담할 기회를 가졌던 적이 있다. 면담
도중 저자는 재무부(HM Treasury)에 대한 영국 금융감독원의 독립성에
관하여 다음과 같은 질문을 던졌었다.

　"금융감독원이 제도적으로 재무부로부터 독립적일 수 있다고 하더라도
금융감독원의 수장인 하워드 데이비스(Howard Davies)가 앞으로 임기가
만료되면 재무부 고위직으로 가고자 하는 개인적 희망을 마음에 품고 있는
경우에는 그가 현재 수립하는 감독정책에 아무래도 영향이 있지 않을까?
이러한 가능성에 대처하는 장치가 따로 있는가?"

　이 질문에 대한 데릭 웨어의 답은 아래와 같았다.

　"하워드가 임기만료 뒤 혹시 재무부 고위직으로 정말 가게 될지도 모른
다. 그러나 그런 일이 실제로 있게 된다면 누구나 깜짝 놀랄 것이다. 왜냐
하면 두 직책이 각기 요구하는 역량이 서로 크게 다르기 때문이다."

　이 답으로부터 저자는 두 직책이 각기 요구하는 역량이 큰 차이가 있다
는 교과서적 진실이 영국에서는 현실에서도 성립할 것으로 널리 기대된다
는 사실을 깨닫고 새삼 깊은 인상을 받았었다. 참고로, 하워드 데이비스는
금융감독원 이사회 의장직이 만료되면서 2003년 9월부터는 재무부 고위직
이 아닌 런던정경대학교 학장으로 재직 중이다.

# 참고문헌

건설교통부, 2003, 《건설교통백서(1998~2002)》, 2003. 2.

금융감독원, 1999~2003, 각종 보도자료(www.fss.or.kr).

————, 1999~2003, 《금융감독정보》, 각 호.

———— 인력개발실, 1999, 《금융감독업무관련 자율학습교재》, 1999. 12.

————, 2001, 〈제1차 금융정보공유협의회 개최〉, 보도자료, 2001. 3. 14.

————, 2003, 〈금감원과 예보, 금융기관 공동검사에 관한 양해각서(MOU) 체결〉, 보도자료, 2003. 9. 4.

금융감독조직혁신 작업반, 2000, 《금융감독조직혁신방안》, 2000. 12. 20.

김대식, 2001, 〈금융감독체제 개편방안〉, 한국금융학회 2001년 춘계심포지엄 발표 논문, 2001. 4. 20.

김대식·김경수·김홍범·이석원, 2002, 《예금보험제도 발전방안》, 예금보험 공사 외주 용역보고서, 한국금융학회, 2002. 12.

김홍범, 1997, 〈중앙은행과 은행감독기능 : 역사적·기능적 접근〉, 《경제학논 집》, 제6권 제1호, 1997. 2.

———, 2002, 《금융감독, 이대론 안 된다》, 도서출판 두남, 2002. 5.

———, 2003a, 〈통합금융감독체계의 이론과 실제〉, 《한국경제연구》, 제10권, 2003. 6.

———, 2003b, 〈금융안정과 금융시스템 관련 공공기관의 역할 – 협력 및 견제 를 중심으로〉, 한국경제연구학회·한국은행 금융경제연구원 공동주최 2003년도 추계 정책토론회(2003. 11. 14) 발표논문(한국은행 금융경제 연구원 외주 연구논문, 《금융경제연구》, 제168호, 한국은행 금융경제 연구원, 2003. 12).

———, 2004a, 〈금융감독, 근본이 바뀌어야〉, 《한경비즈니스》, 제431호, 한국 경제신문사, 2004. 3. 8.

———, 2004b, 〈금융안정을 위한 공공기관간 협력 및 견제〉, 《경제분석》투고 논문(게제 예정), 2004. 4. 29.

——— 옮김, 1997, 《중앙은행의 진화》, 비봉출판사, 1997. 2(*The Evolution of Central Banks*, Charles Goodhart, The MIT Press, 1988의 번역서).

동아일보, 2002, 〈승용차 특소세 8월까지 인하혜택 …… 재경부 2개월 연장〉, www.donga.com, 2002년 5월 29일자.

매일경제, 2001, 〈금감위장, 국민·주택은행 합병 주도〉, 2001년 4월 13일자.

──────, 2003a, 〈정책실패, 누구 책임인가? : 신용카드 대란 (상)〉, 2003년 8월 4일자.

──────, 2003b, 〈정책실패, 누구 책임인가? : 신용카드 대란 (하)〉, 제1면 및 제3면, 2003년 8월 6일자.

──────, 2003c, 〈신용불량자 350만명 넘어서〉, 2003년 10월 30일자.

송태정, 2001, 〈가계부실화 진단과 파급효과 분석〉, 연구보고서, LG경제연구원 (www.lgeri.com), 2001. 4. 16.

재정경제부, 1999~2003, 각종 보도자료(www.mofe.go.kr).

──────, 1999, 《국민의 정부 1년 : 경제정책의 성과와 과제》, 1999. 5. 12.

──────, 2001a, 〈금융감독체제 효율화 방안 마련〉, 보도자료, 2001. 4. 6.

──────, 2001b, 〈최근 우리경제 현황과 대응과제〉, 2001년 하반기 공무원 경제교육자료, 2001. 10. 9.

──────, 2002a, 〈경제활력 회복과 일류 경쟁력 실현 : 2002년 주요 업무계획〉, 보도자료, 2002. 2. 4.

──────, 2002b, 〈최근 우리경제의 현황과 대응과제 : 경제활력 회복과 일류 경쟁력 실현〉, 2002년 상반기 경제교육교재, 2002. 2.

──────, 2002c, 〈가계대출 증가에 대한 대응〉, 주요 경제이슈 10선, 2002. 4.

──────, 2002d, 〈부서 및 직원 안내〉(www.mofe.go.kr), 2002.

────── 경제정책국, 2002, 〈최근 경제상황 및 거시정책기조에 대한 입장〉, 보도자료, 2002. 1. 21.

────── 경제홍보기획단, 2002, 〈신용카드 건전화 대책〉, 주요 정책해설 경제이슈 12 중 No. 11, 2002. 6.

재정경제부·교육인적자원부·외교통상부·행정자치부·과학기술부·문화관광부·농림부·산업자원부·정보통신부·보건복지부·환경부·노동부·건설교통부·해양수산부·기획예산처·국무조정실·공정거래위원회·금융감독위원회, 2002, 〈2002년 하반기 경제운용〉, 2002. 6. 26.

재정경제부·농림부·산업자원부·정보통신부·노동부·건설교통부·기획예산처, 2001, 〈내수진작 종합대책〉, 경제장관간담회 자료, 2001. 10. 16.

재정경제부·교육인적자원부·외교통상부·행정자치부·과학기술부·문화관광부·농림부·산업자원부·정보통신부·보건복지부·환경부·노동

부・건설교통부・해양수산부・기획예산처・국무조정실・공정거래위
원회・금융감독위원회, 2003a, 〈2003년 경제운용방향〉, 경제분야장관
회의 안건, 2003. 1. 8.

재정경제부・교육인적자원부・외교통상부・행정자치부・과학기술부・문화관
광부・농림부・산업자원부・정보통신부・보건복지부・환경부・노동
부・건설교통부・해양수산부・기획예산처・국무조정실・공정거래위
원회・금융감독위원회, 2003b, 〈2003년 하반기 경제운용방향〉, 경제민
생점검회의 자료, 2003. 7. 14.

재정경제부・행정자치부・농림부・산업자원부・정보통신부・노동부・건설교
통부・기획예산처・금융감독위원회, 2002, 〈최근의 경제동향과 정책
대응방향〉, 경제정책조정회의 안건, 2002. 10. 11.

최흥식・김대식・김홍범・오성환, 2000,《금융감독제도의 개선방안》, 재정경
제부 외주 용역보고서, 2000. 12.

한국은행, 1999,《1998 연차보고서》, 1999. 6.

───, 1999~2003, 각종 보도자료(www.bok.or.kr).

───, 1999~2003,《한은정보》, 각 호.

───, 2000,《1999 연차보고서》, 2000. 6.

───, 2002, 〈한은과 금감원, 금융기관 공동검사에 관한 양해각서 체결〉,
보도자료, 2002. 10. 4.

───, 2003,《금융안정보고서》, 2003. 4.

─── 뉴욕사무소 워싱턴주재원, 1999,《The Washington Briefs : 한국경
제에 대한 메모》, 국외사무소 조사자료 99-1, 1999. 2.

─── 뉴욕사무소 워싱턴주재원, 2003,《The Washington Briefs : 금융시
스템 안정을 위한 중앙은행의 역할에 대한 최근 논의》, 국외사무소 조
사자료 2003-1, 2003. 5, 36~42.

─── 은행국, 2001,《영국 및 호주의 금융감독기관간 양해각서(MOU) 내
용》, 업무참고자료 2001-11, 2001. 7.

─── 은행국 은행연구팀, 2000, 〈인플레이션 타겟팅국가 중앙은행의 금융
안정 역할 규정내용〉, 2000. 8. 17.

─── 조사국, 2003a, 〈자산가격 거품에 대응한 중앙은행의 '무해한 무시
(benign neglect) 정책'의 타당성에 대한 논란〉,《해외경제 포커스》, 제
2003-21호, 2003. 5. 18~24, 20~24.

─── 조사국, 2003b, 〈Greenspan 의장 기조연설("불확실성 하에서의 통화

168

정책")의 주요 내용과 반응〉, 《해외경제 포커스》, 제2003-35호, 2003. 8. 24~30.
──────── 조사제1부, 1993, 《주요국의 중앙은행제도 형성 및 발전과정》, 조사 연구자료 93-14, 1993. 10.

Bagehot, Walter, 1962, *Lombard Street : A Description of the Money Market*, first published in 1873, reprinted with a new introduction by Frank C. Genovese, Richard D. Irwin, Inc., 1962.

Bank for International Settlement, 2000, *70th Annual Report*, June 5, 2000.
──────────────────────────, 2001, *71st Annual Report*, June 11, 2001.

Blinder, Alan S., 1999, "General Discussion : Monetary Policy and Asset Price Volatility," *Federal Reserve Bank of Kansas City Economic Review*, 4th quarter, 1999, 139~140.

Borio, Claudio, 2003, "Towards a Macroprudential Framework for Financial Supervision and Regulation?," BIS Working Paper No. 128, February 2003.

Borio, Claudio, Thorvald G. Moe, Masao Okawa, and Joao A. C. Santos, 1999, "Central Bank Involvement in Safeguarding Financial Stability : Facts and Some Outstanding Issues," Background document for an ad hoc meeting of central banks held on February 9~10, 1999 at the Bank for International Settlement, June 1999.

Borio, Claudio, William English, and Andrew Filardo, 2003, "A Tale of Two Perspectives : Old or New Challenges for Monetary Policy?," BIS Working Paper No. 127, February 2003.

Capie, Forrest, Charles Goodhart, and Norbert Schnadt, 1994, "The Development of Central Banking(중앙은행제도의 발달사)," 한국은행 조사제1부, 《중앙은행의 발달과정과 현대적 역할》, 업무참고자료 94-4, 1994. 8.

Coe, David, T., 2001, "Reform of the Financial Supervisory Structure," *Office Memorandum*, International Monetary Fund, February 6, 2001.

Crockett, Andrew, 1997, "Why Is Financial Stability a Goal of Public Policy?," *Economic Review*, Vol. 82, No. 4, Federal Reserve Bank of

Kansas City, 1997, 5~22.

──────────, 2000, "Marrying the Micro- and Macro-prudential Dimensions of Financial Stability," Remarks given before the 11th International Conference of Banking Supervisors, Basel, September 20~21, 2000.

──────────, 2001, "Banking Supervision and Regulation : International Trends," Speech given at the 64th Banking Convention of the Mexican Bankers' Association, Acapulco, March 30, 2001.

──────────, 2002, "Institutions for Stability : Current and Past Experience," Speech given at the 1st Conference of the Monetary Stability Foundation, Frankfurt, Germany, December 6, 2002.

──────────, 2003a, "Central Banking, Financial Stability and Basel II," Speech given at the 38th SEACEN Governors' Conference, Manila, Philippines, February 13, 2003.

──────────, 2003b, "Central Banking under Test?," Speech for the BIS Conference on 'Monetary Stability, Financial Stability, and the Business Cycle,' Basel, Switzerland, March 28, 2003.

Das, Udaihir S., and Marc Quintyn, 2002, "Crisis Prevention and Crisis Management : The Role of Regulatory Governance," WP/02/163, International Monetary Fund, September 2002.

Das, Udaihir S., Quintyn, Marc, and Michael W. Taylor, 2002, "Financial Regulators Need Independence," *Finance and Development*, Vol. 39, No. 4, International Monetary Fund, December 2002.

European Central Bank, 2001, "The Role of Central Banks in Prudential Supervision," April 2001.

Ferguson, Roger W., 2003, "Should Financial Stability Be An Explicit Central Bank Objective?," Prepared remarks for the BIS Conference on 'Monetary Stability, Financial Stability, and the Business Cycle,' Basel, Switzerland, on March 28, 2003.

Financial Stability Forum Working Group on Deposit Insurance, 2001, "Interrelationships," *Guidance for Developing Effective Deposit Insurance System*, Vol. II, September 2001, 93~98.

Fischer, Stanley, 1995, "Central-Bank Independence Revisited," *American*

*Economic Review*, Papers and Proceedings, Vol. 85, May 1995, 201 ~206.

George, Eddie, A. J., 1994, "The Bank of England—Objectives and Activities," Speech given at the Capital Market Research Institute of Frankfurt University, Bank of England, December 5, 1994.

Goodhart, Charles, 1988, *The Evolution of Central Banks*, The MIT Press, 1988.

——————, 2000, "The Organizational Structure of Banking Supervision," Special Paper 127, Financial Markets Group, London School of Economics, October 2000.

——————, 2002, "Changes in Risk through Time : Measurement and Policy Responses," Note presented to the Federal Reserve Bank of Chicago's 38th Annual Conference on Bank Structure and Competition, May 8~10, 2002.

Goodhart, Charles, Philipp Hartman, David Llewellyn, Liliana Rojas Suárez, and Steven Weisbrod, 1998, *Financial Regulation : Why, how and where now?*, Routledge, 1998.

Greenspan, Alan, 2003, "Monetary Policy under Uncertainty," Remarks presented at a symposium sponsored by the Federal Reserve Bank of Kansas City, Jackson Hole, Wyoming, August 29, 2003.

Group of Ten, 2001, *Report on Consolidation in the Financial Sector* (www.bis.org/publ/gten05.pdf).

Hawkesby, Christian, 2000, "Central Banks and Supervisors : The Question of Institutional Structure and Responsibilities," in Liisa Halme, Christian Hawkesby, Juliette Healey, Indrek Saapar, and Farouk Soussa, *Financial Stability and Central Banks : Selected Issues for Financial Safety Nets and Market Discipline*, Center for Central Banking Studies, Bank of England, May 2000, 95~128.

Hayward, Peter, 2000, "The Financial Sector—The Responsibilities of the Public Agencies," The Monetary and Exchange Affairs Department Operational Paper, MAE OP/00/XX, International Monetary Fund, October 2000.

Healey, Juliette, 2001, "Financial Stability and Central Banks : International

Evidence," in Bank of England, *Financial Stability and Central Banks : a Global Perspective*, Central Bank Governors' Series, Roultledge, 2001, Chapter 2, 19~78.

Hoggarth, Glenn, and Farouk Soussa, "Crisis Management, Lender of Last Resort and the Changing Nature of the Banking Industry," in Bank of England, *Financial Stability and Central Banks : a Global Perspective*, Central Bank Governors' Series, Roultledge, 2001, Chapter 6, 166~186.

International Monetary Fund, 2003, "Republic of Korea : Financial System Stability Assessment," IMF Country Report No. 03/81, March 2003.

Lastra, Rosa M., 1996, *Central Banking and Banking Regulation*, Financial Markets Group, London School of Economics, 1996.

─────────, 2001, "The Governance Structure for Financial Regulation in Europe," Special Paper 133, Financial Markets Group, London School of Economics, December 2001.

─────────, 2003, "The Governance Structure for Financial Regulation and Supervision in Europe," Paper presented at the London Financial Regulation Seminar, London School of Economics, May 19, 2003.

Lastra, Rosa M., and Geoffrey Wood, 1999, "Constitutional Approach to Central Bank Independence," *Central Banking*, Vol. X, No. 3, 34~39.

Llewellyn, David T., 1999a, "The Economic Rationale for Financial Regulation," FSA Occasional Paper, No. 1, Financial Services Authority, April 1999.

─────────, 1999b, "The Institutional Structure of Regulatory Agencies," in Neil Courtis, ed., *How Countries Supervise their Banks, Insurers and Securities Markets*, Central Banking Publications, 1999.

─────────, 2001, "Alternative Approaches to Regulation and Corporate Governance in Financial Firms," in Bank of England, *Financial Stability and Central Banks : a Global Perspective*, Central Bank Governors' Series, Roultledge, 2001, Chapter 4, 107~143.

Mishkin, Frederic S., 2000, "Prudential Supervision : Why Is It Important and What Are the Issues?," NBER Workign Paper No. 7926, National Bureau of Economic Research, September 2000.

Padoa-Schioppa, Tommaso, 2002, "Central Banks and Financial Stability : Exploring a Land In Between," Policy panel introductory paper for the 2nd ECB Central Banking Conference on 'The Transformation of the European Financial System,' Frankfurt, Germany, October 24~ 25, 2002.

―――――――――――――, 2003, "Financial Supervision : Inside or Outside Central Banks?," in Kremers, Jeroen J. M., Dirk Schoenmaker, and Peter J. Wierts, eds., *Financial Supervision in Europe*, Edward Elgar, 2003, Chapter 7, 160~175.

Quintyn, Marc, and Michael W. Taylor, 2002, "Regulatory and Supervisory Independence and Financial Stability," WP/02/46, International Monetary Fund, March 2002.

Schinasi, Garry J., 2003, "Responsibility of Central Banks for Stability in Financial Markets," WP/03/121, International Monetary Fund, June 2003.

Schoenmaker, Dirk, and Peter Wierts, 2002, "Financial Supervision : Which Model for Europe?," Special Paper 143, Financial Markets Group, London School of Economics, July 2002.

Taylor, Michael W., 1995, "Twin Peaks : A Regulatory Structure for the New Century," Center for the Study of Financial Innovation, December 1995.

―――――――――――, 1996, "Peak Practice : How to Reform the UK's Regulatory System," Center for the Study of Financial Innovation, October 1996.

Taylor, Michael W., and Alex Fleming, 1999, "Integrated Financial Supervision : Lessons from Northern European Experience," Policy Research Working Paper No. 2223, World Bank, November 1999.

Volcker, Paul A., 1984, "The Federal Reserve Position on Restructuring of Financial Regulation Responsibilities," *Federal Reserve Bulletin*, July 1984, 547~557.

# 부 록

〔별표 1〕 중앙은행의 목적으로서의 금융안정 : 외국의 관련 법률 내용

〔별표 2〕 신용카드회사와 가계의 부실화 문제에 관한 금융감독당국의
　　　　 인식과 대응 : 보도자료(2001. 1~2003. 4)를 중심으로

〔별표 3〕 신용카드회사와 가계의 부실화 문제에 관한 한국은행의 인식
　　　　 과 대응 : 보도자료(1999. 3~2003. 4)를 중심으로

〔별표 1〕 중앙은행의 목적으로서의 금융안정 : 외국의 관련 법률 내용

| 중앙은행 | 중앙은행법 |
| --- | --- |
| 연방준비제도<br>(Ferderal Reserve System) | ● 연방준비제도는 "연방준비은행의 설립을 규정하고, 통화를 탄력적으로 공급하며, 상업어음의 재할인수단을 제공하고, **은행업에 대한 더욱 효율적인 감독을 확립**하며, 기타 목적을 위해" 설립되었다(「연방준비법」 前文).<br>● "연방준비제도이사회 및 연방공개시장위원회는 통화 및 신용총량의 장기증가율을 경제의 잠재산출량 증가율과 비례하도록 유지함으로써, 최대 고용 및 물가안정과 알맞은 수준의 장기이자율이라는 목표를 효과적으로 촉진해야 한다"(「연방준비법」 Section 2A). |
| 캐나다은행<br>(Bank of Canada) | ● "국민경제생활을 위하여 통화와 신용을 조절하고, 통화의 대외가치를 조절·안정시키며, 통화정책으로 가능한 범위 안에서 생산·무역·물가·고용수준의 변동을 완화하는 한편, 일반적으로 **캐나다의 경제와 금융복지의 향상을 위하여** 캐나다의 중앙은행을 설립하는 것이 바람직하다"(「캐나다은행법」 前文). |
| 영란은행<br>(Bank of England) | ● "영란은행의 목적은 (a) 물가안정의 유지와 (b) 이 전제 아래 성장과 고용에 대한 목표를 포함하는 정부의 경제정책을 지원하는 것이다"(「영란은행법」 제11조). |
| 유럽은행<br>(European Central Bank) | ● "유럽중앙은행제도(ESCB)의 주목적은 물가안정이다. 물가안정 목표를 손상하지 않는 한도 내에서, 유럽중앙은행제도는 공동체(Community)의 목적 달성에 기여하기 위해 …… 공동체의 일반 경제정책을 지원해야 한다"(「유럽중앙은행제도 및 유럽중앙은행 법률의정서(No. 18)」 제2조).<br>● "**유럽중앙은행제도를 통해 수행되어야 하는 기본 업무는 지급결제제도의 순조로운 운영을 촉진하는 것이다**"[위의 의정서 제3조(3.1)].<br>● "**유럽중앙은행제도는 신용기관에 대한 건전성 감독 및 금융시스템의 안정을 담당하는 소관당국이 추구하는 정책의 순조로운 수행에 기여해야 한다**"[위의 의정서 제3조(3.3)]. |

## 기 타 법 률

—

● "캐나다은행은 캐나다의 경제 및 금융복지의 향상을 도모할 때, 금융시스템의 효율성 및 안정을 제고하기 위한 시책을 시행하여야 하며, 이는 지급결제수단의 제공, 최종대부자의 기능 수행, 다른 나라 중앙은행과 협의하여 지급결제시스템과 관련한 리스크를 인식하고 관리하기 위한 기준과 관행의 개발·시행 등을 포함한다"(「지급결제법」前文).

● "1. 이 양해각서는 금융안정 분야에서 재무부·영란은행·FSA 간 협력의 틀을 확립한다. 양해각서는 …… 금융안정이라는 공통의 목적을 위한 기관 간 협력방식을 설명한다. ……

2. 영란은행은 전체 금융시스템의 전반적 안정에 책임을 진다. 여기에는 다음 내용이 포함된다.

ⅰ) 통화제도의 안정 ……

ⅱ) 금융시스템의 하부구조, 특히 국내외 지급결제제도 ……

ⅲ) 전체 금융시스템에 대한 개괄적 감시 ……

ⅳ) 예외적 상황에서 …… 공식적 금융활동 수행 ……

ⅴ) 금융부문의 국제경쟁력을 특별히 염두에 둔 금융부문 효율성 및 효과성 ……"(「재무부·영란은행·FSA 간 양해각서」)

—

〔별표 1〕 계속

| 중앙은행 | 중앙은행법 |
|---|---|
| 스웨덴 릭스은행<br>(Swedish Riksbank) | ● "릭스은행은 물가안정의 유지를 업무의 목적으로 한다.<br>　**릭스은행은 안전하고 효율적인 지급결제제도를 발전시켜야 한다**"<br>(「스웨덴 릭스은행법」 제2조).<br>● "릭스은행은 **지급결제제도를 제공할 수 있으며 기타 다른 방법으로 지급결제에 참가할 수 있다**"(「스웨덴 릭스은행법」 제7조).<br>● "금융감독청의 감독을 받는 금융기관 및 회사는 릭스은행이 다음의 업무를 수행하는 데 필요하다고 판단하여 요청하는 경우 관련 정보를 제공하여야 한다.<br>　1. 외환 및 금융시장 동향 파악<br>　2. **지급결제제도의 안정성 감독**"(「스웨덴 릭스은행법」 제9조) |
| 핀란드은행<br>(Bank of Finland) | ● "조약에서 정하는 바에 따라 핀란드은행은 물가안정을 주요 목적으로 한다.<br>　핀란드은행은 제1항의 목적에 반하지 않는 범위 안에서 조약에서 정하는 바에 따라 *다른 경제정책목표의 달성을 지원한다*"(「핀란드은행법」 제1조).<br>● "핀란드은행은 다음의 업무를 행한다.<br>　1. 통화공급량의 유지 및 은행권 발행에 기여<br>　2. 대외 지급준비자산의 보유 및 관리에 기여<br>　3. **지급결제제도와 금융제도 전반의 신뢰성과 효율성을 유지하고 발전시키는 데 참여**<br>　4. 업무수행에 필요한 통계의 작성과 발간"(「핀란드은행법」 제3조) |
| 스페인은행<br>(Bank of Spain) | ● "스페인은행은 조약 제105조의 제1항에 따라 물가안정을 유지하는 주된 목적과 ESCB 회원으로서 의무이행에 위배되지 않는 범위 안에서 *정부의 일반 경제정책을 지원한다*"(「스페인은행의 자율에 관한 법률」 제7조 제2항).<br>● "스페인은행은 ESCB에 주어진 다음의 기본 기능 수행에 참여한다. …… (d) **지급결제제도의 원활한 기능 촉진** ……"(「스페인은행의 자율에 관한 법률」 제7조 제3항).<br>● "이 밖에도 스페인은행은 동조(同條) 제2항의 규정을 준수하면서 다음의 기능을 수행해야 한다. …… (b) 금융제도 및 제3항 (d)호의 규정에 위배되지 않는 범위 안에서 **국내 지급결제제도의 원활한 운영과 안정성 촉진** ……"(「스페인은행의 자율에 관한 법률」 제7조 제5항). |

## 기타 법률

〔별표 1〕계속

| 중앙은행 | 중앙은행법 |
|---|---|
| 호주준비은행<br>(Reserve Bank of<br>Australia) | ● "통화안정, 완전고용의 유지, 국민의 경제적 번영과 복지"(「호주준비은행법」 제10조).<br><br>● **"금융시스템의 리스크 관리, 지급결제시스템의 효율성 제고, 금융시스템 전체의 안정성을 저해하지 않는 범위 안에서 지급결제서비스 시장의 경쟁 제고"**(「호주준비은행법」 제10조의 B). |
| 뉴질랜드준비은행<br>(Reserve Bank of<br>New Zealand) | ● "뉴질랜드준비은행의 주기능은 물가안정의 달성과 유지라는 경제 목적을 지향하는 통화정책을 수립 · 집행하는 것이다"(「뉴질랜드준비은행법」 제8조).<br><br>● "통화정책의 수립과 집행에서, 뉴질랜드준비은행은 …… (a) **금융시스템의 효율성과 건전성을 고려해야 한다**"(「뉴질랜드준비은행법」 제10조).<br><br>● **"뉴질랜드준비은행은 금융제도의 건전성을 유지하는 데 필요하다고 인정하는 때에는 금융시스템에 대한 최종대부자로서 기능을 수행**한다"(「뉴질랜드준비은행법」 제31조).<br><br>● "뉴질랜드준비은행은 동법(同法) 동장(同章)이 정하는 바에 따라 (a) 은행등록과 (b) **건전성 감독사무를 관장**한다"(「뉴질랜드준비은행법」 제67조).<br><br>"동법 동장에 따라 수상, 장관 및 뉴질랜드준비은행에 부여된 권한은 (a) **건전하고 효율적인 금융제도의 유지**를 도모하고 (b) **등록 은행의 파산으로 말미암아 금융제도에 발생하는 중대한 피해를 방지**하기 위하여 행사하여야 한다"(「뉴질랜드준비은행법」 제68조). |
| 일본은행<br>(Bank of Japan) | ● "일본의 중앙은행으로서 일본은행의 목적은 은행권을 발행하고 통화조절을 수행하는 것이다"(「일본은행법」 제1조 제1항).<br><br>● "앞 문단에서 정한 바에 더하여, 일본은행의 목적은 은행 및 다른 금융기관 사이에서 자금이 순조롭게 결제되도록 보장함으로써, **정돈된 금융시스템의 유지에 기여하는 것이다**"(「일본은행법」 제1조 제2항).<br><br>● "통화조절의 목적은 물가안정을 도모함으로써 국가경제의 건전한 발전에 기여하는 것이다"(「일본은행법」 제2조). |

범례 : 이탤릭체는 금융안정이 중앙은행의 목적임을 암시하는 것으로 해석할 수 있는 내용이며, **볼드체는 금융안정이 중앙은행의 명시적 목적임을 표현한 내용**임.

자료 : 퍼거슨(Ferguson, 2003) 및 한국은행 은행국 은행연구팀(2000)을 기초로 작성하였음.

---

### 기타 법률

● "1. 본 양해각서는 **호주 금융시스템의 안정성을 제고**하려는 호주준비
은행과 금융감독원 사이의 협력체계를 규정한다.

　2. **금융안정을 제고하려는 호주준비은행과 금융감독원의 책임은 상
호보완적**이다.

　3. 호주준비은행의 주요 역할은 통화정책 목표의 달성, **금융시스템 전
반의 안정성 유지 및 지급결제시스템의 운영**에 있다. 호주준비은행은
예금자를 보호해야 할 의무는 없으며 개별 금융기관에 대한 감독을 수행
하지 않으나 **금융시스템에 긴급유동성을 지원하는 재량**을 갖는다"(「호
주준비은행(RBA)과 금융감독원(APRA) 간 양해각서」).

---

—

---

—

---

〔별표 2〕 신용카드회사와 가계의 부실화 문제에 관한 금융감독당국의 인식과

| 자료명 | 일자[2] | 작성부서 |
| --- | --- | --- |
| 〈신용카드회원 유치 과당경쟁 방지 및 감독강화 방안〉 | 2001. 2. 27. | 금감원 비은행감독국 여전감독팀 |
| 〈금융감독위원회 2001년도 주요 업무계획 보고〉 (청와대 보고) | 2001. 4. 12. | 금감위 기획과 |
| 〈무분별한 신용카드회원유치에 대한 지도 및 일제점검 실시〉 | 2001. 4. 16. | 금감원 비은행감독국 여전감독팀 |
| 〈신용카드회원 권리보호 강화 방안 마련〉 | 2001. 4. 21. | 금감원 비은행감독국 여전감독팀, 여신전문금융협회 신용카드업무팀 |
| 〈신용카드업의 문제점 및 개선방안〉 | 2001. 5. 3. | 금감위 비은행감독과, 금감원 비은행감독국 여전감독팀 |
| 〈신용카드 발급업무 운영실태 점검 및 지도 실시〉 | 2001. 5. 16. | 금감원 비은행검사2국 검사4팀 |
| 〈주요 현안보고〉 (제222회 임시국회 정무위 보고) | 2001. 6. 22. | 금융감독위원회 |

대응 : 보도자료(2001. 1~2003. 4)를 중심으로[1]

| 관련 감독유형[3] | 주요 내용[4] |
|---|---|
| 영업행위 감독 | ● 회원유치 과당경쟁에 대한 주의 촉구 및 제도 정비.<br>● 회원심사기준에 대한 감독 및 검사의 강화.<br>● 신용카드 부정사용에 대한 소비자보호 강화.<br>※ 신용불량자 양산 가능성에 대한 우려를 최초 언급. |
| 영업행위 감독 | ● 부당 채권추심 단속을 강화.<br>● 연체금을 상환하는 즉시 기록이 삭제되는 신용불량자 범위를 확대.<br>● 신용카드 발급기준의 강화, 실태 점검, 시정조치. |
| 영업행위 감독 | ● 2001년 2월 27일 조치의 연장선 위에서 2001년 4월 23일 이후 현장 점검을 시행하여 조치할 예정임을 사전 통보. |
| 영업행위 감독 | ● 여전협회 안 태스크포스팀이 신용카드 이용자 권리보호를 위해 2001년 6월까지 신용카드사 약관 개정 등 추진. |
| 영업행위 및 미시건전성 감독 | ● 신용카드업 허가기준을 정비한 뒤 신규진입 허용.<br>● 현금대출 위주 영업행태 개선(예 : 부대업무 취급비율에 상한선을 두는 규제를 제시).<br>● 영업질서 확립 및 소비자보호 강화.<br>● 신용카드 수수료 인하를 유도.<br>● 신용카드회사에 대한 미시건전성 감독 강화(예 : 경영지도기준·경영개선명령·사외이사·감사위원회·준법감시인제도 등을 도입).<br>※ 현금대출 위주의 영업행태로 말미암은 신용카드회사 부실화 가능성을 지적. 미시건전성 감독의 필요성을 최초로 언급하고 종합대책을 수립. 당시 제시되었던 각종 조치들은 관련 법규의 개정을 거쳐 2001년 7월 중 실시 예정이었으나 실제로 법규의 개정은 2002년 6월에야 이루어졌음(일부 법규는 2001년 12월 개정되었음). |
| 영업행위 감독 | ● 신청인 본인의 신용카드 발급의사 적정성 및 소득확인절차의 적정성과 관련 민원처리상황 등을 점검할 예정. |
| 영업행위 감독 | ● 서민금융 이용자 보호를 위한 대책 :<br>① 2001년 5월 31일까지 연체금 상환자 신용불량기록의 일괄 삭제<br>② 연체금 상환 시 신용불량기록의 즉시삭제범위 확대<br>③ 소득기준에 따른 신용카드 발급 |

〔별표 2〕계속

| 자료명 | 일자[2] | 작성부서 |
|---|---|---|
| 〈2001년 하반기부터 달라지는 금융제도〉 | 2001. 6. 28. | 금융감독위원회, 금융감독원 |
| 〈IMF 경제위기 이후 은행권의 가계대출 동향 및 시사점〉 | 2001. 8. | 금감원 경영정보실 은행경영분석팀 |
| 〈일반은행의 신용 및 보증·담보대출 추이 분석〉 | 2001. 9. 4. | 금감원 경영정보실 은행경영분석팀 |
| 〈금융관련 당정협의 개최〉 | 2001. 10. 5. | 재경부 금융정책과, 금감위 기획과 |
| 〈IMF 경제위기 이후 일반은행의 영업행태 변화 및 수익구조 추이〉 | 2001. 10. 23. | 금감원 경영정보실 은행경영분석팀 |
| 〈금융정책협의회 결과〉 | 2001. 10. 27. | 재경부 금융정책과, 금감위 감독정책과, 한국은행 통화운영팀 |
| 〈신용카드 수수료 인하 유도 및 영업질서 확립 방안〉 (2001. 10. 27. 금융정책협의회 회의자료) | 2001. 10. 29. | 금감위 비은행감독과, 금감원 비은행감독국 (회의자료는 재경부·금감위·한은이 작성) |
| 〈3/4분기 경제운용 실적점검 및 금년도 마무리 과제〉(경제정책조정회의 자료) | 2001. 11. 3. | 금감위 및 각 관련 부처 |

| 관련 감독유형[3] | 주요 내용[4] |
|---|---|
| 영업행위 감독 | ● 신용정보 관리제도 개선 대책 :<br>① 연체금 변제 뒤 신용불량정보 기록보존기간의 단축<br>② 카드론·할부금융의 경우, 신용불량 등록요건 완화 |
| 영업행위 및<br>미시건전성 감독 | ● 시사점 :<br>① 기업대출 둔화 지속 시 산업자금의 공급부족 우려<br>② 일반가계대출 가운데 부업대출자금의 부실화 우려<br>③ 서민가계 및 노년층에 대한 세금감면 등 대책 필요<br>④ 신용카드 연체 증가와 과소비 우려<br>※ 은행권의 가계대출 급증을 최초로 주목했으나 이를 단기현상으로 보아 우려를 적극적으로 표명하진 않았음. |
| 미시건전성 감독 | ● 가계대출의 약 2/3가 주택담보대출이어서, 앞으로 주택가격 하락 시 가계대출 부실화의 가능성이 있음.<br>※ 가계대출 부실화 가능성을 다소 소극적이지만 최초로 언급. |
| 영업행위 감독 | ● 신용카드의 일부 부정사용 유형에 대한 처벌근거를 마련하고 분실카드 및 도난카드에 대한 신용카드회사의 책임을 강화하는 등, 여전업법 개정안을 논의.<br>※ 개정안은 소비자보호만 다루었음 → 소비자의 도덕적 해이에 기여. |
| 영업행위 감독 | ● 신용불량자 양산에 대한 대책으로 신용카드 회원 가입 시 적격심사 강화 및 소비절제의 필요성을 강조. |
| — | ● 국내외 금융시장 상황점검.<br>● 기업자금시장 위축 전망 → 한국은행은 총액한도대출 배정 시 가계대출 차감반영폭의 확대방안 강구.<br>※ 가계대출·신용카드 문제 자체로 말미암은 시스템안정성 측면의 우려가 아니라, 가계대출의 확대로 말미암은 자금흐름의 왜곡, 즉 기업자금 공급의 위축 가능성에 대한 우려가 제기되었음. |
| 영업행위 감독 | ● 소비자 피해를 막기 위한 대책 :<br>① 수수료 인하 유도<br>② 영업질서 확립방안<br>③ 소비자에 대한 신용카드회사의 책임 강화<br>※ 신용카드 관련 문제에 대한 금정협 최초의 논의였으나, 소비자보호의 관점(즉 영업행위 감독의 측면)만 강조되었음. |
| — | ● 중산·서민층 생활안정대책의 일환으로 신용카드 이용을 장려 → 근로자의 신용카드 소득공제한도를 확대. |

〔별표 2〕 계속

| 자료명 | 일자[2] | 작성부서 |
|---|---|---|
| 〈가계여신에 대한 건전성 감독 강화〉 | 2001. 11. 6. | 금감원 은행감독국 경영지도팀 |
| 〈금융감독위원회 위원장, 은행장 간담회 개최〉 | 2001. 11. 6 | 금감위 감독정책과, 금감원 은행감독국 |
| 〈금융감독위원회 부위원장, 한국신용분석사회 주최 강연회 연설 : 금융환경 변화에 따른 대응방향〉 | 2001. 11. 7. | — |
| 〈2001. 3/4분기 카드사의 영업실적〉 | 2001. 11. 12. | 금감원 경영정보실 비은행경영분석팀 |
| 〈2001. 9월 말 현재 일반은행의 연체대출금 동향〉 | 2001. 11. 20. | 금감원 경영정보실 은행경영분석팀 |
| 〈금융감독위원장, 순천향대 산학연정책과정 강연 : 금융구조조정의 성과와 과제〉 | 2001. 11. 20. | — |
| 〈금융감독위원장, 은행장 간담회 당부 요지〉 | 2001. 12. 6. | 금감위 감독정책과, 금감원 은행제도과 |

| 관련 감독유형[3] | 주요 내용[4] |
|---|---|
| 미시건전성 감독 | ● 가계여신 자산건전성 악화 전망의 근거 :<br>① 가계대출 연체율 상승<br>② 개인신용불량자 증가<br>③ 개인부문 금융부채 증가세<br>④ 은행의 가계대출 취급기준 완화기조<br>⑤ 가계여신에 대한 대손충당금 적립수준 하락<br>● 가계여신 건전성 감독 강화방안 :<br>① 가계여신 건전성 실태점검<br>② 가계여신 사전심사 및 사후관리 강화 지도<br>③ 가계여신 관련 지표에 대한 모니터링 강화<br>※ 가계여신 전반의 건전성에 대한 감독당국 최초의 비관적 전망임. 이전의 소비자보호 관점을 벗어나 건전성 감독 차원의 분석과 진단을 제시하는 등 감독당국의 인식 전환이 이 자료에서 감지됨. 이 자료를 시작으로, 건전성을 중시하는 일련의 자료가 이후 본격적으로 공표됨. |
| 미시건전성 감독 | ● 대출의 경기순응성(procyclicality) 관점에서 가계대출의 경쟁 격화현상을 경계할 필요 → 금융회사 리스크 관리 강화를 강조. |
| 미시건전성 감독 | ● 금융산업에 내재된 경기변동의 확대 경향을 경계할 필요 → 금융회사의 리스크 관리 강화를 강조. |
| 미시건전성 감독 | ● 연체채권 비율 및 대손충당금 규모로 보아 카드부실이 우려할 만한 수준은 아니지만, 경기침체가 장기화하는 경우 가계상환능력 저하로 부실이 커질 가능성은 상존. |
| 미시건전성 감독 | ● 기업자금 및 가계자금의 연체율보다 신용카드채권 연체율은 매우 높음. 이는 신용카드 이용액 급증과 회원유치 과당경쟁에 기인 → 일반은행 여신심사 및 사후관리 체계화와, 과당경쟁 자제가 필요. |
| 미시건전성 감독 | ● 가계대출 연체율 특히 신용카드 연체율의 급증에 따른 개별 금융회사의 건전성의 중요성을 강조. |
| 건전성 및 시스템안정성 감독 | ● 가계대출 위주의 여신은 전반적 경기동향에 따라 크게 영향을 받고 있음. 이러한 현상은 경기변동을 증폭함으로써 경제 전체의 불안요인으로 작용할 우려.<br>● 가계의 부채상환 부담이 앞으로 더 악화될 소지가 있으므로 개별 금융회사는 여신건전성을 제고할 필요.<br>※ 가계대출 위주의 여신이 경제 전체의 불안요인이 될 수 있다는 우려를 시스템안정성 관점에서 최초로 표명하였음. |

〔별표 2〕 계속

| 자료명 | 일자[2] | 작성부서 |
|---|---|---|
| 〈금융감독위원장, 고려대 제25회 고려경영포럼 강연 : 최근 금융여건의 변화와 금융산업의 발전방향〉 | 2001. 12. 12. | — |
| 〈은행가계여신에 대한 실태점검 결과 및 조치내용〉 | 2001. 12. 13. | 금감원 은행감독국 경영지도팀 |
| 〈여신전문금융업 감독규정 및 동 시행세칙 개정 등〉 (12. 14. 금감위 의결) | 2001. 12. 14. | 금감위 비은행감독과, 금감원 비은행감독국 여전감독팀 |
| 〈신용카드가맹점 공동이용제도 자율화 조치〉 | 2001. 12. 14. | 금감원 비은행감독국 여전감독팀 |
| 〈신용카드회사의 법규준수실태에 대한 점검결과〉 | 2001. 12. 14. | 금감원 비은행검사2국 검사4팀 |
| 〈2002년부터 달라지는 금융제도〉 | 2001. 12. 30. | 금감위·금감원 대변인 |
| 〈신용카드업자의 건전한 영업질서 확립 촉구를 위한 회의 개최〉 | 2002. 1. 10. | 금감위 비은행감독과, 금감원 비은행감독국 여전감독팀 |
| 〈연체금리 체계의 선진화 방안〉 | 2002. 1. | 금감원 은행감독국 금융지도팀 |
| 〈소비자보호 강화를 위한 신용카드약관 개선 추진〉 | 2002. 1. 18. | 금감원 비은행감독국 여전감독팀 |

| 관련 감독유형[3] | 주요 내용[4] |
|---|---|
| 미시건전성 감독 | ● 은행의 가계대출 급증에 대한 우려.<br>● 개별 금융회사의 건전성을 강조. |
| 미시건전성 감독 | ● CSS 개선, 차주(借主)의 채무상환능력에 대한 심사 강화, 충당금 적립 충실화, 연체채권 관리 강화 등, 가계부채 부실 확대에 대한 은행의 대비책을 지도. |
| 영업행위 및<br>미시건전성 감독 | ● 여전업 감독규정 개정 내용(관보 공고일부터 시행) :<br>① 신용카드 발급 시 확인·기록·보관 등 준수사항 보완<br>② 부대업무 취급의 적정성을 경영실태 평가 시 반영<br>③ 신용카드업 상시감독 강화를 위한 업무보고서 확충<br>● 신용카드사별 신용불량자 등록현황을 매월 공시. |
| 영업행위 감독 | ● 가맹점공동망 이용방식과 자체 가맹점 확보방식 가운데 하나를 신용카드업자가 자율적으로 선택하도록 허용함으로써 수수료 인하 및 서비스 개선을 유도. |
| 영업행위 감독 | ● 6개 전업카드사에 대해 과당경쟁으로 말미암은 위규사례(예 : 무자격자 신용카드 발급, 거래·신용 정보 유출, 업무보고서 상습 지연 등)를 적발하고 제재조치 이행.<br>● 제재조치 :<br>① 기관(5개)과 관련 임원(6인)에게 주의적 경고조치<br>② 법규준수 이행각서 징구 |
| 미시건전성 감독 | ● 여신전문업을 적기시정조치 대상으로 편입. |
| 영업행위 감독 | ● 신용카드업자 사이의 과당경쟁으로 무분별한 신용카드 발급이 지속되고 신용불량자가 양산됨에 따라 다음을 촉구 :<br>① 철저한 신용카드 발급 심사체계 확립<br>② 모집인 자격요건 강화 및 교육 철저<br>③ 백화점과 신용카드업자 사이의 가맹수수료 분쟁에 주의 촉구 |
| 영업행위 감독 | ● 소비자의 연체이자 부담 감소와 신용카드사 간 담합의혹 등 논란의 소지를 해소하기 위한 방안을 강구 :<br>① 연체금리를 한편넣기방식으로 산정<br>② 연체의 개별 상황에 따른 연체금리 차별화 |
| 영업행위 감독 | ● 여전협회 안에 설치된 태스크포스팀이 소비자보호를 위해 1년 이상 진행해왔던 신용카드 약관개선작업이 종료되어 2002년 2월 20일부터 시행.<br>● 주로 신용카드의 도난·분실, 회원의 신분 변동, 개인신용정보의 이용, 신용불량자 등록, 할부거래 시 철회권 등 관련 내용이 개선됨. |

[별표 2] 계속

| 자료명 | 일자[2] | 작성부서 |
|---|---|---|
| 〈신용카드업자별 신용불량자 등록 현황 분석〉 | 2002. 1. 30. | 금감위 비은행감독과,<br>금감원 비은행감독국<br>여전감독팀 |
| 〈금융정책협의회 개최〉<br>(자료명 : 〈가계부채 증가에 따른 장단기<br>종합대책〉) | 2002. 2. 20. | 금감위 은행감독과,<br>금감원 비은행감독국<br>여전감독팀<br>(회의자료는 재경부·<br>금감위·한은이 작성) |
| 〈신용불량자 관리제도 개선방안〉 | 2002. 2. 20. | 금감위 시장조사과,<br>금감원 신용감독국<br>신용정보팀 |
| 〈은행권의 가계대출 확대에 대응한 건전성<br>감독방안〉 | 2002. 2. 20. | 금감원 은행감독국<br>경영지도팀 |
| 〈신용카드 모집관련 유의사항 시달〉 | 2002. 2. 21. | 금감위 비은행감독과,<br>금감원 비은행감독국<br>여전감독팀 |

| 관련 감독유형[3] | 주요 내용[4] |
|---|---|
| 영업행위 감독 | ● 2001년 12월 말 현재 신용불량자 등록 절대수치, 회원 가운데 신용불량자 비율, 미성년 신용불량자의 회사별 자료. |
| 영업행위 감독과 미시건전성 및 시스템안정성 감독 | ● 가계부채의 현황 및 증가원인 분석.<br>● 가계부채규모는 우려할 만한 수준이 아니나, 증가속도가 빨라 부담요인이 존재하고, 금융회사 간 가계대출 심사기준의 경쟁적 완화가 문제라고 평가.<br>● 대책(①~⑤는 단기대책, ⑥~⑩은 장기대책) :<br>① 적정 대손충당금 적립 등을 위한 감독 강화(금감위)<br>② 신용카드부문의 건전성 제고(금감위)<br>③ 주택담보대출 관행 개선(금감원 및 재경부)<br>④ 신용불량자 등록제도 개선 추진(은행연합회)<br>⑤ 개인신용관리의 중요성 홍보(여전기관협의회 등)<br>⑥ 우량정보 유통을 위한 제도기반 마련(재경부)<br>⑦ 가계대출의 신용 리스크관리 강화 지도(금감위)<br>⑧ 소비자갱생제도 도입(법무부)<br>⑨ 기업금융 활성화 여건 조성(한은 및 재경부)<br>⑩ 부동산 과열 억제대책의 지속 추진(재경부)<br>※ 신용카드사 문제를 포괄하는 가계부채 급증현상에 대해 종합적 분석 및 본격 대응책을 최초로 제시. 가계대출 부실화가 금융회사의 건전성뿐만 아니라 경제의 위험요인이 될 가능성도 감안하였음. 그러나 결과적으로 볼 때, 당시 재경부의 내수진작 정책기조 지속으로 말미암아 이 종합대책이 철저하고 신속하게 이행되지는 않았음. 2002년 3월 25일의 금정협 논의를 참조하기 바람. |
| 영업행위 감독 | ● 개선방안 :<br>① 서민층 신용불량자 등재요건 완화를 검토<br>② 무자격자에 대한 신용카드 발급 근절대책 마련<br>③ 신용불량자가 되는 경우의 불이익 홍보 강화 |
| 미시건전성 감독 | ● 저금리 지속 시 가계대출규모의 지속적 증가가 예상되나 이것이 전반적 부실로 확대될 징후는 2001년 말 현재 없음.<br>● 감독방안 : 가계대출에 대한 금융기관의 적정 대손충당금 적립과 신용 리스크관리 강화를 지도하며 감독당국의 모니터링을 강화. |
| 영업행위 감독 | ● 가두 회원모집 행위를 중지할 것과 신용카드 모집인을 철저히 관리할 것 등 유의사항을 시달. |

[별표 2] 계속

| 자료명 | 일자[2] | 작성부서 |
|---|---|---|
| 〈금융감독위원회 2002년도 주요업무계획 보고〉<br>(대통령 보고 자료) | 2002. 3. 8. | 금감위 기획과·<br>감독정책과<br>(보고자료는 금감위 및<br>금감원 작성) |
| 〈금융협회장 및 은행장 간담회〉 | 2002. 3. 19. | 금감위 감독정책과 |
| 〈최근 신용카드 업태 변화 동향〉 | 2002. 3. 20. | 금감원 비은행감독국<br>여전감독팀 |
| 〈금융정책협의회 개최〉<br>(자료명 : 〈가계대출 증가에 대한 인식과<br>대응방향〉) | 2002. 3. 25. | 금감위 은행감독과,<br>금감원 경영지도팀<br>(회의자료는 재경부·<br>금감위·한은이 작성) |
| 〈신용카드사에 대한 검사 결과〉 | 2002. 3. 26. | 금감원 비은행검사국<br>상시검사2팀 |
| 〈중산·서민층 금융이용 활성화 및 금융이용자 보<br>호를 위한 12대 부문·50대 과제 세부추진계획〉 | 2002. 4. 1. | 금감위 감독정책과,<br>금감원 감독총괄국<br>감독조정팀<br>(부속자료는 금감위·<br>금감원이 작성) |

| 관련 감독유형[3] | 주요 내용[4] |
|---|---|
| 영업행위 감독 | ● 신용카드 문제와 신용불량자 문제를 소비자보호의 관점에서 보고하였음.<br>※ 가계부채 급증과 미시건전성 대책은 전혀 다루어지지 않았음. |
| 미시건전성 및 시스템안정성 감독 | ● 가계대출 급증에 따른 미시건전성 리스크 증대와 기업금융 위축의 문제를 논의. |
| 영업행위 감독 | ● 그동안의 신용카드사의 영업행위, 공시, 그리고 수수료 관련 각종 제도의 변경 내용과 성과를 정리. |
| 미시건전성 감독 | ● 가계대출상황을 그 수준과 증가속도, 금융회사 건전성, 그리고 거시경제 측면에서 모두 낙관적으로 평가하고, 2002년 2월 20일의 종합대책 추진현황을 점검.<br>● 한은 및 금감원에 가계대출점검반 편성(2002. 4. 1).<br>※ 가계대출의 과도 규제 시에는 소비위축 및 경기회복 지연의 우려가 있다고 명시적으로 언급함으로써, 2002월 2월 20일의 종합대책이 내수진작 기조 유지라는 제약 아래 추진되고 있음을 밝힘. |
| 영업행위 감독 | ● 25개 전체 신용카드사를 대상으로 불법·부당 행위에 대한 현장검사를 실시한 뒤 제재조치 결과를 공표하였음.<br>● 불법·부당 행위 유형 :<br>① 신청인 본인 확인 없이 제3자 명의 도용자에 대한 신용카드 발급<br>② 무자격 미성년자에 대한 신용카드 발급<br>③ 미성년자 신용카드 발급 시 법정대리인 앞 발급사실 통보의무 해태<br>④ 불법 신용카드 발급 대행업체에 의한 신용카드 발급<br>⑤ 카드회원 정보유출 등<br>● 제재조치 :<br>① 3개 사 업무정지(회원신규모집 및 신규발급에 대한 업무정지)<br>② 1개 사 과징금 부과 및 문책기관경고(대표자 문책경고 병행)<br>③ 3개 사 주의적 기관경고(대표자 주의적 경고 병행)<br>④ 16개 사 주의·시정 조치 |
| 영업행위 감독 | ● 소비자보호를 위해 신용카드 수수료 체계 합리화, 무분별한 신용카드 발급 방지, 소액연체로 말미암은 신용불량자 양산 방지 등의 과제가 포함됨. |

〔별표 2〕 계속

| 자료명 | 일자[2] | 작성부서 |
|---|---|---|
| 〈신용카드회사 감독 강화 방안 추진계획〉 | 2002. 4. 5. | 금감위 비은행감독과, 금감원 비은행감독국 여전감독팀 |
| 〈2002. 1/4분기중 은행권 가계대출 동향 및 건전성 감독방향〉 | 2002. 4. 11. | 금감원 은행감독국 경영지도팀 |
| 〈금융감독위원장, 한국능률협회 최고경영자 조찬세미나 강연 : 2002년도 금융감독정책방향〉 | 2002. 4. 17. | — |
| 〈2002년 4월중 은행권 가계대출 동향 및 건전성 감독방향〉 | 2002. 5. 15. | 금감원 은행감독국 경영지도팀 |

| 관련 감독유형[3] | 주요 내용[4] |
|---|---|
| 영업행위 및 미시건전성 감독 | ● 〈신용카드회사 감독강화 방안〉(2002. 2. 14. 금감위원장 기자간담회 자료)의 내용 요약 :<br>① 위규행위 적발 시 영업정지 등 엄중 제재<br>② 신용카드 시장의 영업질서 확립을 위한 제도개선방안 강구<br>③ 신용카드 이용자보호 강화방안 강구<br>④ 수수료 비교공시, 적용수수료 개별 통보 등으로 경쟁 촉진<br>⑤ 현금대출 위주의 영업행태 개선<br>● 〈신용카드회사 감독강화 방안〉의 후속조치로서 향후 제도개선을 통해 다음 조치를 추진할 계획임 :<br>① 신용카드 부당발급에 대한 카드회사 책임 강화<br>② 현금대출 위주 영업행태 개선<br>③ 신용카드 모집인 등록 의무화<br>④ 불법·부당 채권추심행위 금지<br>⑤ 신용카드회사의 대손충당금 적립기준 강화<br>⑥ 신용카드 발급기준 강화를 재추진(규개위의 이견으로 강화되지 못했던 부분을 개정 여전업법에 따라 시행령에서 규정 예정)<br>⑦ 직불카드 활성화방안 검토 |
| 미시건전성 감독 | ● 2002년 중 가계대출 건전성 감독 강화방안의 추진실적 및 향후 추진계획을 정리한 내용임. |
| 영업행위 및 미시건전성 감독 | ● 신용카드 남발과 신용불량자 급증에 대처하여 가계대출 건전성 저하 방지대책과 카드이용자 부담 완화대책의 필요성을 강조.<br>● 그럼에도, "가계대출 급증, 부동산·주식 등 자산가격 상승 등을 경기과열로 인식하여 거시정책으로 대응하게 되면 모처럼 되살아나고 있는 경기상승국면을 제대로 살릴 수 없는 우를 범할 수 있으므로, …… 미시정책으로서의 가계대출의 건전성 저하 방지대책 및 부동산안정대책 등을 병행해 추진해 나가야"할 것이라 언급.<br>※ 감독자의 고유 책무는 경기회복이 아닌데도 경기회복을 목표로 감독정책을 운용하고 있다는 언급은 시장에 혼란을 더할 우려가 있음. 또한 거시건전성 감독을 부정함으로써 한국은행의 금융안정 기여 가능성을 배제하는 듯한 언급도 시장에 혼란을 더할 수 있는 부적절한 언급임. |
| 미시건전성 감독 | ● 2002년 4월 중 가계대출 증가세가 지속됨.<br>● 은행들의 가계대출 리스크 관리실태를 점검할 계획.<br>● 향후 필요에 따라 다음 추가대책을 추진할 예정 :<br>① 주택담보대출 위험가중치 경감요건 강화<br>② 가계대출 미사용 약정에 대한 대손충당금 적립<br>③ 가계대출 최저적립비율의 추가 상향조정<br>④ LTV 60% 초과 주택담보대출 한도제 시행 |

194

〔별표 2〕계속

| 자료명 | 일자[2] | 작성부서 |
|---|---|---|
| 〈소액대출정보 집중에 따른 영향과 대응방향〉<br>(금융정책협의회 자료) | 2002. 5. 22. | 금감위 시장조사과,<br>금감원 비은행감독국·<br>신용감독국<br>(회의자료는 재경부·<br>금감위·금감원이 작성) |
| 〈신용카드 종합대책 추진〉<br>(당정협의자료) | 2002. 5. 23. | 금감위 비은행감독과,<br>금감원 비은행감독국<br>여전감독팀 |
| 〈여신전문금융업 감독규정 개정〉 | 2002. 6. 28. | 금감위 비은행감독과,<br>금감원 비은행감독국<br>여전감독팀 |

| 관련 감독유형[3] | 주요 내용[4] |
|---|---|
| 영업행위 감독 | ● 2002년 7월부터 은행연합회로 소액대출정보(금융회사의 1천만 원 미만 소액대출 및 신용카드 현금서비스 잔액 정보)가 집중됨에 따른 신용불량자 및 개인파산자 양산 방지대책을 마련 :<br>① 소액대출정보의 제공 범위를 2단계에 걸쳐 점진적 확대<br>② 개인채무자의 신용회복 지원장치 마련<br>③ 협회 등을 통한 소비자보호 강화<br>④ 감독제도 개선·보완 및 모니터링 강화 |
| 영업행위 및<br>미시건전성 감독 | ● 현행 문제점 :<br>① 대다수 고객이 20% 이상의 수수료를 부담<br>② 회원확보 위주의 경쟁으로 신용카드 남발을 계속<br>③ 현금대출 위주의 영업관행 지속<br>④ 무리한 채권추심, 이용대금 전가로 소비자 피해<br>● 기존 조치 :<br>① 신용카드 발급기준 강화(2001. 12)<br>② 가두모집 금지와 신용카드 모집인 등록제(2002. 2)<br>③ 무자격자에 대한 신용카드 발급 등 엄중 제재(2002. 3)<br>④ 신용카드 부정사용에 대한 보상 확대(2002. 1)<br>● 향후 대책 :<br>① 신용카드 수수료의 합리적 책정 유도<br>② 무분별한 신용카드 발급 및 사용행태 개선<br>③ 현금대출 위주 영업행태의 개선(현금대출·채권 합계액 비율을 50% 이하로 2003년 12월까지 단계적 축소)<br>④ 신용카드 이용자(특히 기존 회원) 보호 강화<br>⑤ 기타 신용카드 관련 제도 개선<br>※ 이 종합대책은 신용카드회사에 대한 본격적 규제가 실제로 이행되는 시발점이 되었음. 이 종합대책은 감독당국이 1년 앞서 독자적으로 공표했으나 법규 개정이 좌절되면서 이행에 옮기지 못했던 〈신용카드업의 문제점 및 개선방안〉(2001. 5. 3)과 내용 면에서 거의 같음. 이 종합대책이 2002년 5월 당정협의라는 형식을 통해 비로소 본격적으로 이행의 수순을 밟게 된 것은 정치적 고려 등이 어떤 식으로건 작용한 결과로 추측됨. |
| 영업행위 및<br>미시건전성 감독 | ● 여전업법 및 동법 시행령 개정(2002. 7. 1. 시행 예정)에 따른 감독규정 개정 (안) 의결.<br>● 주요 개정 내용 :<br>① 회원모집 때 준수사항을 구체적으로 명시<br>② 신용질서 유지와 소비자보호를 위한 준수사항 명시<br>③ 신용카드사 자산의 자산건전성 분류기준 및 충당금 적립기준을 은행 수준으로 개선 |

〔별표 2〕계속

| 자료명 | 일자[2] | 작성부서 |
|---|---|---|
| 〈카드사의 신용카드 분류체계 개선 및 카드이용한도 책정을 위한 회원 결제능력 평가방안〉 | 2002. 7. 5. | 금감위 감독정책2국 비은행감독과, 금감원 비은행감독국 여전감독팀 |
| 〈2002년 상반기 가계대출 동향과 향후 대응방안〉 | 2002. 7. 16. | 금감원 은행감독국 경영지도팀 |
| 〈다중채무자에 대한 개인신용회복지원(workout) 제도 도입 방안〉 | 2002. 7. 16. | 금감원 신용감독국 신용정보팀 |
| 〈신용카드약관 개선〉 | 2002. 7. 25. | 금감원 비은행감독국 여전감독팀 |
| 〈가계대출 동향과 대책〉 | 2002. 10. 7. | 금감위 은행감독과, 금감원 은행감독국 경영지도팀 |
| 〈신용카드사 과당경쟁 방지대책 시행〉 | 2002.10. 15. | 금감원 비은행감독국 여전감독팀 |
| 〈금융감독위원장, 내경포럼 조찬강연 : 경제환경변화와 감독정책 방향〉 | 2002. 10. 29. | — |

| 관련 감독유형[3] | 주요 내용[4] |
|---|---|
| 영업행위 및 미시건전성 감독 | ● 신용도와 이용실적에 기초한 회원등급 분포의 표준모형 제시 → 각 신용카드사가 적절히 조정하여 회원등급 분류 → 회원등급 상향 조정을 통한 수수료 인하 효과를 기대.<br>● 신용카드회원의 결제능력을 고려한 이용한도 부여. |
| 미시건전성 감독 | ● 가계대출 건전성 감독 강화(2002. 2)의 성과를 점검.<br>● 추가대책 : 2002년 3/4분기부터 현금서비스 미사용 약정분에 대해 대손충당금을 적립하도록 지도. |
| 영업행위 감독 | ● 다중채무자에게 금융회사 공동으로 신용회복을 지원하는 개인워크아웃제도의 내용을 소개. 이 제도는 2002년 3/4분기에 도입 예정. |
| 영업행위 감독 | ● 약관 개선방향을 마련(2002년 8월 시행 예정) :<br>① 분실・도난 신용카드에 대한 보상 강화<br>② 회원의 자격정지 및 일시 이용정지 통보의무 부과<br>③ 유효기간 만료시 갱신발급 절차 강화<br>④ 위・변조 신용카드에 대한 신용카드사 책임 강화 |
| 미시건전성 및 영업행위 감독 | ● 가계대출 동향 : 은행권 가계대출은 2002년 4월 이후 증가세가 둔화됐으나 8월부터 다시 가속화. 비은행 금융회사도 신용카드사 중심으로 대출 증가세 지속. 가계대출 연체율 및 개인신용불량자도 증가세 지속.<br>● 동향 평가 : 가계대출 및 연체율 증가세가 지속될 전망이며, 가계의 부채상환능력도 점차 감소세.<br>● 향후 대책 :<br>① 가계대출 실태 종합점검, 가계대출 모니터링 강화<br>② 가계대출에 대한 대손충당금의 최저적립비율을 추가로 상향 조정<br>③ 주택담보대출에 대한 개인신용평가 강화 및 BIS 위험가중치의 차등적용 추진<br>④ LTV를 60%로 하향 조정하는 조치를 전국적으로 확대 실시<br>⑤ 가계대출 이용자 보호 및 홍보 강화<br>※ 가계대출 문제에 대해 대체로 낙관하던 종래의 시각에서 비로소 벗어나 본격적 우려로 선회. |
| 영업행위 감독 | ● 신용카드회사 사이의 과당경쟁은 시장구조 왜곡, 카드사 건전경영기반 훼손, 과소비, 신용불량자 양산을 초래.<br>● 대응책으로 신용카드사 사장단이나 여전협회 등의 자율규제를 유도. |
| 미시건전성 및 영업행위 감독 | ● 사전예방적 감독 강화 → 은행 재무건전성 향상.<br>● 소비자금융 급증에 따른 연체율 증가와 신용불량자 증가를 건전성 및 소비자보호 측면에서 설명. |

〔별표 2〕 계속

| 자료명 | 일자[2] | 작성부서 |
|---|---|---|
| 〈오갑수 부원장 해외투자단에 대한 설명회 개최〉 | 2002. 11. 5. | 금감원 국제협력실 국제협력팀 |
| 〈주택담보비율, BIS 비율 위험가중치 상향조정 등 가계대출 건전성 강화 후속조치〉 | 2002. 11. 8. | 금감위 감독정책1국 은행감독과, 금감원 은행감독국 경영지도팀 |
| 〈은행 자금흐름 개선을 위한 대책반 구성〉 | 2002. 11. 13. | 금감위 감독정책1국 은행감독과 |
| 〈신용카드업자의 현금서비스 한도관리 및 현금대출비중 현황〉 | 2002. 11. 18. | 금감원 비은행감독국 여전감독팀 |
| 〈신용카드회사 건전성 감독 강화대책〉 | 2002. 11. 19. | 금감위 비은행감독과, 금감원 비은행감독국 여전감독팀 |

| 관련 감독유형[3] | 주요 내용[4] |
|---|---|
| 미시건전성 감독 | ● 단기간 내 가계대출 급증으로 말미암은 은행의 자산건전성 악화 가능성에 대비, 2001년 말 이후 가계대출에 대한 건전성 감독을 강화했음을 설명. |
| 미시건전성 감독 | ● 〈최근의 경제동향과 정책대응방향〉(2002년 10월 11일의 경제정책조정회의 자료, 9개 정부부처 참석)에서 제시된 가계대출 대책에 따라 주택담보대출 운용실태 점검결과를 토대로 대책을 마련 :<br>① 주택담보대출 위험가중치 상향 조정<br>② LTV 하향 유도<br>③ 주택담보대출 취급 관련 내부통제 강화<br>④ 주택담보대출 취급 유인제도 운용 억제 |
| 시스템안정성 감독 | ● 가계부문으로의 자금편중을 개선하고자 재경부·한은·금감원 합동으로 은행자금흐름 개선대책반을 구성. |
| 미시건전성 감독 | ● 2002년 3/4분기 중 전업카드사의 현금서비스 한도 및 현금대출 비중 관련 통계.<br>● 동 분기 현금대출 비중 감축계획을 준수하지 않은 회사에 대해 주의 촉구 및 감축계획서 징구. |
| 미시건전성 감독 | ● 신용카드회사에 대한 건전성 감독 강화의 필요성 : "정부는 그동안 신용카드회사의 카드남발 등 외형위주 경영을 시정하기 위해 노력"한 결과, "신용카드 발급율이 하락하고 이용한도가 감소하는 등 다소 개선"되었음. "그러나 과거 무분별 영업행위 등으로 인해 연체율이 증가하는 등 카드회사의 경영여건이 악화되는 조짐"이 보임. "카드회사가 부실화될 경우, 은행 등 금융시장의 큰 부담으로 작용"하기 때문임.<br>● 건전성 감독 강화 대책 :<br>① 신용카드회사에 대한 사전예방적 감독 강화<br> 1) 적기시정조치 기준 강화(연체율·손익상황 고려 등)<br> 2) 자산건전성 분류 및 대손충당금 적립기준 강화<br> 3) 조정자기자본비율 산정방식 개선<br> 4) 장기연체채권의 신속한 대손상각 지도<br> 5) 신용카드회사의 경영실태 감시 강화(전담팀 보강 등)<br>② 신용카드회사의 급속한 현금대출 증가를 억제<br> 1) 현금대출비중 제한의 실효성 제고(특별검사 실시)<br> 2) 은행자금 조달의 투명화, 동일인 여신한도의 적용<br>③ 신용카드업계의 자율규제 강화<br> 1) 〈신용카드업 자율규약안〉 시행 → 공정경쟁질서<br> 2) 5일 이상(10만 원 이상) 연체정보의 신용카드회사 간 교환<br> 3) 여전업협회의 대표성 제고와 공익기능 강화<br>※ 신용카드회사의 가계대출에 대한 건전성 우려는 물론 시스템에 관한 우려를 구체적으로 표명. |

200

〔별표 2〕계속

| 자료명 | 일자[2] | 작성부서 |
|---|---|---|
| 〈금융감독위원장, 한국경제신문 밀레니엄포럼 발제<br>: IMF 5년, 금융구조조정의 성과와 향후 과제〉 | 2002. 12. 5. | — |
| 〈금융감독위원회 부위원장, 전경련 금융제도위원회<br>제17차 회의 강연 : IMF 5년간 구조조정 성과와 향후<br>과제〉 | 2002. 12. 13. | — |
| 〈금융감독원장, 금감원 확대연석회의 훈시〉 | 2002. 12. 23. | 금감원 공보실 |
| 〈2002년 9월말 현재 금융회사의 여신건전성 현황〉 | 2002. 12. 26. | 금감원 경영정보지원실<br>경영통계팀 |
| 〈가계대출 및 신용불량자 대책〉<br>(경제정책조정회의 보고자료) | 2003. 1. 7. | 금감위 감독정책1국<br>은행감독과 |

| 관련 감독유형[3] | 주요 내용[4] |
|---|---|
| 미시건전성 감독 | ● 가계대출에 대해서는 건전성 감독조치가 진행 중이고, 가계대출 문제가 금융시스템 불안정을 일으키는 요인이 되지는 않을 것임을 강조.<br>● 일부 신용카드사 건전성에 문제가 생기는 경우에는 구조조정 대상이 됨을 명시적으로 언급. |
| 영업행위 감독 | ● 외환위기 이후 은행의 영업행태 변화 : 기업여신은 감소하고, 소매금융은 확대됨.<br>● 외환위기 이후 비은행에 대한 감독 변화 :<br>① 금융이용자 피해 최소화<br>② 금융상품 및 회사 관련 공시 확대, 분쟁조정 효율화<br>③ 신용정보인프라 구축, 신용불량자 양산 방지 |
| 미시건전성 감독 | ● "…… 일부에서는 가계대출 및 신용불량자 증가가 향후 한국경제를 어렵게 할 것이라는 우려의 목소리가 있으나, 금융감독당국에서는 금년 2월부터 취한 시장친화적이며 선제적인 감독정책 …… 을 통하여 문제 발생을 사전에 예방하였는 바, 현재로는 아무런 문제가 없음을 분명히 밝힘."<br>※ 결과적으로는 2003년 3월의 금융불안을 불과 3개월 앞둔 감독당국자의 문제 인식이 얼마나 단견이었는지 보여주는 사례임. |
| 미시건전성 감독 | ● 2002년 7월의 「여전업 감독규정」 개정으로 신용카드회사 자산건전성 분류 방식이 2단계에서 5단계로 강화됨. 그 결과, 2002년 9월 말 현재 전체 금융회사의 고정이하여신비율이 상승.<br>● 은행권은 고정이하여신비율이 2/4분기 수준을 유지. |
| 미시건전성 감독 | ● 가계대출 및 신용불량자 현황 :<br>① 2002년 10월 이후 은행권을 중심으로 가계대출 증가세는 둔화<br>② 가계대출 연체율 : 은행은 낮지만(2%) 신용카드는 높음(10%)<br>③ 개인신용불량자 수는 2002년 11월 현재 257만 명<br>● 가계대출 및 신용불량자 기존 대책의 평가 :<br>① 가계대출은 증가세가 둔화 중이고 주택가격 안정으로 향후 급격한 증가세는 없을 것임<br>② 그동안의 가계대출 증가는 내수진작에 기여했으며, 현재로는 가계대출이 크게 우려할 수준이 아님<br>※ 경제정책을 총괄하는 입장이 아닌 감독자로서 바로 위 ②와 같은 언급은 매우 부적절. |

〔별표 2〕 계속

| 자료명 | 일자[2] | 작성부서 |
|---|---|---|
| 〈여신전문금융업 감독규정 및 동 시행세칙 개정〉<br>(금감위 의결사항) | 2003. 1. 24. | 금감위 비은행감독과,<br>금감원 비은행감독국<br>여전감독팀 |
| 〈2002 회계연도 신용카드사 영업실적〉 | 2003. 2. 21. | 금감원 비은행감독국<br>여전감독팀 |
| 〈금융정책협의회 결과〉<br>(회의자료명 : 〈금융시장안정을 위한 신용카드사<br>종합대책〉) | 2003. 3. 17. | 재경부 금융정책과·<br>보험제도과,<br>금감위 감독정책과·<br>비은행감독과,<br>한국은행 통화운영팀<br>(회의자료는 재경부·<br>금감위·한은이 작성) |
| 〈2002년 12월말 현재 금융회사의 여신건전성 현황〉 | 2003. 3. 17. | 금감원 감독정보실<br>경영정보팀 |

| 관련 감독유형[3] | 주요 내용[4] |
|---|---|
| 미시건전성 감독 | ● 2002년 11월의 〈신용카드회사 건전성 감독 강화대책〉에 따른 조치의 일부로서 그 내용은 :<br>① 경영지도비율 및 적기시정조치 기준의 강화(2003. 4. 1. 시행)<br>　1) 경영지도비율(조정자기자본비율) 상향 조정 : 7% 이상 → 8% 이상<br>　2) 적기시정조치 기준(조정자기자본비율) 상향 조정 : 7% 미만 → 8% 미만<br>　3) 적기시정조치 기준에 연체율 및 당기순이익 추가(예 : 분기 말 기준 1개월 이상 연체채권비율이 10% 이상이고 최근 1년 동안 당기순이익이 적자이면 경영개선권고 조치)<br>② 대손충당금 적립기준 강화<br>　1) 현금서비스 미사용액에 대한 대손충당금 적립(2003. 4. 1. 시행)<br>　2) 자산건전성 단계별 대손충당금 최저적립비율 상향 조정<br>　3) 대환대출금 건전성 분류를 '요주의' 이하로 조정<br>③ 조정자기자본비율과 연체채권비율의 산정방식 개선 |
| ― | ● 9개 전업카드사는 상반기와 하반기에 각각 흑자와 적자를 기록. 하반기 적자는 대손충당금 적립기준 강화(2002년 7월과 11월)에 따른 충당금 전입액 증가와 연체증가에 따른 대손상각비용에 기인하며, 출혈경쟁으로 말미암은 원가상승에도 기인. |
| 건전성 및 시스템안정성 감독 | ● 신용카드사의 고강도 자구노력 및 수지개선 대책 강구 :<br>① 대주주 증자(총 2조 원) 등 자기자본 확충 유도<br>② 출혈 영업행위 시정, 연회비 합리화, 무이자결제 신용공여기간 단축 등, 경영수지 개선대책 강구를 유도<br>● 신용카드사에 대한 정부정책의 탄력적 운용 :<br>① 부대업무 비율(현금대출 비율) 50% 제한 준수시한 연장 → B/S 기준 2004년 말, 관리자산기준 2005년 말<br>② 적기시정조치 시 '관리자산기준 연체율'을 적용<br>③ 신용카드사 채권회수 노력을 지원<br>④ 부실채권 조기상각 및 매각 지원<br>● 연체율 증가 억제를 위한 업계 공동 노력을 유도 :<br>① 대환대출기준 명료화와 대환대출 기간 장기화 방안<br>② '카드채권관리협의회'가 카드 이용한도 단계별 감축방안 강구<br>● 필요 시, 신용카드사 자금지원 은행에 한은이 RP 자금 지원. |
| | ● 은행은 2000년 하반기 이후의 부실채권 감축 덕분에 부실채권 비율 하락. 비은행도 고정이하여신 감소.<br>● 다만 신용카드사는 건전성 분류기준 강화 및 카드채권 연체율 상승으로 고정이하여신 규모와 비율 증가. |

〔별표 2〕계속

| 자료명 | 일자[2] | 작성부서 |
|---|---|---|
| 〈금융정책협의회 개최〉<br>(회의자료명 : 〈금융시장 안정대책 : 신용카드사 및<br>투신사 유동성 해소 관련〉) | 2003. 4. 3. | 재경부 금융정책과,<br>금감위 감독정책과,<br>한국은행 금융시장국,<br>(회의자료는 재경부·<br>금감위·금감원·한은·<br>은행연합회·증권업협회<br>·투자신탁협회·생명보<br>험협회·손해보험협회·<br>여신전문금융협회가<br>작성) |
| 〈신용카드사 수지 및 손실흡수능력 전망〉 | 2003. 4. 4. | 금감원 비은행감독국<br>여전감독팀 |
| 〈금융감독위원회 부위원장, 한경와우 컨퍼런스<br>기조연설 : 참여정부의 금융구조조정 정책과<br>방향〉 | 2003. 4. 10. | — |
| 〈채무자의 도덕적 해이 방지를 위한 금융기관<br>지도방안〉 | 2003. 4. 23. | 금감원 비은행감독국<br>비제도금융조사팀 |

| 관련 감독유형[3] | 주요 내용[4] |
|---|---|
| 건전성 및<br>시스템안정성 감독 | ● SK글로벌 분식회계 발표(2003. 3. 11) 이후 신용카드사의 건전성에 대한 우려가 카드채 편입 투신사 펀드에 대한 환매요구 증가 및 신용카드사 자금조달 곤란 등 금융시장 불안으로 현재화하였음. 이에 대처하고자 주로 신용카드사의 경영개선에 주안점을 둔 것이 〈금융시장안정을 위한 신용카드사 종합대책〉(2003. 3. 17)임. 이를 보강하고 금융시장 불안 확산에 대처하고자 마련된 두 번째 종합대책이 〈금융시장 안정대책 : 신용카드사 및 투신사 유동성 해소 관련〉으로, 이번에는 신용카드사의 유동성 애로 해소에 주안점을 두었음.<br>● 신용카드사 건전경영 기반확보 대책 :<br>  ① 신용카드사 증자폭 확대(총 2조 원 → 총 4.6조 원)<br>  ② 〈금융시장안정을 위한 신용카드사 종합대책〉의 신속 추진<br>● 신용카드사 및 투신사 유동성 정상화 대책 :<br>  ① 신용카드사 자구노력(채권 신규발행, 영업규모 조정 등)<br>  ② 신용카드사 유동성 대책(금융회사·연기금 보유 카드채는 만기연장, 투신사 보유 카드채의 50%는 신용카드사가 자체상환하고 나머지 50%는 투신사가 만기연장)<br>● 투신사 환매자금 지원을 위한 금융권 공동의 브리지 론 5조 원(투신권 보유 카드채의 약 50%)을 조성.<br>● 필요 시, 투신사 지원 뒤 상환자금 등을 카드채시장 활성화에 활용하는 방안을 검토. |
| - | ● 〈금융시장안정을 위한 신용카드사 종합대책〉(2003. 3. 17)과 〈금융시장 안정대책 : 신용카드사 및 투신사 유동성 해소 관련〉(2003. 4. 3)의 추진으로 예상되는 성과를 다음과 같이 평가 :<br>  ① 2003년 중 4.5조 원의 자본 확충<br>  ② 약 2.1조 원의 수지 개선<br>  ③ 전업카드사 흑자 : 상·하반기 각각 −2.1조·1.9조 원<br>  ④ 신용카드사 연체율은 4, 5월을 정점으로 하락 또는 유지 |
| 미시건전성 감독 | ● 신용카드대출 부실화를 "신용위험관리가 미비된 구태의연한 외형위주의 수익추구행위"의 귀결로 보아 "소프트웨어 개혁실패"로 규정.<br>● 가계대출의 안정적 유지를 강조. |
| 영업행위 감독 | ● 최근 연체율 상승에 따른 한계신용 금융소비자의 증가로 말미암아, 상환능력이 있음에도 채무를 고의로 갚지 않으려는 도덕적 해이가 증가.<br>● 이에 대처하여, 감독당국은 금융회사가 법원의 지급명령 등 채무명의를 얻은 뒤 '채무자 재산명시제도'와 '채무자 재산조회제도'를 적극 활용하고, 채무독촉 회피나 채무탕감 요구를 겨냥한 고의적 민원에 대해서는 금융회사 민원평가제도의 이의신청절차를 적극 활용하도록 지도. |

〔별표 2〕계속

| 자료명 | 일자[2] | 작성부서 |
|---|---|---|
| 〈신용카드시장 대책 일부 보완〉 | 2003. 5. 2. | 금감원 비은행감독국<br>여전감독팀 |

주 1) 이 별표는 신용카드회사 부실화, 가계부채 급증, 신용불량자 급증, 그리고 연체율 급증 등과 관련된 보도자료를 대부분 망라하고 있음. 다만 저자가 본 연구의 목적에 비추어 중요성이 다소 떨어진다고 판단한 자료[예를 들면, 감독당국의 분석이나 시각 또는 정책판단이 포함되지 않은 통계위주의 일부 기술적(記述的) 자료 등]는 이 별표에서 다루지 않았음.
   2) 일자는 각 자료의 배포일 또는 공표일을 가리킴.
   3) 관련 조치가 결정된 경우 이것이 어떤 감독유형에 속하는지를 명기하였음. 여기서 감독유형은 유럽중앙은행(ECB, 2001)과 혹스비(Hawkesby, 2001)의 감독유형 구분에 따라 시스템안정성 감독(거시건전성 감독), 미시건전성 감독, 영업행위 감독의 3가지로 구분하였음. 당해 자료가 아무런 관련 조치를 담고 있지 않아도 그 내용상 강조하고 있는 감독유형이 있으면 이를 명기하였음. 조치가 없고 내용상 강조하는 감독유형이 두드러지지 않은 경우에는 '-'으로 표시하였음.
   4) 일부 자료에 대해서는 저자의 판단을 '※' 표시 뒤에 간단히 정리하였음.
자료 : 금융감독원《금융감독정보》-각 호 및 홈페이지(www.fss.or.kr).

| 관련 감독유형[3] | 주요 내용[4] |
|---|---|
| 미시건전성 감독 | ● 〈금융시장 안정대책〉(2003. 4. 3)의 보완 :<br>① 신규발행 카드채·ABCP는 만기연장 대상에서 제외<br>② 실세금리 카드채 신규발행에 대한 증권사(위탁판매) 및 투신사(펀드편입)의 공조 확대를 유도<br>③ 하반기 신용카드사 자기자본 확충계획을 조기(5월) 발표<br>④ 부실채권 조기상각 및 매각 확대<br>⑤ 신용카드사 공동의 채권추심회사 설립 검토 |

〔별표 3〕 신용카드회사와 가계의 부실화 문제에 관한 한국은행의 인식과 대응

| 자료명 | 일자[2] | 작성부서 |
|---|---|---|
| 〈1998년중 가계신용동향〉 | 1999. 3. 12. | 조사부 경제통계실 |
| 〈최근의 경제동향과 통화신용정책 방향〉<br>(총재의 국가경영전략연구원 강연자료) | 1999. 5. 26. | 정책기획국 정책총괄팀 |
| 〈1999년 상반기중 가계신용동향〉 | 1999. 9. 14. | 경제통계국<br>통화금융통계팀 |
| 〈금융기관 대출행태 서베이 실시 결과〉 | 1999. 11. 1. | 은행국 은행연구팀 |
| 〈최근 저축률 변동의 특징과 시사점〉 | 1999. 10. 26. | 경제통계국<br>국민소득통계팀 |
| 〈1999년 3/4분기중 자금순환 동향(잠정)〉 | 2000. 1. 26. | 조사국 산업분석팀 |

## : 보도자료(1999. 3~2003. 4)를 중심으로[1]

### 주요 내용[3]

● 1998년 중 가계신용(가계대출＋판매신용)은 전년 대비 감소로 반전. 외환위기 직후인 1/4분기 중 가계신용은 전년동기 대비 대폭 감소를 보였으나, 2/4분기 이후부터 감소폭이 점차 축소. 특히 4/4분기 중에는 은행권의 가계금융 활성화계획 추진(1998. 10) 덕분에 가계신용 감소세가 크게 둔화.

---

● 1999년 1/4분기 중 민간소비와 설비투자 등 내수가 증가로 반전되고 수출 증가세가 확대되면서 GDP 성장률이 양(陽)으로 반전됨. 2/4분기 이후에도 내수 및 수출 증가는 지속될 전망.

● 부동산가격은 금리하락, 경기회복 기대, 정부의 부동산경기 활성화조치(1998년 6월 이후) 등으로 1998년 12월부터 오름세 지속. 특히 분양아파트의 미등기전매 허용, 아파트 재당첨제한 폐지 등 부동산 매매 관련 규제 철폐로 부동산투기가 재연될 소지가 있음. 실제로 주택은행 청약예금이 1999년 3월 증가로 반전된 이후 증가세가 지속되고 1998년 12월 이후 주택대출금리의 경쟁적 인하가 진행 중.

● 가계대출수요는 소비심리 회복으로 소액대출제도(카드론 등) 이용이 늘어나고 주가 및 부동산가격이 상승하면서 주택구입이나 재테크를 위한 자금수요도 늘어날 가능성이 있음.

---

● 소비 증가와 증권시장 활황으로 1999년 상반기 가계신용은 증가로 반전됨. 가계대출(가계일반자금대출＋주택자금대출) 가운데 가계일반자금대출은 은행 및 신용카드회사 주도로 증가. 신용카드회사의 경우 현금서비스를 중심으로 대출이 증가했는데, 이는 「여신전문금융업법 시행규칙」(제7조)상의 현금서비스 사용 최고 한도(70만 원)가 1999년 5월 4일 폐지된 데 기인함. 전체 가계신용잔액 가운데 가계소비활동과 직접 연관되는 판매신용의 비중이 상승하였음.

---

● 1999년 3/4분기에는 대기업에 대한 금융기관의 대출태도는 이전보다 더욱 강화된 반면 중소기업 및 가계자금에 대해서는 완화추세를 지속하였음.

● 1999년 4/4분기에는 대기업에 대한 금융기관의 대출태도는 더욱 강화될 전망이며, 중소기업 및 가계자금에 대해서는 금융기관의 대출완화기조가 지속될 전망임.

---

● 저축률은 1988년을 정점으로 이후 완만한 하락세를 지속해오고 있던 중, 1999년 상반기에는 저축률이 급락. 이는 가계소비의 **빠른** 회복세에 기인하는 민간총저축률의 급락에 기인.

● 1999년 상반기 중 가계소비 증가는, 구조조정 진전과 대외신인도 회복 등으로 장래 경제상황에 대한 불안감이 해소되고, 금리가 하락하고 가계유동성 제약이 완화되었으며, 주식과 부동산 등 자산가격과 임금이 상승한 데 따른 것임.

● 국민총저축률의 제고를 위해 가계의 건전소비기풍 진작과 물가 및 자산가격 안정이 긴요.

---

● 경기회복에 따른 가계소비 증가와 금융기관들의 가계대출 확대 노력 등으로 자금조달 면에서 개인부문의 차입증가세가 지속됨.

〔별표 3〕 계속

| 자료명 | 일자[2] | 작성부서 |
|---|---|---|
| 〈최근의 은행가계대출 동향〉 | 2000. 1. 27. | 정책기획국 금융기획팀 |
| 〈1999년중 지급결제동향〉 | 2000. 2. 7. | 금융결제국 결제기획팀 |
| 〈1999년중 가계신용동향〉 | 2000. 3. 16. | 경제통계국 통화금융통계팀 |
| 〈2000년 3월중 금융시장동향〉 | 2000. 4. 6. | 금융시장국 통화운영팀 |
| 〈2000년 4월중 금융시장동향〉 | 2000. 5. 4. | 금융시장국 통화운영팀 |
| 〈2000년 상반기중 지급결제동향〉 | 2000. 7. 31. | 금융결제국 결제기획팀 |
| 〈은행의 기업대출 유인 강화를 위한 총액한도대출 지원방식 변경〉 | 2000. 9. 4. | 정책기획국 금융기획팀 |

## 주요 내용[3]

● 최근 동향 : 예금은행 가계대출은 1999년 1/4분기 중 증가로 반전된 뒤, 특히 4/4분기 중에 급증.
● 은행 가계대출 급증 원인 :
　① 은행의 가계대출 확대 노력 강화
　　1) 1999년 하반기 이후 은행 예금수신 증대
　　2) 대기업의 부채비율 감축 등으로 대기업 차입수요 둔화
　　3) 수익성[가계대출금리는 기업대출금리보다 2.0%p 높음, 가계대출은 신용보증기금 출연 부담(연 0.3%)이 없음], 안전성(신규우량고객 확보가 쉬움), BIS 비율 산정(주택담보대출의 경우 BIS 비율 산정시 위험가중치가 50%로 낮음) 면에서 가계대출이 기업대출보다 유리
　② 가계의 대출수요 증대 : 주식투자 및 주택구입을 위한 대출수요가 크게 증가하는 가운데 내구재소비를 중심으로 가계소비가 높은 증가세
　③ 비은행금융기관의 가계대출수요가 가계대출금리가 상대적으로 낮아진 은행대출로 이동
※ 1999년 말 즈음부터 인지되기 시작한 (은행)가계대출의 지속적 급증현상에 대해 한국은행이 처음으로 행한 종합적 분석임. 가계대출 급증현상에 대한 가치판단은 배제되어 있음.

● 소액지급결제시스템 가운데 신용카드(은행계)는 전년도에 비해 건수 및 금액이 모두 증가. 이는 경기상승에 따른 소비심리 호전과 세제혜택, 그리고 가맹점 공동이용제도 도입(1999. 9) 등에 기인.

● 1999년 12월 말 가계신용잔액(전년 말 대비 +16.0%)은 1998년 12월 말(전년 말 대비 −13.1%)의 감소에서 증가로 반전. 이로써 가계신용은 금융위기가 시작된 1997년 12월 말 수준을 약간 웃돎.

● 2000년 3월 중 가계대출은 은행의 소매금융 확대 노력 등으로 증가세가 크게 확대 → 은행대출 가운데 가계대출 비중은 2000년 3월 사상 최고수준(32.1%)에 도달.

● 2000년 4월 중 가계대출은 지난달에 이어 계속 큰 폭으로 증가. 종전에는 가계대출이 공모주청약 등과 관련하여 증가하는 경향을 보였으나, 최근에는 일부 은행이 신용카드사·캐피탈회사 등의 가계대출채권을 매입하는 형태로 가계대출을 확대하는 등 소비 관련 자금도 크게 증가하는 움직임을 보임.

● 신용카드(은행계) 이용실적은 전년동기에 비해 건수 및 금액이 대폭 증가. 이는 정부의 신용카드 이용촉진 정책(1999년 4/4분기 중 실시된 신용카드 이용금액에 대한 소득공제, 2000년 초에 실시된 신용카드 영수증 복권제 등)과 일반의 소비지출 확대에 기인함.

● 〈기업자금시장 안정방안〉(2000. 8. 23. 재경부 보도자료)의 후속조치로서, 총액한도대출 지원 시 활용되는 중소기업 자금지원실적 평가방식을 변경 → 기업대출 및 신용대출이 많고 가계대출이 적은 은행을 우대하고자 총액한도대출을 2000년 9월부터 차등 지원.
※ 가계대출이 기업대출을 구축한다는 암묵적 인식에 따라 한은이 내린 최초의 가계대출 관련 정책조치임.

212

〔별표 3〕 계속

| 자료명 | 일자[2] | 작성부서 |
|---|---|---|
| 〈2000년 상반기중 가계신용동향〉 | 2000. 9. 23. | 경제통계국<br>통화금융통계팀 |
| 〈2000년 8월중 은행 및 비은행금융기관<br>가중평균금리 동향〉 | 2000. 9. 29. | 경제통계국<br>통화금융통계팀 |
| 〈외환위기 이후의 저축률 추이와 시사점〉 | 2000. 10. 31. | 경제통계국<br>국민소득통계팀 |
| 〈2000년중 지급결제동향〉 | 2001. 2. 3. | 금융결제국 결제기획팀 |
| 〈최근 가계의 금융부채 현황 및 상환능력〉 | 2001. 2. 22. | 정책기획국 금융조사팀 |
| 〈2000년중 가계신용동향〉 | 2001. 3. 23. | 경제통계국<br>통화금융통계팀 |

## 주요 내용[3]

● 가계신용은 1999년 하반기에 이어 대폭 증가. 이는 높은 소비수준과 전세가격 급등에 따라 가계의 자금수요가 크게 늘어난 데 기인. 저축성예금 증가로 은행은 소매금융 확대노력을 강화하고, 신용카드 회사는 현금서비스 및 카드론을 중심으로 가계일반자금대출이 증가. 특히 후자의 경우, 신용카드회사 의 신규회원 적극 유치, 그리고 신용카드 이용실적에 따른 현금서비스 사용한도의 대폭 확대에 기인.

● 가계대출금리는 은행의 소매금융 강화 노력 등으로 9.92%에서 9.77%로 0.15%p 하락.

● 1998년을 논외로 하면 외환위기 이후에도 국민총저축률은 하락. 이는 가계 특히 중소득층 가계의 과시적 소비지출(사치품 소비재 수입과 해외여행 급증 등) 확산에 기인.

● 정부의 신용카드 이용촉진정책에 따라 카드가맹점 수가 확대되고 카드 사용이 보편화. 이에 따라 신용카드(은행계) 이용실적이 급증하는 가운데 특히 현금서비스가 대폭 증가.

● 외환위기 직후 1998년 중 크게 감소했던 개인부문의 금융부채잔액이 1999년 이후 증가세로 반전. 이는 경기회복에 따른 소비 증가 및 개인창업 증대 등으로 개인차입수요가 증가하고 기업신용위험은 증가함에 따라 은행이 가계대출을 적극 늘린 데 기인. 최근 개인부채 증가율은 12%로 기업부채 증가율 3%보다 상대적으로 높지만, 외환위기 이전의 20~60%에 견주면 크게 낮은 수준임.

● 은행 및 신용카드사 가계대출 연체율 현황과 개인대출 담보가치 안정세 등을 감안하면 가계의 채무상환능력은 아직 크게 저하되지 않았음. 가계부채 절대규모 증가에도 불구하고 저금리로 가계의 이자지급 부담은 소폭 상승. 최근 신용카드할부와 현금서비스 급증으로 가계의 원금상환 부담은 확대되 고 있으나 대부분의 신용카드사가 도입 중인 리볼빙제도가 원금상환압력을 완화.

● 은행 및 신용카드사의 가계대출 확대에도 불구, 신탁·보험 등 비은행금융기관의 가계대출이 대폭 위축되어 개인부문의 금융부채 증가세는 외환위기 이전에 비해 높지 않음. 또한 가계대출 연체율, 소득대비 부채비율, 이자상환비율 등 채무상환능력 면에서도 큰 문제가 없음 → 최근 제기되는 가계부 실 가능성은 크게 우려할 만한 수준이 아님. 다만 앞으로 경제상황 악화와 자산시장 침체가 장기화하면 개인의 채무상환능력 저하 및 은행·신용카드사 자산건전성 저하로 이어질 수 있음.

※ 가계부채 급증에 대한 한은 최초의 종합적 공식 판단으로, 낙관적 견해를 제시하였음. 그리고 비록 원론적이긴 하지만 이 문제와 관련하여 은행·신용카드사의 건전성 리스크에 대해 처음 언급함. 금융감독당국은 이 시기에 신용카드사 문제만을 다루었지만, 한은은 신용카드사 등의 대출을 포괄하는 가계신용을 다루었음. 이는 한국은행이 시스템안정성에 대한 관심을 갖고 있으므로 은행이 한은의 일차적 관심대상이라는 점과, 지급결제제도의 운영자·관리자인 한은이 은행뿐만 아니라 신용카드사 에 대해서도 관심을 갖는다는 점을 적절히 반영한 것으로 판단됨.

● 2000년 중 가계신용은 가계대출을 중심으로 증가폭이 확대됨. 이는 가계의 자금수요가 증가했고 은행·보험회사 등도 기업대출보다는 가계를 중심으로 한 소매금융 확대에 주력한 결과임.

〔별표 3〕 계속

| 자료명 | 일자[2] | 작성부서 |
|---|---|---|
| 〈민간부문 금융자산운용의 특징과 시사점〉 | 2001. 6. 5. | 경제통계국<br>자금순환통계팀 |
| 〈2001년 1/4분기중 가계신용동향〉 | 2001. 6. 22. | 경제통계국<br>통화금융통계팀 |
| 〈최근 개인부문의 금융자산 및 부채 상황〉 | 2001. 8. 7. | 정책기획국 금융조사팀 |
| 〈2001년 8월중 통화정책방향〉 | 2001. 8. 9. | 금융시장국 통화운영팀 |
| 〈최근 민간소비변동의 특징과 시사점〉 | 2001. 8. 16. | 경제통계국<br>국민소득통계팀 |

## 주요 내용[3)]

---

● 외환위기 이후 민간부문 금융자산운용상의 특징은 금융시장의 위험성 증대로 자산운용의 변동성이 높아지고 자산운용기간의 단기화 및 안전성 중시 경향 등이 두드러짐 → 이러한 변화는 비은행금융기관 대출비중이 높은 중소기업의 자금조달 애로요인으로 작용할 우려가 있음.
※ 가계대출과 기업대출(특히 중소기업대출) 사이의 상충 가능성을 처음 명시적으로 인식하였음.

---

● 2001년 1/4분기 중 가계신용은 계절적 요인과 경기부진에 따른 소비위축으로 증가세가 전분기보다 크게 둔화.

---

● 최근 개인부채 증가율은 2000년 4/4분기 이후의 경기하강을 반영하여 10%대로 소폭 둔화. 개인부채 증가는 은행차입과 신용카드 관련 차입이 주도.
● 은행의 가계대출 연체율은 낮아지고 있으나 신용카드채권 연체율은 소폭 상승. 가계의 금융부채 증가에도 불구하고 이자상환 부담은 크게 변하지 않은 것으로 추정됨.
● 최근 개인부문의 금융부채 증가세와 채무상환능력은 우려할 만한 수준이 아님 → 가계대출이 부실화되어 금융기관의 부실채권이 급증할 가능성은 일부의 우려만큼 크지는 않음.
● 앞으로 저금리기조가 정착되면서 가계의 부채비중이 지속적으로 높아지는 경우, 경기변동과 함께 가계의 신용위험이 급등락할 가능성이 있음. 따라서 금융기관은 개인여신관리를 강화하는 한편 소비지출 관련 할부금융제도 및 채무분할상환제도를 개선할 필요가 있음.
※ 〈최근 가계의 금융부채 현황 및 상환능력〉(2001. 2. 22)의 정책적 판단을 공식적으로 재확인하는 동시에, 앞으로 가계부채 비중 증대에 따라 금융기관이 건전성 리스크 증대에 대처해야 함을 강조. 이 자료에서 한국은행은 가계부채 급증의 지속 가능성을 어느 정도 염두에 두고 있었으나, 당시 금융감독당국은 이를 단기적 현상으로 파악하였음[예 : 〈IMF 경제위기 이후 은행권의 가계대출 동향 및 시사점〉(2001. 8. 금감원 자료)].

---

● 세간의 저금리 부작용론에 대한 한국은행의 반박논거 :
 ① 저금리로 말미암아 부동산시장으로 일부 자금유입이 초래되긴 했으나 이는 저금리 자체의 영향이 며, 최근 수도권 지역의 소형 및 재건축아파트를 중심으로 한 매매·전세 가격 상승은 외환위기 이후의 주택공급 감소에 주로 기인함
 ② 저금리로 말미암아 이자생활자의 소득 감소가 초래됨 → 금융중개 효율성 제고와 연금제도 정비 필요
 ③ 최근의 저금리는 우리 경제가 저성장·저물가 구조로 이행하는 과정에서 나타나는 불가피한 현상임

---

● 해외 경기 악화 시 과도한 소비절약은 생산 감소 → 소득 감소 → 소비 감소의 악순환을 초래함.
● 외환위기 이후 가계의 유동성제약 완화(신용카드 사용 활성화, 금리인하에 따른 가계대출 증가 등)와 자산가격(주가 및 부동산가격) 상승은 가계소비지출 증대에 기여하였음.
※ 민간소비 진작의 중요성을 강조.

216

〔별표 3〕계속

| 자료명 | 일자[2] | 작성부서 |
|---|---|---|
| 〈총재, 은행장과의 간담회 개최 : 기업 및 SOC 민간투자사업에 대한 금융지원 확대〉 | 2001. 8. 17. | 정책기획국 정책총괄팀 |
| 〈금리인하의 효과에 관한 견해〉 | 2001. 8. 23. | 정책기획국 정책협력팀 |
| 〈대내외여건 악화에 대응한 통화정책 운용방향〉 | 2001. 9. 19. | 정책기획국 정책총괄팀 |
| 〈2001년 2/4분기중 가계신용동향〉 | 2001. 9. 20. | 경제통계국 통화금융통계팀 |
| 〈총재, 은행장과의 간담회 개최 : 가계대출의 큰 폭 증가에 따른 대응에 만전〉 | 2001. 10. 26. | 정책기획국 정책총괄팀, 금융기획팀 |

## 주요 내용[3]

● 기업대출 확대 필요성에 비추어 은행의 과도한 가계대출은 바람직하지 않음. 은행의 경영건전성 차원에서도 과도한 가계대출은 바람직하지 않음.

※ 가계대출과 기업대출이 상충할 수 있다는 관점과 은행건전성 관점에서 가계대출에 대한 부정적 시각을 최초로 표명.

● 2001년 중 3회(2월 8일, 7월 5일, 8월 9일)에 걸친 콜금리 인하에 대한 세간의 비판론을 반박하는 한은의 논거 :

 ① 저금리로 말미암아 부동산시장으로 자금이 유입된다는 비판이 있으나, 통화정책은 무차별한 정책이므로 부동산은 미시규제로 대응해야 함

 ② 저금리가 이자생활자의 소득감소를 불러온다는 비판이 있으나, 이자생활자에 대해서는 사회정책 적으로 접근할 수 있음, 대출금리 하락은 개인채무 부담을 낮추므로 오히려 소비진작에 기여

※ 경기회복 징후가 뚜렷하지 않은 가운데, 금리인하의 소비진작 효과를 계속 기대하는 시각을 표명.

● 9·11 테러로 말미암은 충격을 최소화 : 소비 및 투자심리의 안정을 통해 국내 경기의 급속한 위축을 방지하려는 조치로 콜금리목표를 4.5%에서 4.0%로 0.5%p 인하.

● 2001년 2/4분기 중 은행가계대출 증가의 2/3가 주택담보대출 증가인 것으로 추정됨. 그리고 주택담보 대출은 소비성 자금이라기보다는 기존 고금리대출의 상환, 주택 구입, 개인사업자금용 등으로 사용된 것으로 보임.

※ 은행가계대출의 상당 부분이 부동산 구입을 위한 차입임을 처음으로 인지.

● 최근 은행가계대출은 주택담보대출 중심으로 대폭 증가하여 전체 대출증가액의 90%를 웃돎. 그 이유는 은행이 수익성과 안정성 면에서 유리한 가계대출을 금리인하, 대출한도 확대, 담보조건 완화(담 보설정료·인지대·감정료 자체 부담) 등을 통해 확대하려는 노력을 강화하고, 저금리기조 속에 은행 권 가계대출 금리가 비은행권보다 낮아 개인의 가계대출수요가 커진 데 기인.

● 개인의 소비 및 자산운용 행태가 가계자금을 적극 활용하는 방향으로 변화하고 개인 창업추세가 확대되고 있어서, 개인자금수요는 앞으로도 지속적으로 늘어날 전망임.

● 은행의 가계대출 증가는 개별 은행에게 수익성 개선 및 위험분산 효과가 있고, 국민경제 측면에서는 가계소비 및 주택투자 촉진 등 경기의 지나친 위축을 막는 효과가 있음.

● 그러나 최근 가계대출 연체율(특히 신용카드 연체율)이 상승세를 보이는 등 부실이 커질 가능성이 있음 → 각 은행은 개인신용평가시스템 확충과 신용거래정보 종합관리 등 여신관리 강화 필요.

● 한은은 은행의 가계대출 증가에 따른 부작용이 크지 않다고 판단하고 있으나, 앞으로 가계대출의 지속적 증가로 기업대출 위축이나 은행건전성에 대한 우려가 있는 경우에는 총액한도대출 배정 시 가계대출 차감반영폭 확대를 고려할 예정임.

※ 한은이 가계대출의 지속적 증가를 예상하고 있음을 시사.

※ 〈최근 개인부문의 금융자산 및 부채 상황〉(2001. 8. 7)의 정책적 판단을 공식적으로는 재확인하고 있으나, 실질적으로는 앞으로 조치가 있을 것임을 구체적으로 시사하는 등 2001년 8월 17일의 은행장간 담회에서 논의된 가계부채에 대한 한은의 우려를 더욱 적극적으로 밝힌 것으로 해석됨.

〔별표 3〕 계속

| 자료명 | 일자[2] | 작성부서 |
|---|---|---|
| 〈2001년 10월 금융정책협의회 논의 내용〉 | 2001. 10. 27. | 금융시장국 통화운영팀 (회의자료는 재경부·금감위·한은이 작성) |
| 〈2002년 경제전망〉 | 2001. 12. 6. | 정책기획국 정책총괄팀 |
| 〈2001년 3/4분기 가계신용동향〉 | 2001. 12. 14. | 경제통계국 통화금융통계팀 |
| 〈한국은행 총재 2002년 신년사〉 | 2002. 1. 2. | — |
| 〈2002년 1월중 통화정책방향〉 | 2002. 1. 10. | 정책기획국 정책총괄팀 |
| 〈총재, 은행장과의 간담회 개최〉 | 2002. 1. 25. | 정책기획국 정책총괄팀·금융기획팀, 금융시장국 통화운영팀 |
| 〈2001년중 지급결제동향〉 | 2002. 2. 7. | 금융결제국 결제관리팀 |

## 주요 내용[3)]

● 한은은 은행대출이 가계대출보다 기업대출 중심으로 활성화되도록 하고자 총액한도대출 배정 시 가계대출 차감반영폭을 확대하는 방안을 강구하기로 결정.

※ 이 회의에서 가계대출 급증은 전혀 논의된 바 없음. 자료의 문맥상 위의 결정은 가계대출에 대한 우려에서가 아니라, 2001년 9월 이후 회사채시장 등 기업자금시장의 여건 악화 가능성에 따른 결정임.

※ 금정협의 논의 내용은 당시 한국은행 분석의 흐름과는 거리가 있음.

---

● 2002년에는 그동안의 거시경제 정책기조 완화효과가 이어지면서 민간소비가 꾸준히 증가할 것임. 그러나 가계부채가 이러한 소비 증가를 제약하는 한 요인으로 작용할 것임. 이는 경기부진으로 소득증가세가 둔화된 2001년에도 가계는 금융기관 차입을 계속 늘려 부채상환 부담이 급증했기 때문.

---

● 2001년 3/4분기 중 가계신용은 증가세를 지속. 이는 상호신용금고 및 신협 등이 가계대출을 적극 확대했고 아파트경기 회복 등으로 주택자금대출도 증가세로 돌아섰기 때문임.

● 가계신용/GDP, 가계신용/개인부문 순처분가능소득(net disposable income) 등 지표를 기준으로 볼 때, 가계의 소득과 비교한 우리나라 가계의 평균적 부채수준은 미국에 비해 상대적으로 낮음. 다만 미국에서는 가계신용 가운데 주택금융 비중이 81.5%로 부채구조가 안정적이나, 우리나라는 이 비중이 17.3%에 지나지 않으므로 소득 변동에 따라 가계의 부채상환능력이 영향받을 우려가 있음.

---

● 재정지출 확대 등 정부의 내수진작대책과 함께 2001년 중 확장적 통화정책기조가 경기의 지나친 둔화를 방지하는 데 크게 기여한 것으로 자평.

※ 경제운영에서 내수진작을 긍정적 · 적극적으로 강조. 한편, 가계부채 관련 언급은 전혀 없음.

---

● 시장금리 상승이 소비 및 투자심리 위축을 통해 경기회복을 저해하거나 금융시장 불안요인으로 작용할 가능성을 경계.

---

● 가계대출이 기업대출을 구축할 소지가 있고 여건 변동 시 가계대출부실이 커질 소지가 있어서 다음 조치를 시행함 :

　①2002년 1월부터 총액한도대출의 은행별 배정 시 기업자금 지원실적 평가의 기준을 변경(가계대출 차감 비중 : 40% → 60%, 중소기업 신용대출 우대 비중 : 30% → 40%)

　②2002년 2월부터 기업구매자금대출에 대한 총액한도대출은 현재의 지원한도인 4.3조 원 범위 안에서 각 은행의 대출취급실적에 따라 한도를 배분하는 방식으로 운용

---

● 정부의 신용카드 이용촉진정책 강화(신용카드 이용금액에 대한 소득공제폭이 연간소득 10% 초과분의 10%에서 20%로, 300만원 한도에서 500만원 한도로 2001년 8월 강화)와 카드사의 경쟁적 마케팅으로 카드결제 및 현금서비스 이용이 확산됨. 특히 현금서비스는 총 카드이용액 가운데 65%를 차지.

220

〔별표 3〕 계속

| 자료명 | 일자[2] | 작성부서 |
|---|---|---|
| 〈2002년 2월중 통화정책방향〉 | 2002. 2. 7. | 정책기획국 정책총괄팀 |
| 〈1990년 이후 가계소비패턴 변화의 특징 및 시사점〉 | 2002. 2. 14. | 경제통계국 국민소득통계팀 |
| 〈가계부채 증가에 따른 장단기 종합대책〉 (금융정책협의회 회의자료) | 2002. 2. 20. | 금융시장국 통화운영팀 (회의자료는 재경부·금감위·한은이 작성) |

## 주요 내용[3]

● 경제동향 : 꾸준한 소비증가와 활발한 건설투자로 내수회복세는 지속될 전망임. 부동산가격 급등세는 진정되었으나 아직 높은 수준임.

● 최근 인터넷뱅킹 확산 등으로 낮아진 업무취급비용과 낮은 신용위험으로 은행이 경쟁적으로 가계대출을 확대하고 가계대출금리를 인하함. 수출이 부진한 상황에서 가계대출 증가는 국내소비 진작효과를 통해 실물경제의 위축을 완화하는 면이 있음. 또한 중소기업대출이 견실한 증가세를 보이고 있으므로 가계대출이 기업대출의 위축을 불러오는 요인은 아님. 그러나 가계대출의 부작용으로 신용도가 낮은 기업의 자금사정이 악화할 가능성이 있고, 여건 변화 시 가계대출 부실화로 은행여신 건전성이 손상될 가능성이 있음 → 대책 :
  ① 총액대출한도의 4조 원 증액(7.6조 원 → 11.6조 원)과 동(同) 대출금리 0.5%p 인하(3% → 2.5%)
  ② 가계대출을 확대한 은행보다 중소기업에 대한 신용대출을 확대한 은행이 저리의 한도관리자금 배분 면에서 우대받도록 총액대출한도 배정방식을 변경

※ 금융통화위원회의 콜금리목표 결정을 위한 회의자료인 〈통화정책방향〉으로는 처음으로 가계대출 급증현상과 이에 대한 대책이 논의되었음.

● 가계소비지출의 대(對)GDP 비중은 경제발전이 진전된 나라일수록 그 비중이 높고 안정적임. 한국의 경우 실질소비 비중은 1996년 53.9%로 정점에 도달한 뒤 외환위기로 말미암은 급격한 소비위축으로 하락하여 2000년에는 49.5%로 떨어졌음. 다만 2001년 들어 수출과 설비투자가 급감한 반면 소비는 상대적으로 견실한 증가세를 유지함에 따라 실질소비 비중이 다소 반등하면서 소비가 경제의 버팀목 역할을 수행. 따라서 대외의존도가 높은 한국의 경우, 소비가 경기변동의 완충역할을 수행하도록 내수기반 강화가 필요함.

※ 가계부채 급증이 이미 논의되고 있던 당시로서는 균형감각이 결여된 일방적 시각이라 판단됨.

● 가계부채의 현황 및 증가원인 분석.

● 가계부채규모는 우려할 만한 수준이 아니나, 증가속도가 빨라 부담요인이 존재하고 금융회사 사이에 가계대출 심사기준의 경쟁적 완화가 문제라고 평가.

● 대책(①~⑤는 단기대책, ⑥~⑩은 장기대책) :
  ① 적정 대손충당금 적립 등을 위한 감독 강화(금감위)
  ② 신용카드부문의 건전성 제고(금감위)
  ③ 주택담보대출 관행 개선(금감원 및 재경부)
  ④ 신용불량자 등록제도의 개선 추진(은행연합회)
  ⑤ 개인신용관리의 중요성 홍보(여전기관협의회 등)
  ⑥ 우량정보 유통을 위한 제도기반 마련(재경부)
  ⑦ 가계대출의 신용 리스크관리 강화 지도(금감위)
  ⑧ 소비자갱생제도 도입(법무부)
  ⑨ 기업금융 활성화 여건 조성(한은 및 재경부 → 한은은 총액한도대출 배정기준의 미(微)조정을 관할)
  ⑩ 부동산 과열 억제대책의 지속 추진(재경부)

※카드사 문제를 포괄하는 가계부채 급증현상에 대해 종합적 분석 및 본격 대응책을 최초로 제시. 가계대출 부실화가 금융회사의 건전성뿐만 아니라 경제의 위험요인이 될 가능성도 감안.

[별표 3] 계속

| 자료명 | 일자[2] | 작성부서 |
|---|---|---|
| 〈최근 경제동향의 특징과 통화신용정책 방향〉 | 2002. 2. 21. | 정책기획국 정책협력팀 |
| 〈2001년중 은행금리동향의 특징과 시사점〉 | 2002. 2. 25. | 경제통계국 통화금융통계팀 |
| 〈2002년 3월중 통화정책방향〉 | 2002. 3. 7. | 정책기획국 정책총괄팀, 금융시장국 통화운영팀 |
| 〈총재, 은행장과의 간담회 개최〉 | 2002. 3. 22. | 정책기획국 정책총괄팀 |
| 〈2001년중 가계신용동향〉 | 2002. 3. 23. | 경제통계국 통화금융통계팀 |
| 〈가계대출 증가에 대한 인식과 대응방향〉 (금융정책협의회 회의자료) | 2002. 3. 25. | 금융시장국 통화운영팀 (회의자료는 재경부·금감위·한은이 작성) |

## 주요 내용[3]

- 2001년 8월 이후 소비와 건설투자가 회복세임. 물가안정기조는 대체로 유지되고 있으나 부동산가격 급등에 따른 집세상승 등이 물가상승 요인으로 작용하고 있음. 구체적으로, 주택매매가격과 전세가격이 2001년 12월부터 2002년 1월 중순까지 급등하였고, 정부의 주택시장 안정대책(2002년 1월 8일의 〈최근주택시장 동향과 대응방안〉) 이후에는 상승세가 둔화되었으나 여전히 높은 수준임.
- 풍부한 시중유동성을 바탕으로 은행의 중소기업대출도 견실한 증가세를 유지하고 있어서 가계대출 증가가 기업대출을 위축시키는 요인으로 작용한다고 볼 수는 없음. 다만 신용위험에 대한 지나친 우려로 은행이 기업대출을 기피하고 가계대출만 늘릴 경우 신용도가 낮은 기업의 자금사정이 악화할 우려가 있고 은행의 여신구성이 치우치게 되어 건전성 면에서 바람직하지 않게 될 것임.

- 2001년 중 은행들은 안전성이 높은 담보대출을 중심으로 가계대출금리 인하경쟁을 벌여 저금리대출 비중이 크게 늘었음. 그러나 소액대출은 대개 신용대출이어서 부실위험도 크고 대출취급비용도 높은 고금리대출이 33.2%임. 가계대출의 경우 대출심사와 사후관리로써 부실발생에 대비할 필요.

- 경기는 내수 중심으로 회복추세가 지속될 전망. 부동산가격은 정부의 주택시장 안정대책(2002년 1월 8일)의 영향으로 상승세가 다소 둔화되었으나 2002년 2월에도 여전히 높은 상승세를 지속. 가계신용이 계속 급증하고 경기회복에 대한 기대가 높아지면서 시중자금 단기화가 지속.

- 총재는 2002년 2월 20일의 '가계부채 종합대책' 발표 이후에도 은행들의 가계대출 확대경쟁이 계속되고 있음을 지적하고, 가계대출 부실화 가능성이 그리 높지는 않지만 부실화 가능성을 배제할 수 없음을 언급.

- 2001년 중 가계신용은 은행대출과 신용카드사 판매신용을 중심으로 74.8조 원 늘어난 341.7조 원으로서 2001년 12월 말의 가계신용 잔액은 전년 말에 비해 28.0% 증가하였음.
- 늘어난 가계대출은 대부분 주택 등 다른 형태의 자산으로 운용되고 있으므로 단기적으로 가계부실이 문제될 가능성이 크지 않은 것으로 보임. 그러나 가계부채 누증은 다음 이유로 문제가 됨 :
   ① 경제여건 악화 → 가계부담 가중과 소비위축 → 가계건전성 약화, 국가경제의 적응력 저하
   ② 금융자금의 가계 집중 → 기업대출 여력 감소
   ※ 가계대출 급증이 가져올 수 있는 잠재적 문제점을 적극적으로 지적하였음.

- 가계대출상황을 그 수준과 증가속도, 금융회사 건전성, 그리고 거시경제 측면에서 모두 낙관적으로 평가하고, 2002년 2월 20일의 종합대책 추진현황을 점검.
- 한은 및 금감원에 가계대출점검반 편성(2002. 4. 1).
- 가계대출의 지나친 규제 시에는 소비위축 및 경기회복 지연의 우려가 있다고 명시적 언급.
   ※ 2002년 2월 20일의 종합대책이 내수진작 정책기조의 유지를 제약조건으로 하여 추진되고 있음을 밝힘.

〔별표 3〕 계속

| 자료명 | 일자[2] | 작성부서 |
|---|---|---|
| 〈2002년 4월중 통화정책방향〉 | 2002. 4. 4. | 정책기획국 정책총괄팀 |
| 〈예금은행의 가계대출 억제방안〉 | 2002. 4. 9. | 정책기획국 금융기획팀 |
| 〈최근의 경제동향과 통화신용정책 방향〉 | 2002. 4. 16. | 정책기획국 정책협력팀 |
| 〈은행의 가계대출 표본조사〉 | 2002. 4. 19. | 금융시장국 자금시장팀 |
| 〈최근 예금은행의 예대금리차 동향 및 시사점〉 | 2002. 5. 4. | 경제통계국 통화금융통계팀 |
| 〈2002년 5월중 통화정책방향〉 | 2002. 5. 7. | 정책기획국 정책총괄팀 |

## 주요 내용[3]

- 소비 및 건설활동의 호조로 내수 위주의 회복세가 확산될 것으로 전망.
- 그동안 외환위기에 따라 주가 등 자산가격이 기초경제여건에 비해 저평가되어 있었으므로, 최근 자산가격 상승의 상당부분은 기초경제여건의 개선에 기인하는 것으로서 내수 주도의 경기상승 초기단계에서 나타날 수 있는 부분적 마찰현상으로 보여짐.
- 최근의 가계대출 거품논쟁에 대한 판단 : 가계대출은 2002년 3월 중에도 큰 폭으로 증가. 그러나 앞으로는 시장금리 상승추세, 경기회복에 따른 기업자금수요 증대, 정책당국의 가계대출 억제대책 (2002년 2월 20일과 2002년 3월 25일) 등으로 가계대출 증가세는 둔화될 것으로 예상됨. 현재 신용카드 채권 연체율이 다소 높지만 은행대출 연체율은 1%대로 낮음. 따라서 가계의 채무상환능력에 큰 문제는 없음. 다만, 가계대출의 지나친 증가가 지속되는 경우 여건변화에 따라서는 자산가격 거품이 발생하고 가계대출 부실화 등이 발생할 가능성을 배제할 수는 없음.

- 금융기관별 총액한도대출 배정 시 가계대출 취급실적 차감비중을 60% → 80%로 상향조정.
- 중소기업대출비율 미달 은행에 대한 한도차감액을 미달액의 50% → 75%로 상향조정.
- 순증액의 50%를 배정하는 순증액 기준 총액한도대출 배정한도를 3천억 원 → 5천억 원으로 상향조정.

- 저금리를 배경으로 부동산 및 주식가격이 상승하고 있음. 자산가격이 경기회복에 앞서 상승하는 것은 자연스러운 것이나 단기간에 급등하는 것은 바람직하지 않음.
- 가계대출 증가는 경제선진화과정에서 자연스럽게 나타나는 것임. 그러나 그 속도가 지나친 점, 그리고 자산가격 상승에 따른 가수요 등이 문제임.

- 2001년 1월부터 2002년 3월까지의 기간 동안 가계대출자금 용도, 취급점포 소재지, 건당대출규모, 주택/담보유무 조사 결과.
- 부동산 오름세가 상대적으로 높은 서울 및 수도권 지역에서 거액대출 중심으로 주택구입용 대출이 대폭 증가하였음. 가계대출의 높은 증가세가 앞으로도 지속되면 부동산 등 자산가격의 상승기대를 더욱 자극할 우려가 있음.

- 2001년 수신금리의 하락으로 확대되었던 예대금리차가 2002년에 들어와서는 다시 감소로 반전됨. 이는 은행들 사이에 우량고객 확보를 위한 대출금리 인하경쟁이 주택담보대출은 물론 신용대출로 확대되었기 때문임. 가계대출에 대해서도 자금용도, 차주의 신용상태, 원리금 상환능력 등을 고려하여 금리를 차등화함으로써 저금리에 편승한 가계대출 증가를 억제할 필요가 있음.

- 소비 및 건설투자의 호조가 지속되는 가운데 수출이 증가로 반전됨.
- 저금리를 배경으로 가계대출이 크게 늘어나 통화증가세가 확대되어 앞으로 과잉유동성이 우려됨 → 콜금리목표를 0.25%p 상향 조정.
※ 물가안정과 함께 금융안정 측면의 고려도 통화정책에 반영된 것으로 판단됨.

〔별표 3〕 계속

| 자료명 | 일자[2] | 작성부서 |
|---|---|---|
| 〈제1차 금융협의회 개최 결과〉 | 2002. 5. 14. | 금융시장국 통화운영팀 |
| 〈2002년 1/4분기중 가계신용동향〉 | 2002. 6. 22. | 경제통계국<br>통화금융통계팀 |
| 〈2002년 하반기 경제전망〉 | 2002. 7. 5. | 조사국 경제예측팀 |
| 〈2002년 2/4분기 금융기관 대출행태 조사 결과〉 | 2002. 7. 18. | 은행국<br>금융시스템분석팀 |
| 〈최근 금융기관 여수신금리 동향의 특징과 시사점〉 | 2002. 7. 23. | 경제통계국<br>통화금융통계팀 |
| 〈2002년 8월중 통화정책방향〉 | 2002. 8. 6. | 정책기획국 정책총괄팀 |
| 〈2002년 상반기중 지급결제동향〉 | 2002. 8. 19. | 금융결제국 결제관리팀 |

## 주요 내용[3]

● 총재는 신용카드사 대출 증가와 가계신용 급증에 대한 우려를 표명.

---

● 2002년 1/4분기 중 가계신용은 판매신용보다는 가계대출을 중심으로 26.5조 원 늘어나 2002년 3월 말 현재 잔액이 368.1조 원임. 이는 2001년 4/4분기(+25.3조 원)에 비해 증가폭이 약간 늘어난 것임.

● 가계대출은 전반적 대출금리의 하락세가 지속된 가운데 은행의 주택담보대출과 여신전문 금융기관의 카드론 및 할부금융대출을 중심으로 증가했음. 판매신용은 특소세 인하(2001. 11) 등의 효과를 배경으로 민간소비가 활발했음에도 불구하고 무분별한 신용카드 발급의 억제로 약간의 증가에 그침.

---

● 2002년 하반기에는 민간소비와 건설투자의 상승세가 다소 둔화되겠지만 수출신장세 확대, 설비투자 회복 등으로 경기 상승세가 이어질 것으로 예상됨. 부동산가격은 2002년 4월 이후 상승세가 크게 둔화되고 있으나, 그동안의 큰 폭 상승이 시차를 두고 계속 소비자물가 상승요인으로 작용함.

---

● 2002년 2/4분기에는 가계에 대한 대출태도가 완화추세에서 강화로 전환됨. 이는 가계부채 규모 급증에 따라 신용 리스크 부담을 완화하려는 금융기관의 노력과 정책당국의 신중한 가계대출 취급 유도에 기인함. 2002년 3/4분기에도 계속될 전망이고 가계대출 증가세도 둔화될 전망.

---

● 경기활성화로 가계대출금리는 2002년 하반기에도 상승할 가능성이 크므로, 은행은 대출심사 및 사후관리를 강화하여 부실채권 발생을 최소화할 필요가 있음. 또한 무분별한 신용카드 발급경쟁이 지속되면 카드채권 부실화를 통해 은행수지를 잠식할 수 있으므로 지나친 경쟁을 지양할 필요.

---

● 2002년 6월 중에는 일시적으로 실물경제활동이 둔화되었으나 7월 들어 수출신장세가 높아지고 제조업생산 증가세도 확대되는 등 경기상승세가 지속되고 있음. 대출금리 상승 및 은행의 대출태도 강화 등으로 가계대출 증가세가 둔화되면서 과잉유동성 우려도 다소 완화될 전망임.

---

● 신용카드 종합대책(2002. 5. 23)의 결과, 신용카드 이용실적 가운데 현금서비스 비중(금액기준)은 62.1%로 전년 동기(65.7%)에 비해 소폭 하락.

〔별표 3〕 계속

| 자료명 | 일자[2] | 작성부서 |
|---|---|---|
| 〈2002년 9월중 통화정책방향〉 | 2002. 9. 12. | 정책기획국 정책총괄팀 |
| 〈금융권의 개인대출 현황〉 | 2002. 9. 13. | 정책기획국 정책조사팀 |
| 〈2002년 2/4분기 가계신용동향〉 | 2002. 9. 26. | 경제통계국 통화금융통계팀 |

## 주요 내용[3]

- 2002년 5월 콜금리목표 인상조치 이후 가계대출 증가세가 둔화되고 통화증가율도 낮아졌으나 최근 부동산가격이 대폭 재상승하면서 가계대출 증가폭이 다시 확대되었음.
- 최근의 부동산가격 상승은 가계부문의 과다 차입과 연결되어 있으므로 부동산가격 거품이 발생하지 않도록 조기에 차단할 필요 → 2002년 8월 말 현재 전체 가구 수의 51%인 750만 가구가 가구당 약 5,000만 원의 대출을 받고 있음.
- 부동산가격에 거품이 형성된 뒤 붕괴하면 담보가치 하락 → 차입금상환 부담 증대 → 대출채무 이행 곤란, 신용경색 발생 → 대규모 개인파산, 금융시스템 불안으로 진행될 것임.
- 향후 금융시장 여건 전망 :
  ① 저금리와 주가약세 기조 아래 부동산 투자수요가 존재하는 가운데 기업대출수요는 부진하므로 은행들이 가계대출 취급을 확대할 유인은 상존함
  ② 소액대출정보 제공대상 확대조치(2002. 9. 1)로 여신심사기능이 취약한 신용카드사 등이 리스크 관리를 강화하면서 신용카드 연체율이 상승할 우려가 있음
- ※ 부동산거품이 붕괴하는 경우 시스템 불안이 초래될 수 있다는 우려를 한국은행이 최초로 표명.

- 조사배경 : 2002년 7월 1일부터 소액대출정보가 집중·공유됨에 따라 신용불량자 양산 우려가 높아짐 → 2002년 8월 25일 현재 은행연합회에 집중된 개인대출정보(주민등록번호로 관리되는 금융기관의 1천만 원 이상 개인대출 + 2002년 7월 1일 이후 신규취급된 1천만 원 미만 소액대출과 신용카드 현금서비스)를 이용하여 대출규모, 차입자 수, 개인별 대출금액 및 건수, 연령별 대출을 파악하고자 함.
- 종합의견 :
  ① 차입가구당 평균적으로 소득의 약 18.5%를 이자비용으로 지출하는 것으로 추정됨
  ② 2002년 7월 말 현재 30대 미만의 신용불량자는 38만 명으로, 이 계층은 신용도가 낮아 소액대출정보 집중이 진행되면 이용한도 축소와 카드론 회수 등으로 연체율이 증가하고 신용불량자가 양산될 소지
  ③ 가계대출의 수요와 공급을 동시에 억제할 필요가 있음 → 고강도 부동산안정대책의 시행, 기존 가계대출 억제대책(2002년 2월 7일, 2002년 4월 9일)의 지속적 시행, 부동산시장 상황에 따라 거시적 정책대응 고려
  ④ 다중채무자에 대한 개인신용회복지원(워크아웃)제도의 조속한 도입과 정착
  ⑤ 사전예방대책 모색 → 여신전문 금융회사의 신규 시장진입을 허용하여 금리인하 경쟁 유도, 한시적으로 신용카드 대금 등의 연체 시 신용불량정보 등록요건을 완화하는 방안 검토

- 2002년 2/4분기 중 가계신용은 전분기 대비 29.3조 원 증가하여 2002년 6월 말 현재 397.5조 원에 이름.
- 가계대출은 한은 총액한도대출 배정상 불이익 강화(2002. 4)와 콜금리목표 인상 등으로 2001년 2/4분기 이후의 급증세는 다소 진정되었음.
- 신용카드회사의 판매신용은 현금서비스 취급한도를 늘리기 위한 카드회사의 카드결제대상 확대로 대폭 증가. 할부금융회사의 판매신용은 재경부의 한시적 특소세 인하(2001. 11~2002. 8)에 따른 내구재 할부실적이 늘어나면서 대폭 증가.
- 가계신용잔액/경상GDP 비율은 2002년 6월 말 현재 70.6%로서 전분기 말(62.7%)보다 7.9%p 상승. 이는 미국의 2001년 말 비율 75.3%보다 낮지만, 미국의 개인금융자산 축적 정도는 한국보다 높으므로 단순비교는 무리임 → 예 : 개인금융자산/가계신용잔액 비율(2001)은 한국이 2.6, 미국은 4.1 ; 개인금융자산/개인순가처분소득 비율(2000)은 한국이 2.4, 미국은 4.7.

〔별표 3〕 계속

| 자료명 | 일자[2] | 작성부서 |
|---|---|---|
| 〈최근 가계의 소비지출 동향과 특징〉 | 2002. 10. 4. | 경제통계국 국민소득통계팀 |
| 〈자산가격변동과 통화정책〉 | 2002. 10. 28. | 금융경제연구원 통화연구팀 |

## 주요 내용[3]

- 최근 가계의 소비지출 동향 : 2002년 상반기 중 가계의 실질소비지출은 전년 같은 기간 대비 8.1% 증가하여 실질국민소득 증가율(6.9%)을 웃돎. 가계소비지출의 성장기여율은 2001년의 70.2%에 이어 2002년 상반기에도 68.7%로 나타나 가계소비지출이 경제성장을 주도.
- '가계소비증가율 > 소득증가율'의 이유 :
  ① 신용카드 이용 확대 및 저금리로 가계의 차입소비성향 상승
  ② 부동산 등 자산가격 상승과 특소세 인하로 내구소비재 지출이 증대
- 최근 가계소비지출의 특징 :
  ① 가계소비지출의 수입 재화 및 서비스 의존도 급증
  ② 저금리 기조 아래 소매금융시장의 급성장으로 유동성 제약이 완화되면서 차입소비율이 급상승하고, 신세대의 무분별한 신용카드 사용 등으로 카드연체율이 급증
  ③ 대형·고가 제품 및 레저용 제품 선호가 두드러짐
  ④ 청년층(25~34세) 가계가 전체 소비증가를 주도
- 문제점 :
  ① 수입품에 대한 소비의존도 급상승 → 가계소비지출의 경기완충작용 약화, 경상수지 악화
  ② 신세대 청년층의 충동구매 및 과시소비형 차입소비성향 → 신용불량자 양산 및 가계신용부실화
  ③ 가계소비패턴의 고가화, 대형화, 레저화 → 가계저축률의 하락, 에너지 소비 증대
- 대책 : 금융기관의 가계여신 과당경쟁 지양 및 리스크 관리 강화
※ 2002년 2월 14일의 〈1990년 이후 가계소비패턴 변화의 특징 및 시사점〉에서 한국은행이 보여준 편향적 시각을 비로소 벗어나 현실적 균형감각을 회복한 것으로 판단됨.

---

- 최근 여러 나라에서 물가는 안정된 가운데 오히려 주식, 부동산 등 자산가격의 변동성이 확대되어 거품의 확산·붕괴 과정이 금융불안정을 심화시키는 일이 잦아짐. 이에 따라 자산가격 변동에 대한 통화정책적 대응의 필요성과 그 방식에 대해 논의가 최근 활발하게 전개됨.
- 자산가격 변동은 다음 파급경로를 통해 실물경제에 영향을 미칠 수 있으므로 경기 및 물가의 선행지표로 이용이 가능함 :
  ① 주가를 통한 파급효과 : 토빈의 q 효과, 기업대차대조표 효과, 가계의 부 효과
  ② 부동산가격을 통한 파급효과 : 주택에 대한 투자효과, 가계의 부 효과, 은행대출에 대한 효과
- 신용팽창과 더불어 자산가격 거품이 발생하면 거품이 확산·붕괴되는 과정에서 금융불안정이 나타나 경기침체, 부채디플레이션이 초래될 가능성이 높음
  미국의 예 : 대공황 전후 시기(1928~1932), 1990년대 중반 이후 최근까지의 시기(1995~2002. 9)
  일본의 예 : 1980년대 중반에서 1990년대 초까지의 시기(1986~1992)
- 자산가격 변동에 대한 통화정책적 대응의 방식 : 간접적·선별적 대응론 대(對) 선제적·적극적 대응론.
- 정책과제 :
  ① 통화정책 역할 및 정책수단 재정립
  ② 신용의 효율적 수속을 위한 제도적 장치 마련

232

〔별표 3〕계속

| 자료명 | 일자[2] | 작성부서 |
|---|---|---|
| 〈제39회 저축의 날 기념사〉 | 2002. 10. 29. | – |
| 〈2002년 11월중 통화정책방향〉 | 2002. 11. 7. | 정책기획국 정책총괄팀 |
| 〈최근 저축률 하락의 원인과 평가〉 | 2002. 11. 6. | 조사국 경제예측팀 |
| 〈세계경제 디플레이션의 가능성과 영향〉 | 2002. 11. 15. | 금융경제연구원 통화연구팀 |
| 〈2002년 3/4분기 가계신용동향〉 | 2002. 12. 5. | 경제통계국 통화금융통계팀 |
| 〈2002년 12월중 통화정책방향〉 | 2002. 12. 12. | 정책기획국 정책총괄팀 |
| 〈예금은행의 자금조달 및 운용 행태 변화〉 | 2002. 12. 23. | 경제통계국 통화금융통계팀 |

## 주요 내용[3)]

● 부동산가격과 가계부채 급증이 맞물려 있는 것이 문제임. 가계부채가 계속 늘어난다면 경제상황의 변화에 따라서는 가계와 금융기관의 건전성이 동시에 부실화할 위험성을 배제할 수 없기 때문임.

● 정부의 투기억제대책 시행 이후 주택가격은 하락세로 돌아섰으며, 은행의 가계대출은 10월 중에도 크게 늘었으나 증가폭은 전월에 비해 다소 축소되었음.
● 부동산가격의 급등을 불러온 저금리가 지속되고 있어서 부동산의 중장기 안정 여부는 관찰 필요.
● 가계대출 확대유인(금융기관의 대출여력, 기업자금수요 저조, 가계대출의 수익성)이 상존하고 부동산가격 상승에 대한 기대가 존재하므로 가계자금수요가 단기간에 줄어들지는 않을 것임.

● 총저축률(총저축/국민총가처분소득)은 1988년을 정점(40.5%)으로 계속 하락세를 지속. 단 예외적으로 외환위기 직후인 1998년에는 일시 상승(33.9%)하였음. 특히 2001년부터는 하락폭이 확대되어 2002년 상반기 중 26.9%를 기록(2001년 상반기는 29.5%).
● 저축률은 경제발전단계가 높아질수록 추세적으로 낮아지는 경향이 있음. 다만 2001년 이후 저축률 하락폭이 커진 이유는 다음과 같음 :
 ① 실질금리의 대폭 하락
 ② 가계대출 확대로 유동성 제약 완화
 ③ 부동산가격 급등으로 가계보유자산 증대
 ④ 가계부채 증대로 이자지급 증가

● 가계 및 기업의 부채수준이 높을 경우 물가하락은 전형적인 부채 디플레이션을 유발하여 경제에 대한 악영향을 증폭시킴.

● 2002년 3/4분기 중 가계신용은 26.8조 원 증가하여 앞 분기(+29.3조 원)에 비해 증가폭이 축소됨. 이로써 2001년 2/4분기 이후의 증가폭 확대추세가 진정된 모습을 보임.
● 가계대출은 전분기보다 소폭 줄어들었으나 판매신용은 분기 중 특소세 인하조치(2001. 11~2002. 8) 종료 등을 반영하여 전분기보다 대폭 줄어들었음.

● 주택매매가격이 부동산안정대책 및 계절적인 수요 감소 등으로 뚜렷한 안정세를 보임.
● 가계대출도 주택담보대출을 중심으로 크게 축소되었음(2002년 10월 6.1조 원 → 2002년 11월 2.1조 원).

● 외환위기 이후 은행의 가계대출 확대가 위기를 극복하는 과정에서 내수진작을 통해 경기회복에 기여한 바가 있음. 그러나 최근 가계대출이 소비보다 부동산부문으로 유입된 점을 감안할 때 은행은 주택 등 담보물 가격하락 등으로 말미암은 가계대출채권 부실화 가능성에 대비할 필요.
● 최근의 가계대출 억제조치는 은행의 기업대출 확대보다는 국공채 매입 증가를 가져와 국채금리 하락과 이에 따른 예금금리 하락을 초래. 기업대출이 아닌 국공채 매입이 증대된 이유는 은행이 BIS 자기자본비율을 의식하기 때문임.
● 향후 정책조치 :
 ① 단기 조치 : 과도한 가계대출 억제, 중소기업대출 장려정책 지속, 주택자금 만기구조 장기화
 ② 중장기 조치 : 주택저당대출시장과 MBS(mortgage-backed securities)시장 육성

〔별표 3〕계속

| 자료명 | 일자[2] | 작성부서 |
|---|---|---|
| 〈한국은행 총재 신년사〉 | 2003. 1. 2. | — |
| 〈2003년 통화신용정책 운영계획〉 | 2003. 1. 9. | 정책기획국 정책총괄팀 |
| 〈2003년 1월중 통화정책방향〉 | 2003. 1. 9. | 정책기획국 정책총괄팀 |

### 주요 내용[3]

- 2002년에 대한 진단과 정책 평가 : 낮은 금리와 풍부한 유동성을 배경으로 가계대출이 급증하였음. 부동산가격이 가계신용 확대와 맞물려 급상승하면서 거품이 발생하고 인플레이션 기대심리가 높아지면서 가계대출수요가 커지는 악순환이 발생. 한은은 이에 대한 선제조치로서 2002년 5월 콜금리목표를 4%에서 4.25%로 인상하였음.
- 현안 : 가계대출 억제 및 부동산가격 안정대책의 효과와 영향을 예의 주시해야 할 것임. 특히 금융기관들이 가계신용 공급을 동시에 기피하면 만기도래분의 기한연장이 순조롭지 못해 부분적인 신용경색이 초래될 수 있음. 또한 소비심리가 위축되는 가운데 가용자금까지 급감하면 민간소비가 예상보다 크게 둔화할 가능성도 있음.
- ※ 부동산가격의 거품이 존재함을 공식적으로 인정하였음.
- 통화신용정책 운영계획 : 2002년 중 가계대출 급증이 주택가격 급등으로 이어진 데서 나타나듯이, 신용지표가 자산가격의 동향 및 전망에 대해 유용한 정보를 제공함. 따라서 민간신용, 차주별 대출 등 신용지표의 움직임에 유의할 필요.
- ※ 통화정책수립 시 자산가격변동 및 신용지표의 동향을 더욱 적극적으로 감안하겠다는 한은의 입장 표명임.
- 주택매매가격은 거래가 위축된 가운데 안정세가 유지되고 있으며 2002년 12월 중 가계대출은 2.3조 원 증가하여 전월(+2.1조 원)에 이어 둔화추세가 지속됨.
- 가계부채의 연착륙 가능성의 근거 :
  ① 2002년 10월까지 월평균 5.7조 원씩 늘어나던 은행의 가계대출이 2002년 11월 이후 증가폭이 2조 원대로 축소됨. 이러한 축소 추세가 지속되면 2003년 중 가계대출 증가율은 약 11~12%가 될 것임. 이런 크기의 가계부채 증가율은 명목GDP 성장률 및 M3 증가율에 비추어 큰 무리가 없다고 보임.
  ② 2000년 이후 부동산담보대출을 중심으로 늘어난 가계대출의 만기가 2003년부터 돌아올 예정이나 만기연장은 대체로 무난할 것으로 예상됨. 그 근거는 :
    1) 주택가격 안정으로 담보가치가 유지됨
    2) 저금리 지속과 안정적 고용 지속으로 가계의 원리금 상환능력이 악화되지 않을 것임
    3) 은행도 대체 자금운용수단이 별로 없어 만기연장에 응할 것임
  ③ 은행의 신용관리가 강화될 전망임
- 2002년 통화신용정책 운영에 대한 평가 :
  ① 2002년 5월 7일 콜금리목표를 4.0%에서 4.25%로 인상. 이는 예상보다 빠른 경기상승에 따른 물가여건 악화에 대비하기 위해, 그리고 부동산가격 급등에 대응하여 가계대출을 조절하기 위해서였음
  ② 2002년 6월 이후에는 콜금리목표를 유지. 이는 수출호조로 경기상승세가 이어졌으나 대외여건이 불투명했기 때문임. 그런데 2000년 3/4분기 이후 가계대출이 부동산가격 상승과 함께 다시 급증함에 따라 총액대출한도(2001년 9·11 테러 사건 직후 2억 증액되어 11.6조 원)를 원래 수준인 9.6조 원으로 감축
  ③ 2000년 6월 이후의 통화정책 완화기조가 가계부채와 주택가격 사이의 상승작용에 기여했음을 인정

〔별표 3〕계속

| 자료명 | 일자[2] | 작성부서 |
|---|---|---|
| 〈신용카드시장 규제의 문제점과 개선방안〉 | 2003. 1. 17. | 금융경제연구원 국제경제팀 |
| 〈2003.2월중 통화정책방향〉 | 2003. 2. 6. | 정책기획국 정책총괄팀 |
| 〈최근의 국내외 경제동향〉 | 2003. 2. 6. | 조사국 경제예측팀 |
| 〈2002년중 지급결제동향〉 | 2003. 3. 4. | 금융결제국 결제관리팀 |
| 〈2002년중 가계신용동향〉 | 2003. 3. 5. | 경제통계국 통화금융통계팀 |
| 〈2003년 2월중 금융시장동향〉 | 2003. 3. 6. | 금융시장국 통화운영팀 |
| 〈최근의 금융시장 상황 및 대책〉 | 2003. 3. 13. | 금융시장국 통화운영팀 |

## 주요 내용[3]

● 신용카드시장의 급성장과 함께 거래 투명성은 제고되었지만 카드대출 급증과 카드연체율 상승 등 부작용이 발생. 이에 당정(黨政) 및 금융감독당국은 〈신용카드 종합대책 추진〉(2002. 5. 23) 등을 통해 가격 및 영업규제로 대처하였음.

● 그러나 신용카드산업의 특성상, 직접적 영업규제보다는 자산건전성 강화나 리스크 관리 제고 등 간접 규제가 후생 면에서 효과적임을 모형분석을 통해 보였음.

● 2003년 1월 중 은행의 가계대출은 부동산시장 안정 및 가계대출 억제대책의 효과와 연말·설 상여금 지급 등 계절적 요인으로 0.3조 원 감소(2002년 12월은 +2.3조 원).

● 미·이라크전쟁 위험 증대, 북핵 문제, 가계대출 억제대책 시행, 신용불량자 급증 등으로 가계 및 기업의 기대심리가 부진하고 재고가 점증하는 등 당분간 경기상승세의 둔화가 예상됨.

● 신용카드 이용에 대한 소득공제혜택 등의 영향으로 2002년 중 은행계 신용카드의 이용실적은 건수 및 금액이 2001년 대비 각각 35.1% 및 40.3% 증가. 이용실적 가운데 상품 및 용역의 구매실적은 큰 폭의 증가세를 지속했으나 현금서비스 이용실적은 상대적으로 증가세가 둔화되었음. 이는 신용카드 종합대책(2002. 5)에 따라 2002년 7월부터 카드사 현금대출채권액이 전체 채권액의 50%를 넘지 않도록 제한(2003년 말 시한으로 단계적으로 축소하도록 조치)한 데 따른 것임.

● 2002년 말 가계신용잔액은 439.1조 원으로 2001년 말(341.7조 원)에 비해 97.4조 원 증가. 분기별 증가액은, 1/4분기 26.5조 원, 2/4분기 29.3조 원, 3/4분기 26.8조 원, 4/4분기 14.8조 원임.

● 따라서 2002년 2/4분기까지는 2001년 2/4분기 이후의 가파른 증가세가 지속되었으나, 3/4분기에는 증가폭이 다소 줄어든 데 이어 4/4분기에는 증가세가 크게 진정되었음.

● 가계대출은 2002년 11월 이후 2조 원대의 안정적 증가세가 지속 중임. 주택담보대출의 만기연장도 순조롭게 진행 중임(일부 은행 모니터링 결과 : 2002년 평균 80% 안팎, 2003년 1월 중 90% 웃돎).

● SK글로벌 수사결과 발표(2003. 3. 11) 이후 동사(同社) 발행 회사채 및 CP의 부실화 우려에서 투신사MMF 등에 대한 환매 요청이 급증하고 장기채권금리가 급등하였음. 주식시장은 상대적으로 안정.

● 금융시장 조기 안정을 위한 한국은행의 대응 :
  ① 2003년 3월 13일 RP를 통해 2조 원의 단기유동성을 지원
  ② 필요 시 시장금리 안정을 위해 국채 단순매입 실시
  ③ 은행지준의 신축적 관리

〔별표 3〕 계속

| 자료명 | 일자[2] | 작성부서 |
|---|---|---|
| 〈금융시장안정을 위한 신용카드사 종합대책〉<br>(금융정책협의회 회의자료) | 2003. 3. 17. | 금융시장국 통화운영팀<br>(회의자료는 재경부·<br>금감위·한은이 작성) |
| 〈총재취임 1년간 주요 업무 추진실적〉 | 2003. 3. 31. | 정책기획국 정책협력팀 |

## 주요 내용[3]

● 신용카드사의 고강도 자구노력 및 수지개선 대책 강구 :
 ① 대주주 증자(총 2조 원) 등 자기자본 확충 유도
 ② 출혈영업행위 시정, 연회비 합리화, 무이자결제 신용공여기간 단축 등, 경영수지 개선대책
  강구를 유도
● 신용카드사에 대한 정부정책의 탄력적 운용 :
 ① 부대업무 비율(현금대출 50%) 제한 준수시한 연장 → B/S 기준 2004년 말, 관리자산기준
  2005년 말
 ② 적기시정조치 시 '관리자산기준 연체율'을 적용
 ③ 신용정보 관련 법률의 유권해석 등을 통해 카드사의 채권회수 노력을 지원
 ④ 부실채권 조기상각 및 매각 지원
● 연체율 증가 억제를 위한 업계 공동노력을 유도 :
 ① 대환대출기준 명료화와 대환대출 기간 장기화 방안
 ② '카드채권관리협의회' 운영을 통해 카드 이용한도의 단계별 감축방안 강구
● 필요 시 신용카드사 자금지원 은행에 한은이 RP 자금 지원.

---

● 금융시장 안정 유지를 통한 통화신용정책의 효율성 제고 :
 ① SK글로벌 분식회계 여파로 말미암은 금융시장 동요에 대응한 조치
  1) 2003년 3월 13일 RP 매입을 통한 2조 원의 단기유동성 긴급 지원
  2) 2003년 3월 17일 1.5조 원 규모의 국채 단순매입과 통안증권 중도환매
 ② 2003년 3월 20일 미국의 대이라크전 개시에 대응한 조치 : 즉각 〈금융시장 안정대책〉을 발표
  하고 한국은행에 '금융시장안정 비상대책반'을 설치
 ⇒ ①과 ②의 효과 : 주가 반등, 장기시장금리의 하향 안정세, 투신사 수익증권 환매사태 진정
  등
● 가계대출의 과도한 증가 억제를 통한 통화신용정책의 효율성 제고 :
 ① 총액대출한도(연 2.5%의 저리자금) 배정 시 가계대출 취급실적에 대한 차감비중을 2002년
  3월 및 5월의 두 차례에 걸쳐 40%에서 80%로 상향 조정
 ② 중소기업자금 공급 유인의 강화를 위한 조치
  1) 2002년 5월부터 중소기업 대출비율 미달 은행에 대한 한도차감액을 미달 금액의 50%에서
   75%로 상향 조정하고, 이에 따른 한도여유분을 대출비율 준수 은행에 추가 지원
  2) 2002년 10월부터 총액대출한도를 2조 원 감축하여 시중유동성을 일부 환수하는 한편,
   지방소재 중소기업을 지원하기 위한 지역본부별 대출한도는 0.6조 원을 증액
 ⇒ ①과 ②의 효과 : 2002년 11월 이후 가계대출 신장세 둔화와 부동산가격 안정 회복에 기여,
  은행의 중소기업대출 증가폭 대폭 확대(2001년 1조 원, 2002년 3.1조 원, 2003년 1~2월
  4.3조 원)

240

〔별표 3〕 계속

| 자료명 | 일자[2] | 작성부서 |
|---|---|---|
| 〈금융시장 안정대책 : 신용카드사 및 투신사 유동성 해소 관련〉 (금융정책협의회 회의자료) | 2003. 4. 3. | 금융시장국 통화운영팀 (회의자료는 재경부·금감위·한은이 작성) |
| 〈2003년 3월중 금융시장동향〉 | 2003. 4. 9. | 금융시장국 통화운영팀 |
| 〈최근의 국내외 경제동향〉 | 2003. 4. 10. | 조사국 경제예측팀 |
| 〈2003년 4월중 통화정책방향〉 | 2003. 4. 10. | 정책기획국 정책총괄팀 |
| 《금융안정보고서》 국내 처음 발간〉 | 2003. 5. 2. | 은행국 금융시스템분석팀 |

주 1) 이 별표는 신용카드회사 부실화, 가계부채 급증, 신용불량자 급증, 그리고 연체율 급증 등과 관련된 보도자료를 대부분 망라하고 있음. 다만 저자가 본 연구의 목적에 비추어 중요성이 다소 떨어진다고 판단한 일부 자료(예를 들면, 정기적으로 작성되는 관련 자료 가운데 특기할 만한 사항이 별로 없는 경우 등)는 이 별표에서 다루지 않았음.
2) 일자는 각 자료의 배포일 또는 공표일을 가리킴.
3) 일부 자료에 대해서는 저자의 판단을 '※' 표시 뒤에 간단히 정리하였음.
자료 : 한국은행의 《한은정보》 각 호 및 홈페이지(www.bok.or.kr).

## 주요 내용[3]

● 신용카드사 건전경영 기반확보 대책 :
  ① 신용카드사 증자폭 확대(총 2조 원 → 총 4.6조 원)
  ② 〈금융시장안정을 위한 신용카드사 종합대책〉의 신속 추진
● 신용카드사 및 투신사 유동성 정상화 대책 :
  ① 신용카드사 자구노력(채권 신규발행, 영업규모 조정 등)
  ② 신용카드사 유동성 대책(금융회사·연기금 보유 카드채는 만기연장, 투신사 보유 카드채의 50%는 카드사가 자체상환하고 나머지 50%는 투신사가 만기연장)
● 투신사 환매자금 지원을 위한 금융권 공동의 브리지 론 5조 원(투신권 보유 카드채의 약 50%) 조성.
● 필요 시 투신사 지원 뒤 상환자금 등을 카드채시장 활성화에 활용하는 방안을 검토.

● 2003년 3월 중 가계대출은 전월(2.7조 원)과 비슷한 2.5조 원의 안정적 증가세를 지속.

● 2003년 2월에는 수출이 높은 신장세를 지속했으나 소비와 설비투자가 계속 부진한 가운데 건설투자도 신장세가 둔화되었음.
● 주택(아파트 기준) 매매가격은 2003년 3월 들어 오름세가 확대되었음. 이는 서울지역 아파트 매매가격이 계절적 이사 수요, 일부 지역의 재건축 추진 기대 등으로 대폭 상승한 데 기인.

● 국내 경기는 소비 및 설비투자가 감소하고 재고가 큰 폭으로 증가하는 등 상승세가 계속 둔화 중.
● 금융시장은 SK글로벌 분식회계 파문 및 신용카드사 부실 우려 등으로 잠시 크게 동요했으나 신속한 대응에 힘입어 안정화되고 있음.

● 한국 금융시스템에 대한 종합 평가 :
  ① 세계경제의 회복 지연과 북핵 문제 등 지정학적 불확실성 등으로 국내 경기의 둔화가 예상됨
  ② 가계부채 급증으로 신용불량자가 양산되는 등 가계부문의 신용이 악화되고 있음
  ③ 금융시스템 내부적으로는 SK글로벌 분식회계 사건과 신용카드사 경영 악화 등으로 카드 채·회사채 등의 발행이 원활하지 않은 등 채권시장이 다소 불안한 모습을 보이고 있음

# 찾아보기

## 인명

# 사항

246

솔뫼경제평론모음
# 한국경제 성장과 위기의 순환
전철환 지음/신국판/양장 458쪽/책값 25,000원

　　자본주의체제는 본질적으로 성장과 위기를 순환할 수밖에 없고, 이 과정에서 역동성 있는 경제는 상시적으로 구조조정을 반복하여 고통을 최소화하고 성장세를 가속시킬 수 있는 역량을 키워간다는 관점에서 우리 근대 경제사를 조망하면서, 우리가 그동안 겪은 성장과 위기가 무엇 때문이었는지를 밝힌다. 그리고 그것을 바탕으로 앞으로 닥쳐올 위기를 어떻게 돌파해야 할지 구체적으로 모색했다.

솔뫼경제논문모음
# 경제민주화와 위기의 대응철학
전철환 지음/신국판/양장 256쪽/책값 13,000원

　　한국은행 총재를 지낸 바 있는 저자가, 경제민주화를 이루고 경제위기를 헤쳐나가는 데 필요한 경제철학을 제시하려 한 책. 사회체계 전체가 발전적이기 위해서는 정치민주화를 밑받침하는 경제민주화가 필수적임을 저자는 강조하면서 경제민주화를 위해서는 반사회적이고 경제적 비효율을 유발하는 정경유착을 근절해야 한다고 주장하고 있다.

# 한국 은행산업의 진로
전철환 · 함정호 외 지음/신국판/양장 286쪽/책값 20,000원

　　이 책은 주요 선진국의 은행산업에 대한 제도적 차이와 금융행태 및 그에 따른 성과 등을 비교 분석하는 산업조직론적 접근방법을 취하고 있다. 은행산업의 구조개혁을 담당하는 정책당국 실무자들뿐만 아니라 금융계, 학계 연구기관 등 금융산업 발전을 위해 일하는 사람들에게 현실에 맞는 은행발전안을 제시한 금융구조 개혁을 위한 지침서가 될 것이다.

# 한국경제 : 쟁점과 전망
안병직 엮음/신국판/반양장 486쪽/책값 14,000원

　　오늘날 한국경제가 당면한 문제들을 일반 독자들이 쉽게 이해할 수 있도록 각 분야별 경제학자 17명이 뜻을 모아 한국경제의 근본적인 문제들을 경제발전, 대외관계, 재정금융, 노동분배라는 5개 분야로 나누어 핵심과제들을 추출 · 해설하고 그 전망까지 가늠해 본 책으로, 본격 학술논문 같은 딱딱함에서 벗어나 일반 독자들이 읽기 쉽도록 씌어진 수준 높은 경제이론서이다.